JN109768

技術士 第一次試験

「上下水道部門」

専門科目
択一式問題

厳選 250問

平成25年度～令和3年度試験より厳選！

解答と解説

松山正弘・小川博士 [編著]

林 知幸 [監修]

第4版

日刊工業新聞社

は じ め に

　上下水道部門は、他の部門と異なり、土木、機械、電気、水処理等総合技術を要求される部門であり、大きく分けると上水道と下水道に区分されています。このため、必要とされる技術にすべて精通している技術者はまれであり、必要とされる技術のうちの一部に精通している方が大部分であると思います。このため、自分の専門以外の技術も理解しなければならないことになります。

　本書は、技術士第一次試験の専門科目問題について、第3版（平成19年度から令和元年度まで13年間）のうち、平成18〜24年度を削除し、令和元年度（再試験）、令和2年度、令和3年度を加えて更新したものです。令和4年度試験問題については、発刊時期との関係で、残念ながら掲載ができませんでした。

　第3版と同様に、平成25年度から令和3年度までに出題された中から、重要と思われる問題を抽出し、問題に対する解説を加えました。問題に対する解答のみならず、関連した内容についても解説を加えており、専門知識を得ることによって、技術士第一次試験に合格することを目的としています。

　本書の読者の皆さんは、最終的には技術士第二次試験合格を目指している方が大部分と思われます。基本となる技術の内容を理解することは、技術士第二次試験に対する対策にもなるものです。

　解説を参考に、内容を理解し、合格するように努力されることを願っています。

令和5年3月

著 者 一 同

目　次

第1章

技術士とは

　技術士は科学技術の応用面に携わる技術者にとって最も権威のある国家資格で、産業経済、社会生活の科学技術に関するほぼすべての分野（21の技術部門）をカバーし、先進的な活動から身近な生活にまでかかわっています。

　また、科学技術が社会や環境に重大な影響を与えることを十分に認識し、業務の履行を通して持続可能な社会の実現に貢献し、品位の向上に努め、技術の研鑽に励み、国際的な視野に立って、公正・誠実に行動することが、技術士の責務となっています。

　このために、技術士倫理綱領が次のように定められています。

（公衆の利益の優先）

　1. 技術士は、公衆の安全、健康及び福利を最優先に考慮する。

（持続可能性の確保）

　2. 技術士は、地球環境の保全等、将来世代にわたる社会の持続可能性の確保に努める。

（有能性の重視）

　3. 技術士は、自分の力量が及ぶ範囲の業務を行い、確信のない業務には携わらない。

（真実性の確保）

　4. 技術士は、報告、説明又は発表を、客観的でかつ事実に基づいた情報を用いて行う。

（公正かつ誠実な履行）

　5. 技術士は、公正な分析と判断に基づき、託された業務を誠実に履行する。

（秘密の保持）

　6. 技術士は、業務上知り得た秘密を、正当な理由がなく他に漏らしたり、転用したりしない。

（信用の保持）

　7. 技術士は、品位を保持し、欺瞞的な行為、不当な報酬の授受等、信用を失うような行為をしない。

（相互の協力）

　8. 技術士は、相互に信頼し、相手の立場を尊重して協力するように努める。

（法規の遵守等）

9. 技術士は、業務の対象となる地域の法規を遵守し、文化的価値を尊重する。

（継続研鑽）

10. 技術士は、常に専門技術の力量並びに技術と社会が接する領域の知識を高めるとともに、人材育成に努める。

技術士には各種国家試験に受験免除規定があり、表1.1に示します。

表1.1　国家資格試験の受験・免除規定

No.	省名	資格名	資格の概要　要件	受験資格	技術士有資格者に対する受験免除規定
101	経済産業省	ダム水路主任技術者	試験は実施しておらず、申請により学歴及び実務の経験に応じて資格が交付される	ダム水路主任技術者の学歴は、「土木工学に関する学科を修めて卒業した者」、「(高等学校以上において土木工学の課程を修めて卒業した者と)同等以上の知識及び技能を有すると認められる者」とする。	次の者は、ダム水路主任技術者資格を許可される。 1. 技術士法第4条第1項の規定に基づき行われる技術士試験の第一次試験であってその技術部門が建設部門であるものに合格した者 2. 技術士法第4条第1項の規定に基づき行われる技術士試験の第二次試験であってその技術部門が建設部門、農業部門(選択科目が「農業土木」であるものに限る)。又は総合技術監理部門(選択科目が建設部門に係るもの又は「農業土木」であるものに限る)であるものに合格した者
102		中小企業診断士	第1次試験合格後、 (1) 2次試験に合格し、更に15日以上の実務補習もしくは診断実務従事すること (2) 経済産業大臣が登録する登録養成機関での養成課程を修了すること	・1次試験については、特に制限はなく、誰でも受験できる ・2次試験については、1次試験の全科目合格者及び1次試験の全科目免除者	技術士(情報工学部門登録者に限る)は、1次試験7科目中の「経営情報システム」科目が免除される
103		弁理士	本試験に合格して弁理士法第16条の2第1項の規定による実務修習を修了した者は、弁理士となる資格が付与される	学歴等を問わず	技術士有資格者(対象は全部門であるが、部門により免除科目は異なる)は、論文式筆記試験の選択科目【理工I (工学)、理工II (数学・物理)、理工III (化学)、理工IV (生物)、理工V (情報)】のいずれかの科目が免除される
104		ボイラー・タービン主任技術者	試験は実施しておらず、申請により資格が交付される	学歴に応じた、実務経験年数が必要。第1種資格に対しては大学(機械工学)卒：6年 高校(機械工学)卒：10年	技術士(機械部門に限る)の2次試験に合格し、実務経験6年もしくは3年(圧力5880キロパスカル以上の発電用の設備に係わった年数)を有する者は、ボイラー・タービン主任技術者1種申請資格を与えられる。
201	国土交通省	土地区画整理士	土地区画整理事業の円滑な施行が進められるように、当該事業に関する専門的知識の維持向上を図ることを目的として、国土交通大臣が行う技術検定。学科試験と実地試験があり、学科試験には実務経験が必要	学歴、資格に応じて実務経験が必要	技術部門を建設部門(選択科目を「都市及び地方計画」とするものに限る。)の合格者で、土地区画整理事業に関し1年以上の実務経験を有する者は学科試験免除。
202		土木施工管理技士(1級・2級)	建設業を営む者の資質の向上、建設工事の請負契約の適正化を図ることによって、建設工事の適正な施工を確保し、発注者を保護するとともに建設業の健全な発展を促進し、もって公共の福祉の増進に寄与することであり、その目的達成の一環として、国土交通大臣は、建設工事に従事する者を対象にして技術検定を行い、施工技術の向上を図ることとされている。学科試験と実地試験があり、学科試験には実務経験が必要。	学歴に応じて実務経験が必要	技術士法による第二次試験のうち技術部門を建設部門、上下水道部門、農業部門(選択科目を農業土木とするものに限る)、森林部門(選択科目を森林土木とするものに限る)、水産部門(選択科目を水産土木とするものに限る)又は総合技術監理部門(選択科目を建設部門若しくは上下水道部門に係るもの、「農業土木」、「森林土木」又は「水産土木」とするものに限る)に合格した者は学科試験免除。

3

表1.1　国家資格試験の受験・免除規定（つづき）

No.	省名	資格名	資格の概要　要件	受験資格	技術士有資格者に対する受験免除規定
203		電気工事施工管理技士（1級・2級）	建設業を営む者の資質の向上、建設工事の請負契約の適正化を図ることによって、建設工事の適正な施工を確保し、発注者を保護するとともに建設業の健全な発展を促進し、もって公共の福祉の増進に寄与することであり、その目的達成の一環として、国土交通大臣は、建設工事に従事する者を対象にして技術検定を行い、施工技術の向上を図ることとされている。学科試験と実地試験があり、学科試験には実務経験が必要。	学歴、資格に応じて実務経験が必要	技術士法による技術士の第二次試験のうちで技術部門を電気電子部門、建設部門又は総合技術監理部門（選択科目が電気電子部門又は建設部門）に合格した者は学科試験免除。
204		管工事施工管理技士（1級・2級）	建設業を営む者の資質の向上、建設工事の請負契約の適正化を図ることによって、建設工事の適正な施工を確保し、発注者を保護するとともに建設業の健全な発展を促進し、もって公共の福祉の増進に寄与することであり、その目的達成の一環として、国土交通大臣は、建設工事に従事する者を対象にして技術検定を行い、施工技術の向上を図ることとされている。学科試験と実地試験があり、学科試験には実務経験が必要。	学歴に応じて実務経験が必要	・技術士法第4条第1項の規定による第二次試験のうち、技術部門を機械部門（選択科目を「流体工学」又は「熱工学」とするものに限る）、上下水道部門、衛生工学部門又は総合技術監理部門（選択科目を「流体工学」、「熱工学」又は上下水道部門若しくは衛生工学部門に係るものとするものに限る）とするものに合格した者（技術士法施行規則の一部を改正する省令（平成15年文部科学省令第36号）による改正前の第二次試験のうち、技術部門を機械部門（選択科目を「流体機械」又は「暖冷房及び冷凍機械」とするものに限る）、水道部門、衛生工学部門又は総合技術監理部門（選択科目を「流体機械」、「暖冷房及び冷凍機械」又は水道部門若しくは衛生工学部門とするものに限る）とするものに合格した者は学科試験免除。
205		造園施工管理技士（1級・2級）	建設業を営む者の資質の向上、建設工事の請負契約の適正化を図ることによって、建設工事の適正な施工を確保し、発注者を保護するとともに建設業の健全な発展を促進し、もって公共の福祉の増進に寄与することであり、その目的達成の一環として、国土交通大臣は、建設工事に従事する者を対象にして技術検定を行い、施工技術の向上を図ることとされている。学科試験と実地試験があり、学科試験には実務経験が必要。	学歴に応じて実務経験が必要	・技術士法による第二次試験のうち、技術部門を建設部門、農業部門（選択科目を「農業土木」とするものに限る。）、林業部門及び森林部門（選択科目を「林業」又は「森林土木」とするものに限る。）又は総合技術監理部門（選択科目を建設部門に係るもの、「農業土木」、「林業」又は「森林土木」とするものに限る。）の合格者で、1級造園施工管理技術検定・学科試験の受験資格を有する者は学科試験免除。
206		気象予報士	防災情報と密接な関係を持つ気象情報が、不適切に流されることにより、社会に混乱を引き起こすことのないよう、気象庁から提供される数値予報資料等高度な予測データを、適切に利用できる技術者を確保することを目的	規定なし	技術士の登録（応用理学部門に限る）で学科試験免除、ただし、実務経験3年以上

表1.1　国家資格試験の受験・免除規定（つづき）

No.	省名	資格名	資格の概要　要件	受験資格	技術士有資格者に対する受験免除規定
301	厚生労働省	建築物環境衛生管理技術者	多数の者が使用し、又は利用する建築物の維持管理に関し環境衛生上必要な事項等を定めることにより、その建築物における衛生的な環境の確保を図り、もつて公衆衛生の向上及び増進に資することを目的とする。（建築物における衛生的環境の確保に関する法律）。試験と講習会があり、どちらでも取得可能。	試験は実務経験が必要。講習会の受講資格は実務経験または資格による。	講習会の受講資格で技術士の機械、電気電子、上下水道、または衛生工学部門の登録を受けた者は実務経験が必要なし。
302		労働安全コンサルタント	労働安全コンサルタント及び労働衛生コンサルタントは、厚生労働大臣の指定登録機関での登録を受け、事業場における労働安全又は労働衛生の水準の向上を図るため、事業者からの依頼により事業場の診断や、これに基づく指導を業として行う専門家として、労働安全・労働衛生に関する高い専門知識はもちろん、豊富な経験に裏付けられた高い指導力、安全衛生に対する強い熱意が求められる。試験の区分は次の区分ごとに筆記試験（産業安全一般、産業安全関係法令必須）及び口述試験（各分野選択）によって行います。 （1）機械安全　（2）電気安全 （3）化学安全　（4）土木安全 （5）建築安全 上記試験区分の（1）～（5）のうち、いずれか一つを受験。	試験は実務経験または資格によって受験可能。	技術士法（昭和58年法律第25号）第4条第1項に規定する第二次試験に合格した者は受験可能。免除科目は技術士試験合格者で、機械部門、船舶・海洋部門、航空・宇宙部門又は金属部門に係る第二次試験に合格したもの（機械─機械安全）、技術士試験合格者で、電気電子部門に係る第二次試験に合格したもの（電気─電気安全）、技術士試験合格者で、化学部門に係る第二次試験又は農芸化学を選択科目とする農業部門に係る第二次試験に合格したもの（化学─化学安全）、技術士試験合格者で、資源工学部門若しくは建設部門に係る第二次試験、農業土木を選択科目とする農業部門に係る第二次試験又は森林土木を選択科目とする森林部門に係る第二次試験に合格したもの（土木─土木安全）、技術士試験合格者で、生産マネジメントを選択科目とする経営工学部門（昭和58年1月1日前の生産管理部門）に係る第二次試験に合格したもの（全区分、産業安全一般）
303		労働衛生コンサルタント	試験の区分は次の区分ごとに筆記試験（労働衛生一般、労働衛生関係法令は必須、各分野選択）によって行います。分野は（1）保健衛生（2）労働衛生工学 上記試験区分の（1）及び（2）のうち、いずれか一つを受験。	試験は実務経験または資格によって受験可能。	技術士法（昭和58年法律第25号）第4条第1項に規定する第二次試験に合格した者は受験可能。免除科目は技術士試験合格者で、衛生工学部門に係る第二次試験に合格したもの（労働衛生工学）
304		作業環境測定士（一種、二種）	試験の区分は次の区分ごとに筆記試験（共通科目は労働衛生一般、労働衛生関係法令、作業環境について行うデザイン・サンプリング、作業環境について行う分析に関する概論は必須、各分野選択）によって行います。分野は（1）有機溶剤（2）鉱物性粉じん（3）特定化学物質（4）金属類（5）放射性物質、一種は全て、二種は共通科目のみ	試験は実務経験または資格によって受験可能。	技術士法（昭和58年法律第25号）第4条第1項に規定する第二次試験に合格した者は受験可能。免除科目は技術士（化学部門、金属部門又は応用理学部門に限る。）の登録を受けた者（作業環境について行う分析に関する概論、技術士（衛生工学部門に限る。）の登録を受けた者で、登録後、空気環境の測定の実務に3年以上従事した経験を有するもの（作業環境について行う分析に関する概論と選択分野の放射性物質以外）

表1.1　国家資格試験の受験・免除規定（つづき）

No.	省名	資格名	資格の概要　要件	受験資格	技術士有資格者に対する受験免除規定
401	農林水産省	土地改良事業の審査のための農林水産省が委嘱する専門技術者	一般的に見て専門的技術を有する技術者（国家公務員、地方公務員、学校の職員、一般民間人）。地方農政局長、都道府県知事等がそれぞれ関係部門の専門的知識を有する技術者に調査を委嘱する。		【委嘱条件】技術士（農業部門）のうち農業土木、地域農業開発計画、農村環境に合格した者
501	総務省	消防設備士試験	劇場、デパート、ホテルなどの建物は、その用途、規模、収容人員に応じて屋内消火栓設備、スプリンクラー設備、自動火災報知設備などの消防用設備等又は特殊消防用設備等の設置が法律により義務づけられており、それらの工事、整備等を行うには、消防設備士の資格が必要。甲種消防設備士は、消防用設備等又は特殊消防用設備等（特類の資格者のみ）の工事、整備、点検ができ、乙種消防設備士は消防用設備等の整備、点検を行うことができる。	甲種特類：甲種特類を受験するには、甲種第1類から第3類までのいずれか一つ、甲種第4類及び甲種第5類の3種以上の免状の交付を受けていることが必要　特類以外：受験資格は大別して国家資格等によるものと、学歴によるものの2種類（詳細ありhttp://www.shoubo-shiken.or.jp/shoubou/qualified01.html）　甲種消防設備士・技術士（全部門）・電気工事士・電気主任技術者・修（博）士・専門学校検定合格者・管工事施工管理技士・教員免許状・無線従事者・建築士・配管技能士・ガス主任技術者・給水技術者・旧制度の消防設備士	技術士　次表に掲げる技術の部門に応じて、試験の指定区分の類について、筆記試験のうち、「基礎的知識」と「構造・機能及び工事・整備」が免除になります。部門　　　試験の指定区分機械部門　　第1、2、3、5、6類化学部門　　第2、3類電気・電子部門　第4、7類衛生工学部門　　第1類
502		消防設備点検資格者（講習）	特に人命危険度の高い一定の防火対象物に設置されている消防用設備等については、消防設備士又は消防設備点検資格者に点検が必要。第1種（主として機械系統の設備）、第2種（主として電気系統の設備）及び特種（特殊消防用設備等）	受講資格は、下記のいずれかに該当すること・甲種又は乙種の消防設備士・技術士の第2次試験に合格した者（機械部門、電気・電子部門、化学部門、水道部門又は衛生工学部門に係るものに限る。）・その他（省略：下記参照）http://www.fesc.or.jp/jukou/setsubi/kousyu/tebiki2.html	特になし
601	環境省	廃棄物処理施設技術管理者（6コース、それぞれ基礎・管理課程と管理課程）	一般廃棄物処理施設または産業廃棄物処理施設に置かれ、当該施設の維持管理に関する技術上の業務を担当する者　その管理に係る一般廃棄物処理施設または産業廃棄物処理施設に関して、廃棄物の処理及び清掃に関する法律に規定する維持管理に関する技術上の基準に係る違反が行われないように、当該施設を維持管理する事務に従事する他の職員を監督する。	受講資格基礎・管理課程：20歳以上管理課程：「廃棄物の処理及び清掃に関する法律」施行規則第17条に規定する学歴および実務経験等を満たしている者。	環境省令に規定された資格は以下の通り。【　】内の年数について、適正に廃棄物の処理に関する技術上の実務に従事した経験を要する。1. 技術士（化学部門、水道部門又は衛生工学部門）【不要】2. 技術士（上記部門以外）【1年以上】

本書を読まれる方は、技術士を目指して第一次試験を受験する方が多いと思われます。技術士になるために、第一次試験が必須になった試験制度変更に伴って多くなっていた受験者数は、第二次試験制度変更前に受験するために、受験者が多くなっている平成29年度を除けば、近年では1,000名程度となっています。合格率は50％程度を目指して問題が作成されているようですが、合格率が上がった年度の翌年は合格率が下がる傾向があります。令和元年度は台風による東京・神奈川の試験中止により、再試験が行われたことで、他の年度と受験申込者数に対する受験者数の比率傾向は異なっていますが、合格率は50％程度です。各年度の合格状況を表1.2に示します。

表1.2　上下水道部門合格者の推移

年度	受験者数	合格者数	受験者に対する合格率
平成16	3,027	1,918	63.4
17	2,281	721	31.6
18	2,077	1,262	60.8
19	1,533	799	52.1
20	1,288	725	56.3
21	1,216	632	52.0
22	1,233	768	62.3
23	951	253	26.6
24	995	542	54.5
25	1,013	397	39.2
26	1,090	640	58.7
27	1,180	674	57.1
28	1,118	499	44.6
29	1,307	654	50.0
30	1,034	434	42.0
令和元	576	289	50.2
令和元（再）	279	151	54.1
令和2	918	384	41.8
令和3	1,092	346	31.7

　合格率と難易度は必ずしも一致しないと思いますがこのような傾向が続くと思われます。

第2章

技術士第一次試験制度について

(1) 技術士第一次試験の実施について

1) 技術士第一次試験は、機械部門から原子力・放射線部門まで20の技術部門ごとに実施し、技術士となるために必要な科学技術全般にわたる基礎的学識及び技術士法第四章の規定の遵守に関する適性並びに技術士補となるために必要な技術部門についての専門的学識を有するか否かを判定し得るように実施する。

2) 試験は、基礎科目、適性科目及び専門科目の3科目について行う。出題に当たって、基礎科目については科学技術全般にわたる基礎知識（設計・計画に関するもの、情報・論理に関するもの、解析に関するもの、材料・化学・バイオに関するもの、環境・エネルギー・技術史に関するもの）について、適性科目については技術士法第四章（技術士等の義務）の規定の遵守に関する適性について、専門科目については技術士補として必要な当該技術部門に係る基礎知識及び専門知識について問うように配慮する。基礎科目及び専門科目の試験の程度は、4年制大学の自然科学系学部の専門教育課程修了程度とする。

3) 基礎科目、適性科目及び専門科目を通して、問題作成、採点、合否判定等に関する基本的な方針や考え方を統一するよう配慮する。なお、専門科目の問題作成に当たっては、教育課程におけるカリキュラムの推移に配慮するものとする。

(2) 技術士第一次試験の試験方法

1) 試験の方法

①試験は筆記により行い、全科目択一式とする。

②試験の問題の種類及び解答時間は、次のとおりとする。

問題の種類		解答時間
Ⅰ 基礎科目問題	科学技術全般にわたる基礎知識を問う問題	1時間
Ⅱ 適性科目	技術士法第四章の規定の遵守に関する適性を問う問題	1時間
Ⅲ 専門科目	当該技術部門に係る基礎知識及び専門知識を問う問題	2時間

2) 配点

①基礎科目【15点満点（1問1点）】

科学技術全般にわたる基礎知識

　出題内容は、4年制大学の自然科学系学部の専門教育課程修了程度です。

　次の各問題群から、それぞれ6問、計30問出題され、各問題群からそれぞれ3問ずつを選択し、計15問を解答します。

　（1群）設計・計画に関するもの［設計理論、システム設計、品質管理等］

　（2群）情報・論理に関するもの［アルゴリズム、情報ネットワーク等］

　（3群）解析に関するもの［力学、電磁気学等］

　（4群）材料・化学・バイオに関するもの［材料特性、バイオテクノロジー等］

　（5群）環境・エネルギー・技術に関するもの［環境、エネルギー、技術史等］

②適性科目【15点満点（1問1点）】

技術士法第四章（技術士等の義務）の規定の遵守に関する適性

15問出題され、全問を解答します。

③専門科目【50点満点（1問2点）】

各技術部門のうち、あらかじめ選択する1技術部門に係る基礎知識及び専門知識

　出題内容は、4年制大学の自然科学系学部の専門教育課程修了程度です。各技術部門とも35問出題され、25問を選択して解答します。

3) 合格基準

　第一次試験の合格基準は基礎科目、適性科目、専門科目のそれぞれの得点が50％以上あることとなっています。トータルで高得点が取れても、1科目でも50％未満の場合は不合格となります。令和4年度の合否決定基準を下記に示します。

技術士試験合否決定基準（第一次試験）

試験科目	問題数と解答数	配点	合否決定基準
基礎科目	各問題群（5 群）から、それぞれ 6 問出題され 3 問を選択、計 30 問出題され、15 問を選択して解答	配点 15 点（1 問 1 点）	50％以上の得点
適性科目	15 問出題され、全問を解答	配点 15 点（1 問 1 点）	50％以上の得点
専門科目	各技術部門とも 35 問出題され、25 問を選択して解答	配点 50 点（1 問 2 点）	50％以上の得点

4）試験の一部免除

　　旧制度で第一次試験の合格を経ずに（既にいずれかの技術部門について）第二次試験に合格している者が、第一次試験を受験する場合、次のとおり試験科目の一部が免除されます。

A　第二次試験の合格した技術部門と同一の技術部門で第一次試験を受験する場合

　　⇨基礎科目、専門科目が免除

B　第二次試験の合格した技術部門と別の技術部門で第一次試験を受験する場合

　　⇨基礎科目が免除

第3章
過去の択一問題の分析

　令和3年度の専門科目問題のうち、35問中18問が過去に出題された類似問題となっています。専門科目問題は平成16年度を除き、すべて35問中25問を選択して解答する形式が続いていることから、今後も続くことが予想されます。

　最低ラインを5割とすれば13問を正解すれば良いので、過去問題を十分勉強すれば合格ラインに達することになります。

　出題は多岐にわたり、大きく専門に分類すると、上水道、下水道、環境一般、共通問題の中から出題されています。かつては分類に水道環境がありましたが、第二次試験制度変更に伴って令和元年度から選択科目からなくなったことから、水道環境であった問題は上水道に分類しました。

　出題方法は、「不適切なものはどれか」、「適切なものはどれか」がこれまで全出題数660問中516問（78％）と最も多く、次いで語句の組合せ、正解あるいは不正解の個数、計算となっています。このことから、解答が行いやすい不適切、適切だけでも合格ラインに達することになります。

　次に年度ごとの過去問題を見てみましょう。過去の類似問題欄の数字は年度－問題の出題順番を示しています。

表3.1 過去問題分析結果 実施年度(平成16年度)(2004年)

問題番号	内　容	解答内容	上水道	下水道	環境一般	共通問題	過去の類似問題
16-1	水道法	不適切	○				16年から24年まで毎年
16-2	上水道基本計画	不適切	○				16-2、19-2、20-2、21-2、22-2、25-1、27-2、30-1、R1(再)-2、R2-1、R3-2
16-3	平成16年水道水質基準改正	不適切	○				
16-4	水道水源	不適切	○				16-4、17-4、18-3、28-2
16-5	水道貯水施設	不適切	○				16-5、29-15、R1(再)-14、R2-3
16-6	着水井	適切	○				
16-7	ろ過方式	不適切	○				16-7、18-14、21-9、26-6、27-7、29-14、R1(再)-5、R3-6
16-8	オゾン処理	適切	○				16-8、18-7、21-5、24-7、26-8、29-7、R1-7、R1(再)-4、R3-9
16-9	膜処理水量	計算	○				16-9、18-8、20-8、21-7、22-7、23-7、24-8、25-8、26-9、27-10、29-8、30-8、R1(再)-8、R2-9
16-10	配水管	不適切	○				16-10、29-9
16-11	給水管	不適切	○				16-11、26-11、30-11、R3-11
16-12	給水管動水勾配線図	不適切	○				
16-13	水道施設のポンプ設備	適切	○				16-13、21-11、24-11、R2-12
16-14	水道施設の計装設備組合せ	組合せ	○				
16-15	水道施設の災害対策	組合せ	○				16-15、18-13、19-11
16-16	計画汚濁負荷量及び計画流入水質	不適切		○			16-16、22-19、24-18、29-19、R1(再)-20
16-17	下水道施設の改築	組合せ		○			16-17、23-19、28-21、R1-19
16-18	管路計画	組合せ		○			
16-19	下水道の管きょ計画	不適切		○			16-19、19-24、20-22
16-20	雨水排除計画	組合せ		○			16-20、18-20
16-21	下水道工事における小口径管推進工法	不適切		○		○	
16-22	標準活性汚泥法の設計諸元	不適切		○			16-22、24-30、25-32、26-22、26-27、27-24、28-24、29-22、29-25、30-23、30-26、R2-23、R3-24
16-23	オキシデーションディッチ法の特徴	不適切		○			16-23、19-31、21-30、22-25、25-29、27-22、R2-25
16-24	嫌気無酸好気法	不適切		○			16-24、25-26、26-25、27-27、28-26、30-25、R2-26、R3-23
16-25	下水道施設の臭気対策	不適切		○	○		16-25、18-35、20-35、24-35、28-35
16-26	下水処理水の消毒	不適切		○			16-26、21-27、R1-27
16-27	重力濃縮タンクの滞留時間	計算		○			16-27、24-28、28-32
16-28	嫌気性消化	組合せ		○			
16-29	汚泥の性状と管理	不適切		○			
16-30	事業場排水中の処理対象物質と主な処理方法	不適切		○			16-30、17-34、19-35、20-33、22-34、23-34、24-33、25-33、27-34、30-35、R1(再)-35、R3-34

表3.2　過去問題分析結果　実施年度（平成17年度）（2005年）

| 問題番号 | 内　容 | 解答内容 | 出題分析 | | | | 過去の類似問題 |
			上水道	下水道	環境一般	共通問題	
17-1	水道法	不適切	○				16年から24年まで毎年
17-2	水道を評価する指標	組合せ	○				
17-3	水道水質基準項目	不適切	○				17-3、21-16、24-16、R1(再)-12
17-4	水道水源	不適切	○				16-4、17-4、18-3、28-2
17-5	多目的貯水池の水位関係、容量関係	組合せ	○				17-5、26-2、R2-16
17-6	浄水処理	不適切	○			○	
17-7	上水ろ過池	適切	○				
17-8	活性炭処理	不適切	○				17-8、21-8、28-7、R3-8
17-9	上水道の塩素消毒	適切	○				17-9、18-6、19-6、20-7、22-8、23-5、24-6、26-7、27-8、29-4、30-7、R1-6、R1(再)-6
17-10	浄水施設の排水処理	不適切	○				17-10、18-15、19-14、20-15、21-15、22-15、23-15、24-15、25-15、26-14、27-15、28-15、29-16、30-15、R1-15
17-11	水道施設の機械、電気設備	不適切	○				
17-12	配水管路の水頭	不適切	○			○	17-12、25-10
17-13	各種公式	不適切	○	○		○	
17-14	給水方式	不適切	○				17-14、28-9、R2-13
17-15	水道施設の耐震設計	不適切	○			○	
17-16	水道ビジョン（2004年）	不適切	○		○		
17-17	水道施設の省エネルギー対策	不適切	○		○		
17-18	下水道の整備計画	不適切		○			
17-19	計画外水位	不適切		○			
17-20	生物膜法	不適切		○			
17-21	反応タンクにおける担体利用	不適切		○			
17-22	下水処理場の計画下水量	不適切		○			
17-23	下水道の小規模ポンプ場施設	不適切		○			
17-24	活性汚泥法の浄化作用	不適切		○			17-24、19-30、24-29、26-28、R3-33
17-25	二次処理水の再利用	不適切		○			
17-26	宅内排水設備	不適切		○			17-26、20-20
17-27	管きょの基礎	不適切		○			
17-28	計画雨水量	不適切		○			17-28、18-21、19-20、22-20、24-19、26-19、30-21
17-29	合流式下水道の雨天時越流水対策	不適切		○			
17-30	管路施設の維持管理	不適切		○			
17-31	汚泥消化	不適切		○			17-31、24-27、26-30、27-30、28-33、29-32、R1(再)-30、R2-33
17-32	各種処理方式の汚泥発生率	不適切		○			
17-33	脱水機の維持管理	不適切		○			
17-34	事業場排水が下水道に与える影響	不適切		○			16-30、17-34、19-35、20-33、22-34、23-34、24-33、25-33、27-34、30-35、R1(再)-35、R3-34
17-35	圧力管路システム	不適切		○			

表3.3　過去問題分析結果　実施年度（平成18年度）（2006年）

問題番号	内　容	解答内容	上水道	下水道	環境一般	共通問題	過去の類似問題
18-1	水道法	不適切	○				16年から24年まで毎年
18-2	水道施設計画	不適切	○				
18-3	水道水源	不適切	○				16-4、17-4、18-3、28-2
18-4	緩速ろ過	適切	○				18-4、29-6
18-5	浄水処理組合せ	不適切	○				18-5、28-3
18-6	消毒	不適切	○				17-9、18-6、19-6、20-7、22-8、23-5、24-6、26-7、27-8、29-4、30-7、R1-6、R1（再）-6
18-7	オゾン処理	不適切	○				16-8、18-7、21-5、24-7、26-8、29-7、R1-7、R1（再）-4、R3-9
18-8	膜ろ過に関する組合せ	不適切	○				16-9、18-8、20-8、21-7、22-7、23-7、24-8、25-8、26-9、27-10、29-8、30-8、R1（再）-8、R2-9
18-9	配水および給水	不適切	○				
18-10	管路付属設備の設置位置	不適切	○				18-10、30-10
18-11	流量計	適切	○				
18-12	掘削に伴う出水が、水道管からの漏水かどうかの判定	不適切	○				
18-13	水道施設の災害対策	不適切	○				16-15、18-13、19-11
18-14	急速ろ過池におけるマノメータ値	組合せ	○				16-7、18-14、21-9、26-6、27-7、29-14、R1（再）-5、R3-6
18-15	浄水施設の排水処理	不適切	○				17-10、18-15、19-14、20-15、21-15、22-15、23-15、24-15、25-15、26-14、27-15、28-15、29-16、30-15、R1-15
18-16	クリプトスポリジウム	適切	○				18-16、23-17、26-17、28-17、29-17、R3-16
18-17	水道事業に係る規格	不適切	○				
18-18	計画汚水量の区分	不適切		○			18-18、20-18、23-18、25-20、27-18、28-19、30-19、R1-20、R1（再）-19、R3-19
18-19	下水道施設の効率的な施設計画	不適切		○			
18-20	雨水排除計画	不適切		○			16-20、18-20
18-21	計画雨水量	不適切		○			17-28、18-21、19-20、22-20、24-19、26-19、30-21
18-22	マンホール	不適切		○			18-22、R3-26
18-23	伏越し	不適切		○			18-23、22-22、30-29
18-24	下水道管きょの推進工法	不適切		○			
18-25	下水処理場、ポンプ場における電気・計装設備	適切		○	○		
18-26	回分式活性汚泥法	不適切		○			18-26、23-32
18-27	酸素活性汚泥法の反応タンクの維持管理	不適切		○			
18-28	各種活性汚泥法のBOD-SS負荷	不適切		○			
18-29	活性汚泥の沈降	不適切		○			18-29、24-31、R1（再）-23
18-30	下水の高度処理における処理対象物質と高度処理プロセス	不適切		○			
18-31	水質試験項目	不適切				○	18-31、19-34、22-33、R1（再）-33
18-32	下水汚泥処理プロセスと、その目的に関する組合せ	不適切		○			18-32、25-26、29-30
18-33	下水汚泥の形態と建設資材等の利用例の組合せ	不適切		○			18-33、26-31、29-33、30-33
18-34	下水道施設の腐食対策	不適切		○			18-34、21-35、22-35、23-35、26-35、28-35、29-35
18-35	下水道施設の臭気対策	不適切		○			16-25、18-35、19-35、20-35、24-35、28-35

表3.4　過去問題分析結果　実施年度（平成19年度）（2007年）

問題番号	内　容	解答内容	上水道	下水道	環境一般	共通問題	過去の類似問題
19-1	水道法における水道事業者	不適切	○				16年から24年まで毎年
19-2	上水道基本計画	組合せ	○				16-2、19-2、20-2、21-2、22-2、25-1、27-2、30-1、R1(再)-2、R2-1、R3-2
19-3	富栄養化した湖沼の利用	不適切	○		○		19-3、29-3
19-4	浅井戸と深井戸	組合せ	○				
19-5	浄水処理法の種類に関する用語	不適切	○				
19-6	消毒に用いる塩素剤	適切	○				17-9、18-6、19-6、20-7、22-8、23-5、24-6、26-7、27-8、29-4、30-7、R1-6、R1(再)-6
19-7	高度浄水処理	不適切	○				19-7、23-8、25-7
19-8	水道管の洗浄・消毒に関する作業手順	不適切	○				19-8、R1(再)-7
19-9	地下埋設管、ケーブルの識別地色	不適切	○			○	
19-10	ポンプのキャビテーション	不適切	○			○	19-10、27-13、R3-12
19-11	水道施設の災害対策	不適切	○			○	16-15、18-13、19-11
19-12	コンクリート構造物の劣化測定方法	組合せ	○			○	
19-13	水圧に関する基礎知識	不適切	○	○			19-13、25-13
19-14	浄水施設の排水処理	不適切	○				17-10、18-15、19-14、20-15、21-15、22-15、23-15、24-15、25-15、26-14、27-15、28-15、29-16、30-15、R1-15、R2-22
19-15	水道の水質管理	不適切	○				19-15、21-17、23-16、25-16、25-17、30-17、30-18、R1-16、R1-17
19-16	配水施設内の水質変化の対応	不適切	○				
19-17	水道の安全衛生管理	組合せ	○			○	
19-18	雨水流出抑制	不適切		○			19-18、22-18、24-20、25-19、27-19、29-21、30-20、R1-21、R2-22
19-19	下水道管きょの改築	不適切		○			19-19、23-23、24-24、29-28、R1(再)-28
19-20	計画雨水量	不適切		○			17-28、18-21、19-20、22-20、24-19、26-19、30-21
19-21	下水道の収集システム	不適切		○			19-21、25-23
19-22	下水道の開きょ	不適切		○			
19-23	下水道シールド工法	不適切		○			
19-24	下水道の管きょ計画	不適切		○			16-19、19-24、20-22
19-25	活性汚泥法の反応タンク	不適切		○			
19-26	下水道のポンプ場	不適切		○			19-26、25-24、26-24、29-29、R1(再)-29、R2-30、R3-28
19-27	活性汚泥法の散気装置	不適切		○			
19-28	下水汚泥の処理・処分	不適切		○			19-28、21-26、28-31、30-32、R2-31
19-29	接触酸化法	不適切		○			
19-30	活性汚泥法の浄化機能	不適切		○			17-24、19-30、24-29、26-28、R3-33
19-31	オキシデーションディッチ法の特徴	不適切		○			16-23、19-31、21-30、22-25、25-29、27-22、R2-25
19-32	積雪・寒冷地域の下水処理場の維持管理	不適切		○		○	19-32、24-32
19-33	下水処理場の臭気対策	不適切		○			19-33、21-34、22-28
19-34	水質試験項目	適切		○		○	18-31、19-34、22-33、R1(再)-33
19-35	事業場排水中の処理対象物質と処理方法	不適切		○			16-30、17-34、19-35、20-33、22-34、23-34、25-33、27-34、30-35、R1(再)-35、R3-34

表3.5 過去問題分析結果 実施年度（平成20年度）（2008年）

問題番号	内　容	解答内容	上水道	下水道	環境一般	共通問題	過去の類似問題
			出題分析				
20－1	水道法	不適切	○				16年から24年まで毎年
20－2	上水道計画	不適切	○				16－2、19－2、20－2、21－2、22－2、25－1、27－2、30－1、R1（再）－2、R2－1、R3－2
20－3	貯水池の夏季成層形成	不適切	○				20－3、25－2
20－4	取水施設	組合せ	○				20－4、23－3、26－3、R1（再）－1
20－5	浄水処理の凝集	適切	○				20－5、24－5、25－4、26－4、27－5、28－4
20－6	上水道の急速ろ過池における異常現象と原因	不適切	○				
20－7	上水道の塩素消毒	不適切	○				17－9、18－6、19－6、20－7、22－8、23－5、24－6、26－7、27－8、29－4、30－7、R1－6、R1（再）－6
20－8	膜ろ過	不適切	○				16－9、18－8、20－8、21－7、22－7、23－7、24－8、25－8、26－9、27－10、29－8、30－8、R1（再）－8、R2－9
20－9	紫外線消毒	不適切	○				20－9、27－9、R1－8
20－10	ポンプ系の水撃作用	不適切	○				20－10、30－13
20－11	配水池	不適切	○				20－11、26－10、27－11
20－12	金属管の腐食	不適切				○	20－12、28－10
20－13	上水道の地震対策	不適切	○				
20－14	水道管路の施工方法	不適切	○				
20－15	浄水施設の排水処理	不適切	○				17－10、18－15、19－14、20－15、21－15、22－15、23－15、24－15、25－15、26－14、27－15、28－15、29－16、30－15、R1－15
20－16	地下水の汚染物質と排出源	不適切	○				
20－17	平成20年4月1日適用、水質基準に関する省令等の改正	組合せ	○				
20－18	計画汚水量	不適切		○			18－18、20－18、23－18、25－20、27－18、28－19、30－19、R1－20、R1（再）－19、R3－19
20－19	下水道マンホールふたの浮上・飛散現象の発生要因	不適切		○			
20－20	宅内排水設備	不適切		○			17－26、20－20
20－21	下水道の計画汚泥負荷量と計画流入水質	不適切		○			20－21、26－18、27－20
20－22	下水道の管きょ計画	不適切		○			16－19、19－24、20－22
20－23	圧送式下水道輸送システムの圧力管路	不適切		○			20－23、R1－28
20－24	下水道の自家発電設備	不適切		○			20－24、R1－34
20－25	下水道の処理水の再利用	不適切		○			
20－26	下水汚泥の濃縮設備	不適切		○			20－26、R1（再）－31
20－27	下水道の汚泥処理のプロセスから発生する返流水	不適切		○			
20－28	下水処理場土木構造物の耐震設計法	不適切		○			20－28、R1－26
20－29	押出し流れ反応タンクを用いた長時間エアレーション	不適切		○			
20－30	好気性ろ床法	不適切		○			
20－31	下水の高度処理	不適切		○			20－31、25－28、R1－24
20－32	雨水滞水池	適切		○			
20－33	事業場排水が下水道に与える影響	不適切		○			16－30、17－34、19－35、20－33、22－34、23－34、24－33、25－33、27－34、30－35、R1（再）－35、R3－34
20－34	BOD	組合せ			○		20－34、25－34
20－35	下水道施設の臭気対策	不適切		○			16－25、18－35、20－35、24－35、28－35

表3.6　過去問題分析結果　実施年度（平成21年度）（2009年）

問題番号	内　容	解答内容	出題分析				過去の類似問題
			上水道	下水道	環境一般	共通問題	
21-1	水道法の用語定義	不適切	○				16 年から 24 年まで毎年
21-2	上水道計画	不適切	○				16-2、19-2、20-2、21-2、22-2、25-1、27-2、30-1、R1(再)-2、R2-1、R3-2
21-3	地下水に関する用語と物質名	不適切	○				
21-4	ダム形式	組合せ	○			○	21-4、24-4、R1-14
21-5	オゾン処理	不適切	○				16-8、18-7、21-5、24-7、26-8、29-7、R1-7、R1(再)-4、R3-9
21-6	微生物学的安全性	適切	○				
21-7	膜処理法と原水中の成分サイズ	組合せ	○				16-9、18-8、20-8、21-7、22-7、23-7、24-8、25-8、26-9、27-10、29-8、30-8、R1(再)-8、R2-9
21-8	活性炭処理	不適切	○				17-8、21-8、28-7、R3-8
21-9	急速ろ過	適切	○				16-7、18-14、21-9、26-6、27-7、29-14、R1(再)-5、R3-6
21-10	水道の配水管に使用する管種と特徴	不適切	○				21-10、25-9、28-8
21-11	水道施設のポンプ制御	不適切	○			○	16-13、21-11、24-11、R2-12
21-12	漏水防止対策	不適切	○				21-12、23-12、29-13、R2-14
21-13	水道施設の耐震性能基準	組合せ	○			○	
21-14	水道施設のコンクリート構造物	不適切	○				21-14、24-14、30-14
21-15	浄水施設の排水処理	不適切	○				17-10、18-15、19-14、20-15、21-15、22-15、23-15、24-15、25-15、26-14、27-15、28-15、29-16、30-15、R1-15
21-16	水道水質基準の化学物質	不適切	○				17-3、21-16、24-16、R1(再)-12
21-17	水道の水質基準に関する省令	不適切	○				19-15、21-17、23-16、25-16、25-17、30-17、30-18、R1-16、R1-17
21-18	下水道の計画区域	不適切		○			
21-19	下水道の計画汚水量	不適切		○			
21-20	流域下水道と流域関連公共下水道	不適切		○			
21-21	下水道管路の耐震構造	不適切		○			
21-22	推進工法における外圧荷重	不適切		○			
21-23	土留め壁	不適切		○			
21-24	標準活性汚泥法における最終沈殿池	不適切		○			21-24、27-26
21-25	下水処理場の受変電設備	不適切		○			
21-26	下水汚泥の処理方法	不適切		○			19-28、21-26、28-31、30-32、R2-31
21-27	下水処理水の消毒	不適切		○			16-26、21-27、R1-27
21-28	下水道設備の維持管理に関する用語	不適切		○			
21-29	活性汚泥法の管理因子	不適切		○			
21-30	高度処理オキシデーションディッチ法	不適切		○			16-23、19-31、21-30、22-25、25-29、27-22、R2-25
21-31	下水処理法と MLSS 濃度について	適切		○			
21-32	下水の膜分離活性汚泥法のプロセス構成	適切		○			
21-33	下水道水質試験項目	適切		○			21-33、23-33、24-34、25-35、27-33、28-34、29-34、R1-33
21-34	下水処理場の臭気対策	不適切		○			19-33、21-34、22-28
21-35	下水道施設の腐食対策	不適切		○			18-34、21-35、22-35、23-35、26-35、27-35、29-35

表3.7　過去問題分析結果　実施年度（平成22年度）（2010年）

問題番号	内　容	解答内容	上水道	下水道	環境一般	共通問題	過去の類似問題
			出題分析				
22-1	水道法	適切	○				16年から24年まで毎年
22-2	上水道計画	組合せ	○				16-2、19-2、20-2、21-2、22-2、25-1、27-2、30-1、R1（再）-2、R2-1、R3-2
22-3	貧栄養湖と富栄養湖	間違っている個数	○				22-3、R1-2
22-4	地下水取水	組合せ	○				22-4、24-3、25-3、29-2、R1（再）-17、R2-2、R3-4
22-5	酸化・消毒法の残留効果	個数	○				
22-6	水道沈澱池の沈殿機能	組合せ	○				22-6、25-6、30-4
22-7	膜ろ過法を浄水処理として採用する利点	適切	○				16-9、18-8、20-8、21-7、22-7、23-7、24-8、25-8、26-9、27-10、29-8、30-8、R1（再）-8、R2-9
22-8	微生物の消毒	適切	○				17-9、18-6、19-6、20-7、22-8、23-5、24-6、26-7、27-8、29-4、30-7、R1-6、R1（再）-6
22-9	配水施設の計画配水量や配水池容量等の算定	組合せ	○				
22-10	上水道配水管の布設	不適切	○				22-10、R1（再）-9
22-11	上水道のポンプ設備	不適切	○				22-11、26-12、29-11
22-12	水道管路の更新計画	不適切	○				22-12、28-1、30-2、R1-1
22-13	水道の池状構造物の静的解析に用いる耐震設計法	組合せ	○				
22-14	Hazen-Williams 公式	組合せ	○			○	22-14、25-14、28-14、R2-15
22-15	浄水施設の排水処理	不適切	○				17-10、18-15、19-14、20-15、21-15、22-15、23-15、24-15、25-15、26-14、27-15、28-15、29-16、30-15、R1-15
22-16	上水道消毒副生成物の水質基準項目	不適切	○				
22-17	水道事業における環境対策で、分類と具体的施策	不適切		○	○		
22-18	雨水流出抑制	不適切		○			19-18、22-18、24-20、25-19、27-19、29-21、R1-21、R2-22
22-19	計画汚濁負荷量及び計画流入水質	不適切		○			16-16、22-19、24-18、29-19、R1（再）-20
22-20	計画雨水量	不適切		○			17-28、18-21、19-20、22-20、24-19、26-19、30-21
22-21	下水道の放流水に係る法令等	不適切		○			
22-22	伏越し	不適切		○			18-23、22-22、30-29
22-23	可とう性管きょの基礎	不適切		○			
22-24	下水道管きょの耐震設計	組合せ		○			22-24、24-22、29-27
22-25	オキシデーションディッチ法と標準活性汚泥法の特徴	個数		○			16-23、19-31、21-30、22-25、25-29、27-22、R2-25
22-26	圧入式スクリュープレス脱水機の特徴	不適切		○			
22-27	流量計を下水道施設で選定する際の留意事項	不適切		○			
22-28	下水処理場の臭気対策	不適切		○			19-33、21-34、22-28
22-29	下水道施設日常点検	不適切		○			
22-30	下水道設備における状態基準保全	不適切		○			
22-31	膜分離活性汚泥法の処理機能上の特徴	不適切		○			22-31、R1-25
22-32	長時間エアレーション	不適切		○			
22-33	水質試験項目	不適切		○		○	18-31、19-34、22-33、R1（再）-33
22-34	事業場排水中の処理対象物質と主な処理方法	不適切		○			16-30、17-34、19-35、20-33、22-34、23-34、24-33、25-33、27-34、30-35、R1（再）-35、R3-34
22-35	下水道施設の腐食対策	不適切		○			18-34、21-35、22-35、23-35、26-35、27-35、29-35

表3.8　過去問題分析結果　実施年度（平成23年度）（2011年）

問題番号	内　容	解答内容	上水道	下水道	環境一般	共通問題	過去の類似問題
			出題分析				
23-1	水道法の事業者定義	個数	○				16年から24年まで毎年
23-2	上水道計画	個数	○				23-2、24-2
23-3	取水塔	不適切	○				20-4、23-3、26-3、R1(再)-1
23-4	上水道地下水水源に関連した生物障害	適切	○				23-4、27-3
23-5	上水道の消毒剤	不適切	○				17-9、18-6、19-6、20-7、22-8、23-5、24-6、26-7、27-8、29-4、30-7、R1-6、R1(再)-6
23-6	水道用凝集剤	不適切	○				23-6、30-6
23-7	膜ろ過	個数	○				16-9、18-8、20-8、21-7、22-7、23-7、24-8、25-8、26-9、27-10、29-8、30-8、R1(再)-8、R2-9
23-8	高度浄水処理	組合せ	○				19-7、23-8、25-7
23-9	上水道の送・配水施設	個数	○				
23-10	上水道の給水装置	個数	○				23-10、R1-9
23-11	浄水施設の制御	適切	○				23-11、30-12
23-12	漏水防止対策	組合せ	○				21-12、23-12、29-13、R2-14
23-13	上水道緊急遮断設備の設置	不適切	○				23-13、28-13
23-14	管網計算	組合せ	○			○	23-14、30-9、R3-10
23-15	浄水施設の排水処理	不適切	○				17-10、18-15、19-14、20-15、21-15、22-15、23-15、24-15、25-15、26-14、27-15、28-15、29-16、30-15、R1-15
23-16	水道の水質基準項目	不適切	○				19-15、21-17、23-16、25-16、25-17、30-17、30-18、R1-16、R1-17
23-17	クリプトスポリジウム	適切	○		○		18-16、23-17、26-17、28-17、29-17、R3-16
23-18	計画汚水量	不適切		○			18-18、20-18、23-18、25-20、27-18、28-19、30-19、R1-20、R1(再)-19、R3-19
23-19	下水道施設の改築	不適切		○			16-17、23-19、28-21、R1-19
23-20	下水道施設の耐震設計	不適切		○			
23-21	下水道法	不適切		○			
23-22	下水道施設の液状化被害	不適切		○		○	
23-23	下水道管きょの改築	組合せ		○			19-19、23-23、24-24、29-28、R1(再)-28
23-24	下水道推進管に関する土圧算定式	不適切		○			
23-25	下水処理反応タンクの省エネルギー対策	不適切		○			
23-26	嫌気無酸素好気法	組合せ		○			16-24、23-26、26-25、27-27、28-26、30-25、R2-26、R3-23
23-27	下水汚泥流動焼却炉	不適切		○			23-27、25-27、R3-29
23-28	下水ポンプ場沈砂池の設計	不適切		○			23-28、27-28、29-29、30-30
23-29	下水道施設の維持管理性能発注	不適切		○			
23-30	固定化担体を用いた処理法	不適切		○			23-30、29-23
23-31	下水処理水再利用のための処理方法	組合せ		○			23-31、26-26
23-32	回分式活性汚泥法	不適切		○			18-26、23-32
23-33	下水道の水質試験項目	適切		○			21-33、23-33、24-34、25-35、27-33、28-34、29-34、R1-33
23-34	事業場排水が下水道に与える影響	不適切		○			16-30、17-34、19-35、20-33、22-34、23-34、24-33、25-33、27-34、30-35、R1(再)-35、R3-34
23-35	下水道施設の腐食対策	不適切		○			18-34、21-35、22-35、23-35、26-35、27-35、29-35

表3.9 過去問題分析結果 実施年度（平成24年度）（2012年）

問題番号	内 容	解答内容	上水道	下水道	環境一般	共通問題	過去の類似問題
24－1	水道法	不適切	○				16年から24年まで毎年
24－2	上水道計画	組合せ	○				23－2、24－2
24－3	地下水取水	組合せ	○				22－4、24－3、25－3、29－2、R1（再）－17、R2－2、R3－4
24－4	ダム形式	組合せ	○				21－4、24－4、R1－14
24－5	浄水処理の凝集	適切	○				20－5、24－5、25－4、26－4、27－5、28－4
24－6	上水道の消毒	不適切	○				17－9、18－6、19－6、20－7、22－8、23－5、24－6、26－7、27－8、29－4、30－7、R1－6、R1（再）－6
24－7	オゾン処理	不適切	○				16－8、18－7、21－5、24－7、26－8、29－7、R1－7、R1（再）－4、R3－9
24－8	膜ろ過	組合せ	○				16－9、18－8、20－8、21－7、22－7、23－7、24－8、25－8、26－9、27－10、29－8、30－8、R1（再）－8、R2－9
24－9	給水装置の構造及び材質の基準	不適切	○				
24－10	上水道の管路付属設備	不適切	○				
24－11	水道施設のポンプ制御	不適切	○				16－13、21－11、24－11、R2－12
24－12	上水道の金属管腐食	適切	○				
24－13	上水道管路の耐震性能	組合せ	○				
24－14	水道施設のコンクリート構造物	不適切	○				21－14、24－14、30－14
24－15	浄水施設の排水処理	不適切	○				17－10、18－15、19－14、20－15、21－15、22－15、23－15、24－15、25－15、26－14、27－15、28－15、29－16、30－15、R1－15
24－16	水道水質基準項目	適切	○				17－3、21－16、24－16、R1（再）－12
24－17	東北地方太平洋沖地震による水道施設等への影響	不適切	○				
24－18	計画汚濁負荷量及び計画流入水質	不適切		○			16－16、22－19、24－18、29－19、R1（再）－20
24－19	計画雨水量	不適切		○			17－28、18－21、19－20、22－20、24－19、26－19、30－21
24－20	雨水流出抑制	不適切		○			19－18、22－18、24－20、25－19、27－19、29－21、30－20、R1－21、R2－22
24－21	下水道の資源・空間利用	不適切		○			
24－22	下水道管きょの耐震設計	不適切		○			22－24、24－22、29－27
24－23	下水道管きょの流速	不適切		○			24－23、28－27、R1（再）－27
24－24	下水道管きょ改築の更生工法	不適切		○			19－19、23－23、24－24、29－28、R1（再）－28
24－25	標準活性汚泥法反応タンクの構造設計	不適切		○			24－25、29－26、R3－25
24－26	各種活性汚泥法反応タンクの標準的な水理学的滞留時間	不適切		○			24－26、30－28
24－27	汚泥消化	組合せ		○			17－31、24－27、26－30、27－30、28－33、29－32、R1（再）－30、R2－33
24－28	重力濃縮タンクの滞留時間	計算		○			16－27、24－28、28－32
24－29	活性汚泥法の浄化作用	不適切		○			17－24、19－30、24－29、26－28、R3－33
24－30	汚泥返送比	計算		○			16－22、24－30、25－32、26－22、26－27、27－24、28－24、29－22、29－25、30－23、30－26、R2－23、R3－24
24－31	活性汚泥の沈降	不適切		○			18－29、24－31、R1（再）－23
24－32	積雪・寒冷地域の下水処理場の維持管理	不適切		○			19－32、24－32
24－33	事業場排水中の処理対象物質と主な処理方法	不適切		○			16－30、17－34、19－35、20－33、22－34、23－34、24－33、25－33、27－34、30－35、R1（再）－35、R3－34
24－34	下水道の水質試験項目	不適切		○			21－33、23－33、24－34、25－35、27－33、28－34、29－34、R1－33
24－35	下水道施設の臭気対策	不適切		○			16－25、18－35、20－35、24－35、28－35

表3.10　過去問題分析結果　実施年度（平成25年度）（2013年）

問題番号	内　容	解答内容	上水道	下水道	環境一般	共通問題	過去の類似問題
25－1	上水道基本計画	組合せ	○				16－2、19－2、20－2、21－2、22－2、25－1、27－2、30－1、R1（再）－2、R2－1、R3－2
25－2	貯水池の夏季成層形成	不適切	○				20－3、25－2
25－3	地下水取水	適切	○				22－4、24－3、25－3、29－2、R1（再）－17、R2－2、R3－4
25－4	浄水処理の凝集	組合せ	○			○	20－5、24－5、25－4、26－4、27－5、28－4
25－5	浄水処理における砂ろ過	不適切	○				25－5、R2－7
25－6	水道沈殿池の沈殿機能	組合せ	○				22－6、25－6、30－4
25－7	高度浄水処理	不適切	○				19－7、23－8、25－7
25－8	膜ろ過	組合せ	○				16－9、18－8、20－8、21－7、22－7、23－7、24－8、25－8、26－9、27－10、29－8、30－8、R1（再）－8、R2－9
25－9	水道の配水管に使用する管種と特徴	不適切	○				21－10、25－9、28－8
25－10	配水管の損失水頭	不適切	○			○	17－12、25－10
25－11	バルブ操作に伴う現象	組合せ	○			○	
25－12	配水量	不適切	○				25－12、R1－12
25－13	水の圧力に関する問題	不適切	○				19－13、25－13
25－14	Hazen－Williams 公式	組合せ	○				22－14、25－14、28－14、R2－15
25－15	浄水施設の排水処理	不適切	○				17－10、18－15、19－14、20－15、21－15、22－15、23－15、24－15、25－15、26－14、27－15、28－15、29－16、30－15、R1－15
25－16	水道の水質基準項目	不適切	○				19－15、21－17、23－16、25－16、25－17、30－17、30－18、R1－16、R1－17
25－17	水道の水質と水質管理	適切	○				19－15、21－17、23－16、25－16、25－17、30－17、30－18、R1－16、R1－17
25－18	下水道の排除方式	不適切		○			25－18、27－21、28－20
25－19	雨水流出抑制	不適切		○			19－18、22－18、24－20、25－19、27－19、29－21、30－20、R1－21、R2－22
25－20	計画汚水量	不適切		○			18－18、20－18、23－18、25－20、27－18、28－19、30－19、R1－20、R1（再）－19、R3－19
25－21	合理式	計算		○			25－21、28－22、29－20、R3－21
25－22	下水道管きょの種類	不適切		○			
25－23	下水道の収集システムの特徴	不適切		○			19－21、25－23
25－24	下水道のポンプ場	適切		○			19－26、25－24、26－24、29－29、R1（再）－29、R2－30、R3－28
25－25	下水処理場の反応タンクのエアレーション装置	組合せ		○			
25－26	下水汚泥処理プロセス	不適切		○			18－32、25－26、29－30
25－27	下水汚泥流動焼却炉	不適切		○			23－27、25－27、R3－29
25－28	下水の高度処理	不適切		○			20－31、25－28、R1－24
25－29	オキシデーションディッチ法の特徴	不適切		○			16－23、19－31、21－30、22－25、25－29、27－22、R2－25
25－30	下水道の生物処理法	不適切		○			
25－31	循環式硝化脱窒法	計算		○			25－31、R1－23
25－32	汚泥容量指標	計算		○			16－22、24－30、25－32、26－22、26－27、27－24、28－24、29－22、29－25、30－23、30－26、R2－23、R3－24
25－33	事業場排水が下水道に与える影響	不適切		○			16－30、17－34、19－35、20－33、22－34、23－34、24－33、25－33、27－34、30－35、R1（再）－35、R3－34
25－34	BOD	組合せ		○			20－34、25－34
25－35	下水道の水質試験項目	適切		○			21－33、23－33、24－34、25－35、27－33、28－34、29－34、R1－33

表3.11 過去問題分析結果 実施年度（平成26年度）（2014年）

問題番号	内　　容	解答内容	上水道	下水道	環境一般	共通問題	過去の類似問題
26－1	上水道施設計画	不適切	○				
26－2	多目的貯水池の水位関係、容量関係	組合せ	○				17－5、26－2、R2－16
26－3	取水施設	組合せ	○				20－4、23－3、26－3、R1（再）－1
26－4	浄水処理の凝集	適切	○				20－5、24－5、25－4、26－4、27－5、28－4
26－5	沈殿	不適切	○				
26－6	急速ろ過	不適切	○				16－7、18－14、21－9、26－6、27－7、29－14、R1（再）－5、R3－6
26－7	上水道の消毒	不適切	○				17－9、18－6、19－6、20－7、22－8、23－5、24－6、26－7、27－8、29－4、30－7、R1－6、R1（再）－6
26－8	オゾン処理	組合せ	○				16－8、18－7、25－6、27－6、28－8、29－7、R1－7、R1（再）－4、R3－9
26－9	膜処理の適用範囲と対応する原水中成分	組合せ	○				16－9、18－8、20－8、21－7、22－7、23－7、24－8、25－8、26－9、27－10、29－8、30－8、R1（再）－8、R2－9
26－10	配水池	不適切	○				20－11、26－10、27－11
26－11	給水管	不適切	○				16－11、26－11、30－11、R3－11
26－12	上水道のポンプ設備	不適切	○				22－11、26－12、29－11
26－13	開水路の水面形状	組合せ				○	
26－14	浄水場の排水処理	不適切	○				17－10、18－15、19－14、20－15、21－15、22－15、23－15、24－15、25－15、26－14、27－15、28－15、29－16、30－15、R1－15
26－15	消毒副生成物のうちの水質基準項目	不適切	○				
26－16	消毒副生成物の生成	組合せ	○				
26－17	クリプトスポリジウム	不適切	○				18－16、23－17、26－17、28－17、29－17、R3－16
26－18	下水道の計画汚泥負荷量と計画流入水質	不適切		○			20－21、26－18、27－20
26－19	計画雨水量	不適切		○			17－28、18－21、19－20、22－20、24－19、26－19、30－21
26－20	雨水流出係数	不適切		○			
26－21	下水道計画の計画年次と計画区域	不適切		○			26－21、29－18、30－22、R2－20
26－22	標準活性汚泥法の制御	組合せ		○			16－22、24－30、25－32、26－22、26－27、27－24、28－24、29－22、29－25、30－23、30－26、R2－23、R3－24
26－23	水処理プロセスの省エネルギー対策	不適切		○			
26－24	下水道のポンプ場	不適切		○			19－26、25－24、26－24、29－29、R1（再）－29、R2－30、R3－28
26－25	嫌気無酸素好気法	不適切		○			16－24、23－26、26－25、27－27、28－26、30－25、R2－26、R3－23
26－26	下水処理水再利用のための処理方式	不適切		○			23－31、26－26
26－27	活性汚泥法の設計・操作指標	不適切		○			16－22、24－30、25－32、26－22、26－27、27－24、28－24、29－22、29－25、30－23、30－26、R2－23、R3－24
26－28	活性汚泥の浄化作用	不適切		○			17－24、19－30、24－29、26－28、R3－33
26－29	BOD-SS 負荷	計算		○			26－29、28－25、R1（再）－22
26－30	汚泥消化	組合せ		○			17－31、24－27、26－30、27－30、28－33、29－32、R1（再）－30、R2－33
26－31	下水汚泥の有効利用	不適切		○			18－33、26－31、29－33、30－33
26－32	計画発生汚泥量	計算		○			
26－33	COD	組合せ		○			26－33、R2－34
26－34	下水道における水質試験項目	不適切		○			
26－35	下水道施設の腐食対策	不適切		○			18－34、21－35、22－35、23－35、26－35、27－35、29－35

表3.12　過去問題分析結果　実施年度（平成27年度）（2015年）

問題番号	内　容	解答内容	出題分析				過去の類似問題
			上水道	下水道	環境一般	共通問題	
27－1	水道の歴史	不適切	○				
27－2	上水道計画	不適切	○				16－2、19－2、20－2、21－2、22－2、25－1、27－2、30－1、R1(再)－2、R2－1、R3－2
27－3	上水道地下水に関連した生物障害	適切	○				23－4、27－3
27－4	浄水場沈砂池	不適切	○				
27－5	浄水処理の凝集	組合せ	○				20－5、24－5、25－4、26－4、27－5、28－4
27－6	浄水処理沈殿池	組合せ	○				27－6、28－6、29－5、R1(再)－3、R2－6、R3－22
27－7	急速ろ過	不適切	○				16－7、18－14、21－9、26－6、27－7、29－14、R1(再)－5、R3－6
27－8	消毒剤	不適切	○				17－9、18－6、19－6、20－7、22－8、23－5、24－6、26－7、27－8、29－4、30－7、R1－6、R1(再)－6
27－9	紫外線消毒	不適切	○				20－9、27－9、R1－8
27－10	膜ろ過	不適切	○				16－9、18－8、20－8、21－7、22－7、23－7、24－8、25－8、26－9、27－10、29－8、30－8、R1(再)－8、R2－9
27－11	配水池	不適切	○				20－11、26－10、27－11
27－12	配水管径	組合せ	○				
27－13	ポンプのキャビテーション	不適切				○	19－10、27－13、R3－12
27－14	Manning 式	組合せ				○	27－14、28－28
27－15	浄水施設の排水処理	不適切	○				17－10、18－15、19－14、20－15、21－15、22－15、23－15、24－15、25－15、26－14、27－15、28－15、29－16、30－15、R1－15
27－16	水道水質の農薬	不適切	○				
27－17	水質基準に関する省令等の改正	組合せ	○				27－17、28－16
27－18	計画汚水量	不適切		○			18－18、20－18、23－18、25－20、27－18、28－19、30－19、R1－20、R1(再)－19、R3－19
27－19	雨水流出抑制	不適切		○			19－18、22－18、24－20、25－19、27－19、29－21、30－20、R1－21、R2－22
27－20	下水道の計画汚泥負荷量と計画流入水質	不適切		○			20－21、26－18、27－20
27－21	下水道の排除方式	不適切		○			25－18、27－21、28－20
27－22	オキシデーションディッチ法と標準活性汚泥法の特徴	個数		○			16－23、19－31、21－30、22－25、25－29、27－22、R2－25
27－23	下水の高度処理除去対象物質と高度処理プロセス組合せ	組合せ		○			
27－24	汚泥容量指標	計算		○			16－22、24－30、25－32、26－22、26－27、27－24、28－24、29－22、29－25、30－23、30－26、R2－23、R3－24
27－25	沈殿池の水面積負荷	計算		○			27－25、30－24
27－26	標準活性汚泥法における最終沈殿池	不適切		○			21－24、27－26
27－27	嫌気無酸素好気法の設計及び維持管理上の留意点	不適切		○			16－24、23－26、26－25、27－27、28－26、30－25
27－28	下水ポンプ場沈砂池の設計	不適切		○			23－28、27－28、29－28、30－30
27－29	雨水管路計画	不適切		○			
27－30	汚泥消化	不適切		○			17－31、24－27、26－30、27－30、28－33、29－32、R1(再)－30、R2－33
27－31	下水汚泥性状の安定化と凝集を目的とした汚泥調整	不適切		○			
27－32	下水汚泥の返流水	不適切		○			27－32、R1－32
27－33	下水道の水質試験項目	適切		○			21－33、23－33、24－34、25－35、27－33、28－34、29－34、R1－33
27－34	事業場排水の下水道に与える影響	不適切		○			16－30、17－34、19－35、20－33、22－34、23－34、23－35、25－33、27－34、30－35、R1(再)－35、R3－34
27－35	下水道施設の腐食対策	不適切		○			18－34、21－35、22－35、23－35、26－35、27－35、29－35

表3.13 過去問題分析結果 実施年度（平成28年度）（2016年）

問題番号	内容	解答内容	上水道	下水道	環境一般	共通問題	過去の類似問題
28-1	水道管路の更新計画	不適切	○				22-12、28-1、30-2、R1-1
28-2	水道水源	不適切	○				16-4、17-4、18-3、28-2
28-3	浄水処理	組合せ	○				18-5、28-3
28-4	浄水処理の凝集	組合せ	○				20-5、24-5、25-4、26-4、27-5、28-4
28-5	浄水場の砂ろ過方式	不適切	○				
28-6	水道用沈殿池	不適切	○				27-6、28-6、29-5、R1（再）-3、R2-6、R3-22
28-7	粉末活性炭による高度浄水処理対象物質	不適切	○				17-8、21-8、28-7、R3-8
28-8	水道の配水管に使用する管種と特徴	不適切	○				21-10、25-9、28-8
28-9	給水方式	不適切	○				17-14、28-9、R2-13
28-10	金属管の腐食	適切	○				20-12、28-10
28-11	水道用バルブの用途と種類	組合せ	○				
28-12	配水量分析	適切	○				
28-13	上水道緊急遮断設備の設置	不適切	○				23-13、28-13
28-14	Hazen–Williams 公式	組合せ				○	22-14、25-14、28-14、R2-15
28-15	浄水場の排水処理	不適切	○				17-10、18-15、19-14、20-15、21-15、22-15、23-15、24-15、25-15、26-14、27-15、28-15、29-16、30-15、R1-15
28-16	水質基準に関する省令	不適切	○				27-17、28-16
28-17	クリプトスポリジウム	不適切	○				18-16、23-17、26-17、28-17、29-17、R3-16
28-18	水質事故	不適切	○				28-18、30-16、R2-18
28-19	計画汚水量	不適切		○			18-18、20-18、23-18、25-20、27-18、28-19、30-19、R1-20、R1（再）-19、R3-19
28-20	下水道の排除方式	不適切		○			25-18、27-21、28-20
28-21	下水道施設の改築	不適切		○			16-17、23-19、28-21、R1-19
28-22	合理式	計算		○			25-21、28-22、29-20、R3-21
28-23	活性汚泥法と生物膜法	不適切		○			
28-24	汚泥返送比	計算		○			16-22、24-30、25-32、26-22、26-27、27-24、28-24、29-22、29-25、30-23、30-26、R2-23、R3-24
28-25	BOD–SS 負荷	計算		○			26-29、28-25、R1（再）-22
28-26	嫌気無酸好気法	不適切		○			16-24、23-26、26-25、27-27、28-26、30-25、R2-26、R3-23
28-27	下水道管きょの流速及びこう配	不適切		○			24-23、28-27、R1（再）-27
28-28	Manning 式	計算		○		○	27-14、28-28
28-29	下水ポンプ場沈砂池の設計	不適切		○			23-28、27-28、28-29、30-30
28-30	下水道のポンプ	不適切		○			28-30、R1-29
28-31	下水汚泥の処理方法	不適切		○			19-28、21-26、28-31、30-32、R2-31
28-32	重力濃縮タンクの滞留時間	計算		○			16-27、24-28、28-32
28-33	汚泥消化	不適切		○			17-31、24-27、26-30、27-30、28-33、29-32、R1（再）-30、R2-33
28-34	下水道の水質試験項目	不適切		○			21-33、23-33、24-34、25-35、27-33、28-34、29-34、R1-33
28-35	下水道施設の臭気対策	不適切		○			16-25、18-35、20-35、24-35、28-35

表3.14　過去問題分析結果　実施年度（平成29年度）（2017年）

問題番号	内　　容	解答内容	出題分析				過去の類似問題
			上水道	下水道	環境一般	共通問題	
29－1	リスク管理	不適切	○			○	
29－2	地下水取水	適切	○				22－4、24－3、25－3、29－2、R1(再)－17、R2－2、R3－4
29－3	富栄養化した湖沼の利用	不適切	○				19－3、29－3
29－4	微生物の消毒	適切	○				17－9、18－6、19－6、20－7、22－8、23－5、24－6、26－7、27－8、29－4、30－7、R1－6、R1(再)－6
29－5	浄水処理沈殿池	組合せ	○				27－6、28－6、29－5、R1(再)－3、R2－6、R3－22
29－6	緩速ろ過	不適切	○				18－4、29－6
29－7	オゾン処理	組合せ	○				16－8、18－7、21－5、24－7、26－8、29－7、R1－7、R1(再)－4、R3－9
29－8	膜ろ過	適切	○				16－9、18－8、20－8、21－7、22－7、23－7、24－8、25－8、26－9、27－10、29－8、30－8、R1(再)－8、R2－9
29－9	配水管	不適切	○				16－10、29－9
29－10	給水装置	不適切	○				
29－11	上水道のポンプ設備	不適切	○				22－11、26－12、29－11
29－12	上水道計装設備	組合せ	○				29－12、R1－11
29－13	漏水防止対策	組合せ	○				21－12、23－12、29－13、R2－14
29－14	急速ろ過池におけるマノメータ値	組合せ	○				16－7、18－14、21－9、26－6、27－7、29－14、R1(再)－5、R3－6
29－15	水槽貯水施設	不適切	○				16－5、29－15、R1(再)－14、R2－3
29－16	浄水施設の排水処理	不適切	○				17－10、18－15、19－14、20－15、21－15、22－15、23－15、24－15、25－15、26－14、27－15、28－15、29－16、30－15、R1－15
29－17	クリプトスポリジウム	適切	○				18－16、23－17、26－17、28－17、29－17、R3－16
29－18	下水道計画目標年次及び計画区域	不適切		○			26－21、29－18、30－22、R2－20
29－19	計画汚濁負荷量及び計画流入水質	不適切		○			16－16、22－19、24－18、29－19、R1(再)－20
29－20	合理式	計算		○			25－21、28－22、29－20、R3－21
29－21	雨水流出抑制	不適切		○			19－18、22－18、24－20、25－19、27－19、29－21、30－20、R1－21、R2－22
29－22	活性汚泥法の設計・操作指標	不適切		○			16－22、24－30、25－32、26－22、26－27、27－24、28－24、29－22、29－25、30－23、30－26、R2－23、R3－24
29－23	固定化担体を用いた処理法	不適切		○			23－30、29－23
29－24	窒素除去法	計算		○			29－24、R1－22
29－25	返送汚泥浮遊物質濃度	計算		○			16－22、24－30、25－32、26－22、26－27、27－24、28－24、29－22、29－25、30－23、30－26、R2－23、R3－24
29－26	標準活性汚泥法反応タンクの構造設計	不適切		○			24－25、29－26、R3－25
29－27	下水道管きょの耐震設計	適切		○			22－24、24－22、29－27
29－28	下水道管きょの改築	不適切		○			19－19、23－23、24－24、29－28、R1(再)－28
29－29	下水道のポンプ場	不適切		○			19－26、25－24、26－24、29－29、R1(再)－29、R2－30、R3－28
29－30	下水道汚泥処理プロセスと、その目的に関する組合せ	組合せ		○			18－32、25－26、29－30
29－31	汚泥濃縮	不適切		○			
29－32	汚泥消化	組合せ		○			17－31、24－27、26－30、27－30、28－33、29－32、R1(再)－30、R2－33
29－33	下水汚泥の緑農地利用	不適切		○			18－33、26－31、29－33、30－33
29－34	下水道の水質試験項目	不適切		○			21－33、23－33、24－34、25－35、27－33、28－34、29－34、R1－33
29－35	下水道施設の腐食対策	不適切		○			18－34、21－35、22－35、23－35、26－35、27－35、29－35

表3.15　過去問題分析結果　実施年度（平成30年度）（2018年）

問題番号	内容	解答内容	上水道	下水道	環境一般	共通問題	過去の類似問題
30−1	上水道計画	不適切	○				16−2、19−2、20−2、21−2、22−2、25−1、27−2、30−1、R1（再）−2、R2−1、R3−2
30−2	水道施設の改良と更新	不適切	○				22−12、28−1、30−2、R1−1
30−3	貯水池の水源保全対策	不適切	○				
30−4	水道沈殿池の沈殿機能	組合せ	○				22−6、25−6、30−4
30−5	砂ろ過方式のろ過砂	組合せ	○				
30−6	上水道における凝集剤	不適切	○				23−6、30−6
30−7	消毒	不適切	○				17−9、18−6、19−6、20−7、22−8、23−5、24−6、26−7、27−8、29−4、30−7、R1−6、R1（再）−6
30−8	膜ろ過	不適切	○				16−9、18−8、20−8、21−7、22−7、23−7、24−8、25−8、26−9、27−10、29−8、30−8、R1（再）−8、R2−9
30−9	管網計算	組合せ	○				23−14、30−9、R3−10
30−10	管路付属設備	不適切	○				18−10、30−10
30−11	給水管	不適切	○				16−11、26−11、30−11、R3−11
30−12	浄水施設の制御	適切	○				23−11、30−12
30−13	ポンプ系の水撃作用	不適切	○				20−10、30−13
30−14	水道施設のコンクリート構造物	不適切	○			○	21−14、24−14、30−14
30−15	浄水施設の排水処理	不適切	○				17−10、18−15、19−14、20−15、21−15、22−15、23−15、24−15、25−15、26−14、27−15、28−15、29−16、30−15、R1−15
30−16	水質事故	組合せ	○				28−18、30−16、R2−18
30−17	水道水質管理	適切	○				19−15、21−17、23−16、25−16、25−17、30−17、30−18、R1−16、R1−17
30−18	給水栓水質管理	適切	○				19−15、21−17、23−16、25−16、25−17、30−17、30−18、R1−16、R1−17
30−19	計画汚水量	不適切		○			18−19、20−18、23−18、25−20、27−18、28−19、30−19、R1−20、R1（再）−19、R3−19
30−20	雨水流出抑制	不適切		○			19−18、22−18、24−20、25−19、27−19、29−21、30−20、R1−21、R2−22
30−21	計画雨水量	不適切		○			17−28、18−21、19−20、22−20、24−19、26−19、30−21
30−22	下水道計画の計画年次と計画区域	不適切		○			26−21、29−18、30−22、R2−20
30−23	標準活性汚泥法	組合せ		○			16−22、24−30、25−32、26−22、26−27、27−24、28−24、29−22、29−25、30−23、30−26、R2−23、R3−24
30−24	沈殿池の水面積負荷	計算		○			27−25、30−24
30−25	嫌気無酸素好気法	不適切		○			16−24、23−26、26−25、27−27、28−26、30−25、R2−26、R3−23
30−26	BOD容積負荷	計算		○			16−22、24−30、25−32、26−22、26−27、27−24、28−24、29−22、29−25、30−23、30−26、R2−23、R3−24
30−27	標準活性汚泥法の最初沈殿池	不適切		○			
30−28	水理学的滞留時間	組合せ		○			24−26、30−28
30−29	伏越し	不適切		○			18−23、22−22、30−29
30−30	下水ポンプ場沈砂池の設計	不適切		○			23−28、27−28、28−29、30−30
30−31	下水汚泥輸送	組合せ		○			
30−32	下水汚泥の処理方法	不適切		○			19−26、21−26、28−31、30−32、R2−31
30−33	下水汚泥の有効利用	不適切		○			18−33、26−31、29−33、30−33
30−34	pH	組合せ		○	○		
30−35	事業排水中の処理対象物質と主な処理方法	組合せ		○			16−30、17−34、19−35、20−33、22−34、23−34、24−33、25−33、27−34、30−35、R1（再）−35、R3−34

29

表3.16　過去問題分析結果　実施年度（令和元年度）（2019年）

問題番号	内　容	解答内容	上水道	下水道	環境一般	共通問題	過去の類似問題
				出題分析			
R1-1	水道管路の更新計画	不適切	○				22-12、28-1、30-2、R1-1
R1-2	貧栄養湖と富栄養湖	不適切な個数	○				22-3、R1-2
R1-3	水道の導水施設	不適切	○				
R1-4	沈殿池の粒子沈降	組合せ	○				
R1-5	水道用ろ材	組合せ	○				
R1-6	上水道の消毒剤	不適切	○				17-9、18-6、19-6、20-7、22-8、23-5、24-6、26-7、27-8、29-4、30-7、R1-6、R1(再)-6
R1-7	オゾン処理	不適切	○				16-8、18-7、21-5、24-7、26-8、29-7、R1-7、R1(再)-4、R3-9
R1-8	紫外線消毒	不適切	○				20-9、27-9、R1-8
R1-9	給水装置	適切な個数	○				23-10、R1-9
R1-10	給水装置の逆流防止	不適切	○				
R1-11	上水道計装設備	組合せ	○				29-12、R1-11
R1-12	配水量	不適切	○				25-12、R1-12
R1-13	ベルヌーイ式	適切	○				
R1-14	ダム形式	組合せ				○	21-4、24-4、R1-14
R1-15	浄水場の排水処理	不適切	○				17-10、18-15、19-14、20-15、21-15、22-15、23-15、24-15、25-15、26-14、27-15、28-15、29-16、30-15、R1-15
R1-16	水道の水質基準項目	数値が低い	○				19-15、21-17、23-16、25-16、25-17、30-17、30-18、R1-16、R1-17
R1-17	水源の水質管理	不適切	○				19-15、21-17、23-16、25-16、25-17、30-17、30-18、R1-16、R1-17
R1-18	下水道の雨水管理計画	不適切	○				R1-18、R1(再)-18、R2-19
R1-19	下水道施設の改築	不適切		○			16-17、23-19、28-21、R1-19
R1-20	計画汚水量	不適切		○			18-18、20-18、23-18、25-20、27-18、28-19、30-19、R1-20、R1(再)-19、R3-19
R1-21	雨水流出抑制	不適切		○			19-18、22-18、24-20、25-19、27-19、29-21、30-20、R1-21、R2-22
R1-22	窒素除去法	計算		○			29-24、R1-22
R1-23	循環式硝化脱窒法	計算		○			25-31、R1-23
R1-24	下水の高度処理	不適切		○			20-31、25-28、R1-24
R1-25	膜分離活性汚泥法	不適切		○			22-31、R1-25
R1-26	下水道土木構造物の耐震計算法	不適切		○			20-28、R1-26
R1-27	下水処理水の消毒	不適切		○			16-26、21-27、R1-27
R1-28	圧送式下水道輸送システム	不適切		○			20-23、R1-28
R1-29	下水道のポンプ	不適切		○			28-30、R1-29
R1-30	汚泥処理の方法	組合せ		○			
R1-31	送泥管	不適切		○			
R1-32	下水汚泥の返流水	不適切		○			27-32、R1-32
R1-33	下水道の水質試験項目	不適切		○			21-33、23-33、24-34、25-35、27-33、28-34、29-34、R1-33
R1-34	下水道の自家発電設備	不適切		○			20-24、R1-34
R1-35	処理水再利用施設	不適切		○			

表3.17　過去問題分析結果　実施年度（令和元年度再試験）（2019年）

問題番号	内　　容	解答内容	上水道	下水道	環境一般	共通問題	過去の類似問題
R1(再)-1	取水施設	適切な個数	○				20-4、23-3、26-3、R1(再)-1
R1(再)-2	上水道計画	不適切	○				16-2、19-2、20-2、21-2、22-2、25-1、27-2、30-1、R1(再)-2、R2-1、R3-2
R1(再)-3	沈殿池の設計	不適切	○				27-6、28-6、29-5、R1(再)-3、R2-6、R3-22
R1(再)-4	オゾン処理	組合せ	○				16-8、18-7、21-5、24-7、26-8、29-7、R1-7、R1(再)-4、R3-9
R1(再)-5	ろ過方式	適切	○				16-7、18-14、21-9、26-6、27-7、29-14、R1(再)-5、R3-6
R1(再)-6	塩素剤	適切	○				17-9、18-6、19-6、20-7、22-8、23-5、24-6、26-7、27-8、29-4、30-7、R1-6、R1(再)-6
R1(再)-7	配水管の洗浄・消毒	不適切	○				19-8、R1(再)-7
R1(再)-8	膜ろ過法を浄水処理として採用する利点	組合せ	○				16-9、18-8、20-8、21-7、22-7、23-7、24-8、25-8、26-9、27-10、29-8、30-8、R1(再)-8、R2-9
R1(再)-9	配水管の施工方法	不適切	○				22-10、R1(再)-9
R1(再)-10	ポンプ形式	適切			○		
R1(再)-11	浄水計装計画	不適切	○				
R1(再)-12	水道水質基準項目	適切	○				17-3、21-16、24-16、R1(再)-12
R1(再)-13	配水池構造形式	組合せ	○				
R1(再)-14	水道貯水施設	不適切	○				16-5、29-15、R1(再)-14、R2-3
R1(再)-15	浄水発生土	不適切	○				
R1(再)-16	水道耐震性能・重要度分類	不適切	○				
R1(再)-17	地下水取水	組合せ	○				22-4、24-3、25-3、29-2、R1(再)-17、R2-2、R3-4
R1(再)-18	雨水管理計画	不適切		○			R1-18、R1(再)-18、R2-19
R1(再)-19	計画汚水量	不適切		○			18-18、20-18、23-18、25-20、27-18、28-19、30-19、R1-20、R1(再)-19、R3-19
R1(再)-20	計画汚濁負荷量と計画流入水質	不適切		○			16-16、22-19、24-18、29-19、R1(再)-20
R1(再)-21	下水ストックマネジメント	不適切		○			
R1(再)-22	BOD-SS負荷	計算		○			26-29、28-25、R1(再)-22
R1(再)-23	活性汚泥の沈降	不適切		○			18-29、24-31、R1(再)-23
R1(再)-24	下水の水量・水質	不適切		○			
R1(再)-25	ステップ流入式多段硝化脱窒法	不適切		○			
R1(再)-26	下水の電気室・自家発電機室	不適切		○		○	
R1(再)-27	下水道管きょ流速・こう配	不適切		○			24-23、28-27、R1(再)-27
R1(再)-28	下水管きょの改築	不適切		○			19-19、23-23、24-24、29-28、R1(再)-28
R1(再)-29	下水道のポンプ場	不適切		○		○	19-26、25-24、26-24、29-29、R1(再)-29、R2-30、R3-28
R1(再)-30	汚泥消化	組合せ		○			17-31、24-27、26-30、27-30、28-33、29-32、R1(再)-30、R2-33
R1(再)-31	汚泥濃縮	不適切		○			20-26、R1(再)-31
R1(再)-32	汚泥脱水設備	不適切		○			
R1(再)-33	水質試験項目	不適切		○		○	18-31、19-34、22-33、R1(再)-33
R1(再)-34	下水道活性炭吸着法	組合せ		○			
R1(再)-35	事業場排水処理	不適切		○			16-30、17-34、19-35、20-33、22-34、23-34、24-33、25-33、27-34、30-35、R1(再)-35、R3-34

31

表3.18　過去問題分析結果　実施年度（令和2年度）（2020年）

問題番号	内容	解答内容	出題分析				過去の類似問題
			上水道	下水道	環境一般	共通問題	
R2-1	上水道計画	組合せ	○				16-2、19-2、20-2、21-2、22-2、25-1、27-2、30-1、R1(再)-2、R2-1、R3-2
R2-2	地下水	不適切	○				22-4、24-3、25-3、29-2、R1(再)-17、R2-2、R3-4
R2-3	水道貯水施設	不適切	○				16-5、29-15、R1(再)-14、R2-3
R2-4	上水道着水井	不適切	○				
R2-5	浄水処理の凝集	不適切	○				
R2-6	上水道沈殿池	不適切	○				27-6、28-6、29-5、R1(再)-3、R2-6、R3-22
R2-7	浄水処理砂ろ過	不適切	○				25-5、R2-7
R2-8	上水道活性炭処理	不適切	○				
R2-9	上水道膜ろ過	不適切	○				16-9、18-8、20-8、21-7、22-7、23-7、24-8、25-8、26-9、27-10、29-8、30-8、R1(再)-8、R2-9
R2-10	上水道薬品注入	不適切	○				
R2-11	水道配水施設	組合せ	○				
R2-12	ポンプ流量・圧力制御	不適切	○				16-13、21-11、24-11、R2-12
R2-13	給水方式	不適切	○				17-14、28-9、R2-13
R2-14	漏水探知	適切	○				21-12、23-12、29-13、R2-14
R2-15	Hazen-Williams公式	組合せ				○	22-14、25-14、28-14、R2-15
R2-16	多目的貯水池の水位関係、容量関係	組合せ				○	17-5、26-2、R2-16
R2-17	浄水排水処理	不適切	○				
R2-18	水質事故	不適切	○				28-18、30-16、R2-18
R2-19	雨水管理計画	不適切		○			R1-18、R1(再)-18、R2-19
R2-20	下水道計画目標及び計画区域	不適切		○			26-21、29-18、30-22、R2-20
R2-21	下水排除方式	不適切		○			
R2-22	雨水流出抑制	不適切		○			19-18、22-18、24-20、25-19、27-19、29-21、30-20、R1-21、R2-22
R2-23	BOD容積負荷	計算		○			16-22、24-30、25-32、26-22、26-27、27-24、28-24、29-22、29-25、30-23、30-26、R2-23、R3-24
R2-24	MLSS濃度	計算		○			
R2-25	高度処理オキシデーションディッチ法	不適切		○			16-23、19-31、21-30、22-25、25-29、27-22、R2-25
R2-26	嫌気無酸素好気法	不適切		○			16-24、23-26、26-25、27-27、28-26、30-25、R2-26、R3-23
R2-27	最終沈殿地	不適切		○			
R2-28	管きょの種類	不適切		○			
R2-29	管路計画・設計	不適切		○			
R2-30	下水ポンプ場	不適切		○			19-26、25-24、26-24、29-29、R1(再)-29、R2-30、R3-28
R2-31	下水汚泥処理	不適切		○			19-28、21-26、28-31、30-32、R2-31
R2-32	下水汚泥重力濃縮タンク	不適切		○			
R2-33	汚泥消化	不適切		○			17-31、24-27、26-30、27-30、28-33、29-32、R1(再)-30、R2-33
R2-34	COD	組合せ		○			26-33、R2-34
R2-35	地震・津波対策	組合せ		○			

表3.19 過去問題分析結果 実施年度(令和3年度)(2021年)

問題番号	内 容	解答内容	出題分析 上水道	下水道	環境一般	共通問題	過去の類似問題
R3-1	水道法改正	組合せ	○				
R3-2	上水道計画	組合せ	○				16-2、19-2、20-2、21-2、22-2、25-1、27-2、30-1、R1(再)-2、R2-1、R3-2
R3-3	水源水質	適切な個数	○				
R3-4	地下水	不適切	○				22-4、24-3、25-3、29-2、R1(再)-17、R2-2、R3-4
R3-5	傾斜板(管)式沈殿池	不適切	○				
R3-6	急速ろ過	不適切	○				16-7、18-14、21-9、26-6、27-7、29-14、R1(再)-5、R3-6
R3-7	浄水処理の消毒	不適切	○				
R3-8	活性炭	不適切	○				17-8、21-8、28-7、R3-8
R3-9	オゾン処理	不適切	○				16-8、18-7、21-5、24-7、26-8、29-7、R1-7、R1(再)-4、R3-9
R3-10	管網計算	組合せ	○				23-14、30-9、R3-10
R3-11	給水管	不適切	○				16-11、26-11、30-11、R3-11
R3-12	キャビテーション対策	不適切				○	19-10、27-13、R3-12
R3-13	浄水施設の維持管理	不適切	○				
R3-14	断面変化による損失水頭	適切	○				
R3-15	上水道の排水処理	不適切	○				
R3-16	クリプトスポリジウム	適切	○				18-16、23-17、26-17、28-17、29-17、R3-16
R3-17	水道水質の農薬	不適切	○				
R3-18	下水道計画基本方針	不適切		○			
R3-19	計画汚水量	不適切		○			18-18、20-18、23-18、25-20、27-18、28-19、30-19、R1-20、R1(再)-19、R3-19
R3-20	計画降雨に対する施設計画	不適切		○			
R3-21	合理式	計算		○			25-21、28-22、29-20、R3-21
R3-22	最初・最終沈殿池	同一でない		○			27-6、28-6、29-5、R1(再)-3、R2-6、R3-22
R3-23	嫌気無酸素好気法	不適切		○			16-24、23-26、26-25、27-27、28-26、30-25、R2-26、R3-23
R3-24	返送汚泥SS濃度	計算		○			16-22、24-30、25-32、26-22、26-27、27-24、28-24、29-22、29-25、30-23、30-26、R2-23、R3-24
R3-25	標準活性汚泥法反応タンクの構造設計	不適切		○			24-25、29-26、R3-25
R3-26	マンホール	不適切		○			18-22、R3-26
R3-27	雨水排水開きょ	不適切		○			
R3-28	下水ポンプ場	不適切		○			19-26、25-24、26-24、29-29、R1(再)-29、R2-30、R3-28
R3-29	下水汚泥焼却炉	不適切		○			23-27、25-27、R3-29
R3-30	下水汚泥エネルギー利活用	不適切		○	○		
R3-31	下水汚泥の集約処理	不適切		○			
R3-32	下水汚泥の濃縮	不適切		○			
R3-33	活性汚泥法の浄化原理	不適切		○			17-24、19-30、24-29、26-28、R3-33
R3-34	事業排水の影響	不適切		○			16-30、17-34、19-35、20-33、22-34、23-34、24-33、25-33、27-34、30-35、R1(再)-35、R3-34
R3-35	下水道施設の耐震対策	不適切		○			

第4章

勉強法について

（1）参考図書

試験対策として主な参考図書は次のとおりです。

- 『水道施設設計指針』（公社）日本水道協会（2012）
- 『水道維持管理指針』（公社）日本水道協会（2016）
- 『水道施設耐震工法指針・解説』（公社）日本水道協会（2009年版）
- 『下水道施設計画・設計指針と解説』（公社）日本下水道協会（前編）（後編）（2019）
- 『下水道維持管理指針』（公社）日本下水道協会（総論編・マネジメント編）（実務編）（2014）
- 『下水道用語集』（公社）日本下水道協会（2000）
- 『事業場排水指導指針と解説』（公社）日本下水道協会（2016）
- 『下水道施設の耐震対策指針と解説』（公社）日本下水道協会（2014）
- 『管きょ更生工法における設計・施工管理ガイドライン』（公社）日本下水道協会（2017）

　第一次試験は基本的な知識を持っていることを確認するための試験ですので、第二次試験のように時事問題は出題されていません。このため、最も出題頻度が高いのは、『水道施設設計指針』（2012）および『下水道施設計画・設計指針と解説』（前編）（後編）（2019）です。

　上記の図書を勉強しておけば合格は可能です。また、第二次試験と同様に水処理に関する問題が多く出ますので、この部分を重点的に勉強することが大切です。土木的な問題はそれほど多くありませんのが、管きょに関連した知識だけでは合格することは難しいです。後述の各キーワードを中心に知識を深めていただき、多忙な技術者には効率的な勉強で最短合格を目指していただきたい。

（2）勉強法

1）下水道

①下水道の計画汚濁負荷量、計画汚水量等の基本となる計画

②処理場における各施設の構造や構造の決定方法

③水処理方法の分類

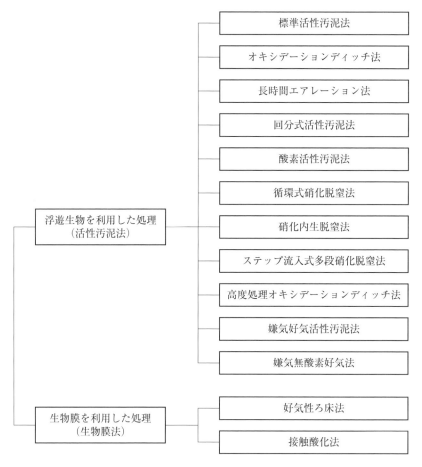

出典：『下水道施設計画・設計指針と解説』（後編）、2019 年版。図参 1.1

④高度処理の組合せ

⑤管路計画

⑥キーワード

　・基本計画（計画目標年次、計画区域、排除方式、計画汚水量、汚濁負荷量、計画雨水量）

　・沈殿池（最初沈殿池、最終沈殿池）

　・水処理方法（活性汚泥法、OD法、回分式活性汚泥法、循環式硝化脱窒法、嫌気好気活性汚泥法、嫌気無酸素好気法）

　・臭気対策

　・腐食対策

　・消毒設備

　・汚泥処理施設（汚泥濃縮、汚泥消化、汚泥脱水、汚泥乾燥、汚泥焼却、汚泥溶融、汚泥コンポスト、汚泥利用）

　・管路計画（自然流下方式、圧送、圧力及び真空方式）

　・雨水流出抑制

　・地震対策

　・改築計画

　・事業排水

　・水質試験

2）上水道

①上水道の需要予測等の基本計画

②取水、浄水場施設及び配水施設の構造や構造の決定方法

③高度浄水処理（オゾン、紫外線、活性炭、膜処理）

④水質試験項目

⑤キーワード

　・基本計画（計画年次、計画給水区域、計画給水人口、計画給水量）

　・施設の位置及び配列

　・取水施設（取水堰、取水塔、取水門、取水管きょ、浅井戸、深井戸）

　・沈砂池

- ・専用貯水施設
- ・導水施設
- ・着水井
- ・ろ過池（緩速ろ過、急速ろ過、膜ろ過）
- ・沈殿池
- ・消毒設備
- ・塩素消毒設備
- ・エアレーション設備
- ・粉末活性炭吸着設備
- ・粒状活性炭吸着設備
- ・オゾン処理設備
- ・生物処理設備
- ・除鉄・除マンガン設備
- ・生物除去設備
- ・紫外線処理設備
- ・海水淡水化施設
- ・その他の処理
- ・排水処理施設
- ・配水池
- ・配水管
- ・給水管
- ・水質管理
- ・浄水場の排水処理
- ・クリプトスポリジウム

3) 水道法・下水道法

　法律に関する問題は、水道法に関しては平成16年度から平成24年度まで毎年、出題されていましたが平成25年度以降は出題されていませんでした。令和3年度に水道法改正について設問が復活しているために改正内容について、理解をしておくことが必要です。下水道法については、平成23年度に

一度出題がされていましたが、これまでは多くの出題がされたことはありません。しかし、法律的な定義（公共下水道、簡易水道など）を理解しておくことは必要です。

　なお、厚生労働省が担ってきた水道施設の整備・管理業務を国土交通省及び環境省へ移管する関連法案が提出され、2024年4月から新体制に移行する方針が決まっているなど、水行政への変革や法改正など今後も継続して経過を注視していきましょう。

第**5**章

問 題 と 解 説

1. 平成25年度試験問題 解答解説

Ⅲ－7 高度浄水処理に関する次の記述のうち、最も不適切なものはどれか。

① オゾン処理は、異臭味や色度の除去、トリハロメタン生成能の低減などに高い効果を発揮する。

② オゾン処理では有機物から様々な副生成物が生じるため、その後の活性炭処理が日本では義務づけられている。

③ オゾンの酸化力は塩素など他の消毒剤と比べて高いため、日本では最終消毒用としてオゾンが単独で用いられる場合もある。

④ 活性炭は、木質（ヤシ殻、おが屑）や石炭などを原料とする多孔性の炭素質物質であり、異臭味、有機塩素化合物、農薬など広範囲の物質を吸着除去することができる。

⑤ 粒状活性炭処理には、活性炭の持つ吸着作用を主として利用する粒状活性炭処理と、これに加えて活性炭層内の微生物による有機物の分解作用を利用した生物活性炭処理がある。

【解説】

通常の浄水処理（沈殿＋ろ過＋消毒）では十分に処理できないカビ臭の原因物質やカルキ臭のもとと考えられるアンモニア性窒素などを取り除き、トリハロメタン生成能などを減少させるため「高度浄水処理」が導入されている。「高度浄水処理」で使われている処理の代表は、「オゾン処理」と「生物活性炭吸着処理」である。「オゾン処理」は、カビ臭原因物質やトリハロメタンのもとになる物質などを、オゾンの強力な酸化力で分解する処理である。「生物活性炭吸着処理」は、活性炭の吸着作用と活性炭に繁殖した微生物の分解作用を併用して汚濁物質を処理する方式である。

通常の処理形態は、「原水」→「凝集沈殿」→「急速ろ過」→「オゾン」→「活性炭」→「塩素消毒」→「浄水」となる。

日本では、水道水に残留塩素の確保が義務づけられているため、オゾン処理が単独で用いられることはないことから、③が不適切である。　　（解答③）

Ⅲ−8　膜ろ過法を浄水処理として採用する利点に関する次の（ア）〜（エ）の記述の正誤の組合せとして、最も適切なものはどれか。

（ア）膜の特性に応じて原水中の懸濁物質、コロイド、細菌類、クリプトスポリジウム等の一定以上の大きさの不純物を除去することができる。

（イ）定期点検や膜の薬品洗浄、膜の交換等が不要であり、かつ、自動運転が容易であるため、日常的な運転及び維持管理における省力化を図ることができる。

（ウ）凝集剤の使用が不要、又は、使用量が少なくて済む。

（エ）砂ろ過等の従来法と比較して敷地面積が少なくて済む。

	ア	イ	ウ	エ
①	誤	正	正	正
②	正	誤	正	正
③	正	正	誤	正
④	正	正	正	誤
⑤	正	正	正	正

【解説】

浄水処理における「膜ろ過処理」は、19 世紀後半にドイツでその原理が発見され、MF レベルの膜が開発された。20 世紀前半には医薬品製造現場の無菌化などで成果を収めている。1960 年代になるとアメリカで UF 膜が市販化、1987 年には米国キーストン浄水場で用いられた。

フランス系企業で膜処理技術を導入したのが水道界で広がるきっかけになったという説もある。このように浄水処理における「膜ろ過技術」は、広く採用されるようになっている。

その長所と短所をまとめると次のようになる。

【長所】

　　原理的な特徴として他の固液分離システムが確率的処理に対して、膜ろ過は絶対処理である。

　　設計上の特徴として、一般的に省スペース、省工期である。維持管理では日常運転が自動化しやすく技術的な調整が不要で、薬品も原則的に不要である。

【短所】

　　導入当初は初期費用が高価である傾向であった。現在でも装置の費用だけみれば、他の方法より高価であるといえる。また適合する原水水質の幅が比較的狭く、前処理や実証実験が必要な場合がある。さらに膜モジュールの交換が必要であるので交換作業に関するスペースなどを考慮する必要がある。

　これらのことから、（ア）と（ウ）と（エ）は正であり、（イ）膜の薬品洗浄、交換は必要なため誤であることから、②の組合せが適切である。　　（解答②）

Ⅲ-10　下図は、配水池から街までの配水管を模式的に描いたもので、管は、（ア）の位置で低くなっており、（イ）の位置で小高い丘をほぼ同じ土被りで通過している。この配水管路に関する説明で最も不適切なものはどれか。

　　なお、hは、エネルギー線と動水頭線の高さの差である。また、iは、動水頭線の勾配である。

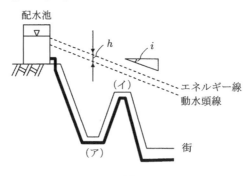

① h は管路における速度水頭を表している。

② 水供給量の多い時間帯ほど、h は大きくなる。

③ この区間における管路を太い管に取り替えたとすると、i は小さくなる。

④ 水供給量の多い時間帯ほど、i は小さくなる。

⑤ 図の（イ）の地点の管路には、空気弁を設ける。

【解説】

エネルギー線は当初持っている位置エネルギーであり、動水頭線はエネルギー線から速度水頭 h（摩擦等の損失）を控除したものである。

1）h は管路における速度水頭（損失水頭）である。

2）水供給量が多くなると流速が早くなるため、摩擦損失の増加により h は大きくなる。

3）太い管になると断面積が増加するために、流速が減少し、摩擦損失の減少により i（動水勾配）は小さくなる。

4）水供給量が多くなると流速が早くなるため、i（動水勾配）は大きくなる。

5）管路の凸部であることから、空気弁を設置する。

これらのことから、水供給量の多い時間ほど i（動水勾配）は小さくなるとなっているが、大きくなることが正しいことから、④が不適切である。

(解答④)

Ⅲ－11　バルブ操作に伴う現象に関する次の記述の、　　　　　に入る語句の組合せとして最も適切なものはどれか。

　　バルブを絞ると流速が　ア　し、圧力　イ　を起こす。この圧力が飽和蒸気圧　ウ　して、この部分で水が沸騰し水蒸気の気泡になる現象を　エ　という。

	ア	イ	ウ	エ
①	増加	低下	以下に低下	キャビテーション
②	増加	上昇	以上に上昇	キャビテーション
③	減少	低下	以下に低下	ウォーターハンマー
④	減少	上昇	以上に上昇	キャビテーション
⑤	増加	低下	以下に低下	ウォーターハンマー

【解説】

　バルブ操作に伴う現象にはウォーターハンマーとキャビテーションがある。ウォーターハンマーは水の速度が急激に変化することによる急激な圧力変動が生じる現象である。キャビテーションは圧力が低下することによって、飽和蒸気圧近くで流体内に溶存している気体が分離し、気泡となり、飽和蒸気圧以下では水が気化して、流れの中に空洞が生じる現象である。

　ここでは、水が沸騰し水蒸気の気泡となる現象であることから、キャビテーションについて記載している。急激にバルブを絞ると流下断面が縮小し、流量はほとんど変化しないため、流速が増加する。流速の増加に伴って負圧が発生し、圧力が低下する。この圧力低下が飽和蒸気圧以下になると、水は沸騰し気泡になる。これらのことから①が最も適切である。　　　　　　　（解答①）

Ⅲ－13　水の圧力に関する次の記述の下線部分のうち、最も不適切なものはどれか。

　下図に示すように、水槽から管路を通じて水が一定流量で流出しているものとする。このとき、管末を瞬間的に弁により遮断すると、① 慣性力 をもって進行していた管内の水が弁において急に止められるから、弁における圧力は急に② 下降し 、この圧力変化は管内を③ 上流に 向かって④ 圧縮波の波速 で伝わる。この現象を⑤ 水撃作用 という。

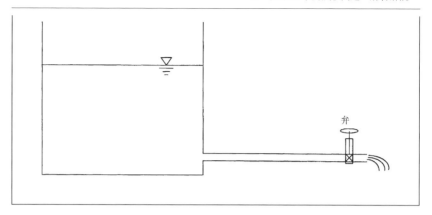

【解説】

　バルブ操作に伴う現象にはウォーターハンマーとキャビテーションがある。ウォーターハンマーは水の速度が急激に変化することによる急激な圧力変動が生じる現象である。キャビテーションは圧力が低下することによって、飽和蒸気圧近くで流体内に溶存している気体が分離し、気泡となり、飽和蒸気圧以下では水が気化して、流れの中に空洞が生じる現象である。

　ここでは、ウォーターハンマー（水撃作用）について述べている。バルブ閉塞によって、慣性力による圧力が加えられるため、管内の圧力が上昇し、上流側に向かって圧縮波の波速で伝わる。

　これらのことから、下降ではなく上昇することが正しく、②が不適切である。

(解答②)

　Ⅲ－16　次のうち、日本の水道の水質基準項目ではないものはどれか。

　　①　総ハロ酢酸　　　　②　クロロホルム　　　　③　ジクロロ酢酸

　　④　総トリハロメタン　　⑤　ホルムアルデヒド

【解説】

　水質基準項目：日本の水道水は、水道法第4条の規定に基づき、「水質基準に関する省令」で規定する水質基準に適合することが必要であると定められている。水質基準項目は51項目定められている。pH、臭気、色度、濁度、一般

細菌、大腸菌など一般的な項目がある。これらの試験・分析方法について一度
目を通しておくとよい。これ以外の化学物質についてもまぎらわしいものがあ
るので、何度も読み返しておく必要がある。設問にあるように、「総ハロ酢酸」
と「ジクロロ酢酸」などである。ハロ酢酸には、モノクロロ酢酸、ジクロロ酢
酸、トリクロロ酢酸が挙げられているが、「総ハロ酢酸」という項目はない。
また、水質基準項目に加えて「水質管理目標設定項目」に27項目、「要検討項
目」として46項目が設定されている。この要検討項目に6種類のハロ酢酸類が
挙げられている。設問の②、③、④、⑤は水質基準項目に規定されている。

(解答①)

Ⅲ－22　下水道管きょの種類に関する次の記述のうち、最も不適切なもの
はどれか。
① 硬質塩化ビニル管は、塩化ビニル重合体を主原料に押出し、射出等
の方法によって成形されるもので、軽量で施工性に優れている。
② 強化プラスチック複合管は、内外面をガラス繊維強化層とし、中間
層を樹脂モルタルにした複合管であり、高強度で耐食性及び施工性に
優れている。
③ レジンコンクリート管は、レジン（樹脂）と砂、砂利等の骨材及び
充てん材、補強材からなる管であり、耐酸性に優れており、管の劣化
が少ない管材である。
④ ポリエチレン管は、可とう性、収縮性に優れているが、耐摩耗性に
劣るため、流速が高速となる場所には適さない。
⑤ ダクタイル鋳鉄管は、耐圧性及び耐食性に優れており、高強度でじ
ん性に富んだ可とう性管である。主として圧力管として使用されてい
る。

【解説】
　下水道管きょとして一般的に使用されている管材は次のとおり。

1）鉄筋コンクリート管

　コンクリートを遠心力によって締固め・成形したもので、継手の形状、外圧強度によって区分されている。

2）硬質塩化ビニル管

　塩化ビニル重合体を主原料として、射出等の製法によって成形したもので、下水道では薄肉のVU管が使用され、軽量で施工性に優れている。

3）リブ付硬質塩化ビニル管

　材質・製法は硬質塩化ビニル管と同様であるが、リブがあるため剛性が高く、耐荷力も大きい。

4）強化プラスチック複合管

　ガラス繊維、不飽和ポリエステル樹脂、骨材を主原料として、内外面をガラス繊維強化層、中間層を樹脂モルタルとした複合管で、継手の形状、外圧強度によって区分されている。高強度で耐食性及び施工性に優れているが、高価格である。

5）レジンコンクリート管

　レジン（樹脂）と砂、砂利等の骨材及び充填材、補強材からなり、耐酸性に優れており、継手の形状によって区分されている。

6）ポリエチレン管

　エチレン共重合体を主体とした高密度ポリエチレンを主原料とし、押し出しなどの方法によって成形したもので、可とう性、収縮及び耐摩耗性に優れている。

7）ダクタイル管

　鋳鉄を黒鉛を球状化させることにより強度を高めた管で、耐圧性及び耐食性に優れ、高強度でじん性に富んだ可とう管である。下水道では圧力管に使用されており、接合形式、強度によって区分されている。腐食性土壌では外面に防食用のポリエチレンスリーブで被覆する必要がある。

　これらのことから、ポリエチレン管には耐摩耗性が劣るとなっているが、耐摩耗性が優れていることから、④が不適切である。　　　　　　（解答④）

Ⅲ－23　下水道の収集システムとしては自然流下方式、真空式、及び圧力
式がある。真空式の特徴に関する次の記述のうち、最も不適切なものは
どれか。
① 管径は、一般的に内径100 mm～250 mmである。
② 建設コストは、地形条件により、他方式より安価となることがある。
③ 収集原理は、負圧を利用して搬送するものである。
④ 維持管理コストは、自然流下方式より一般的に安価である。
⑤ 管路は、浅層にほぼ一定の深度に埋設できる。

【解説】
真空式の特徴は次のとおり。
　　　　収集輸送原理：真空の負圧により収集
　　　　標準施設配置：真空弁ユニットと真空下水管及び中継ポンプ場
　　　　管径：一般的にφ100～250 mm
　　　　管材：ポリエチレン管
　　　　埋設深度：浅層にほぼ一定に埋設
　　　　地形条件：真空度が保持できる範囲で、まとまった地域
　　　　電源：中継ポンプ場に必要
　　　　建設コスト：地形条件により他の方式より安価
　　　　維持管理コスト：真空弁ユニット、中継ポンプ場の維持管理が必要
　これらのことから、ほとんど維持管理を必要としない自然流下方式に対して、
真空式は真空弁ユニット、中継ポンプ場の維持管理が必要なことから、④が
不適切である。　　　　　　　　　　　　　　　　　　　　　　　（解答④）

Ⅲ－25　下水処理場の反応タンクのエアレーション装置に関する次の記述
の、　　　　　に入る語句の組合せとして最も適切なものはどれか。
　散気板、散気筒類には、微細気泡性と粗大気泡性のものがある。セラ
ミック製又は合成樹脂製の散気板は、粗大気泡性の装置と比べて、気泡

が微細であるので、下水と空気との接触面積が　ア　、酸素移動効率
が　イ　。

散気板は、通気量を増加すると気泡が　ウ　なるので、酸素移動効
率が　エ　する。

	ア	イ	ウ	エ
①	小さく	小さい	小さく	低下
②	小さく	小さい	大きく	上昇
③	小さく	大きい	大きく	低下
④	大きく	大きい	小さく	上昇
⑤	大きく	大きい	大きく	低下

【解説】

下水道に用いられる反応タンクのエアレーション装置（散気装置）には、散
気板、散気筒、噴射ノズル、水中かくはん機などがある。散気板、散気筒には
微細気泡性と粗大気泡性があるが、通常反応タンクには微細気泡性のものが採
用されている。微細気泡性の装置には、セラミック製または合成樹脂製がある。
気泡が微細なので、下水との接触面積が大きく、酸素移動効率が大きい利点が
ある。散気板は、通気量を増加すると気泡が大きくなるので、酸素移動効率が
低下し、通気抵抗も増加する。したがって、設計においては適当な通気量の範
囲を設定する必要があり、その量を標準通気量として散気板の設置数量を決定
するのに用いる。

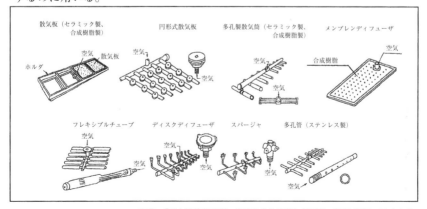

出典：『下水道施設計画・設計指針と解説』（後編）、2009 年版。図 4.6.7

代表的な散気装置を前ページ図に示した。

これらのことから、（ア）大きく、（イ）大きい、（ウ）大きく、（エ）低下となり、⑤の組合せが適切である。 　　　　　　　　　　　　　　　　　（解答⑤）

Ⅲ－28　下水の高度処理における除去対象物質と高度処理プロセスの次の組合せのうち、最も不適切なものはどれか。

① 浮遊性有機物 　―　 急速ろ過法
② りん 　　　　　―　 嫌気好気活性汚泥法
③ 窒素、りん 　　―　 嫌気無酸素好気法
④ 窒素 　　　　　―　 高度処理オキシデーションディッチ法
⑤ 窒素 　　　　　―　 凝集剤添加活性汚泥法

【解説】

閉鎖性海域では時々「赤潮」が発生し、海洋生物に影響を与えている。この原因として窒素やりんなどの栄養塩類が流れ込む「富栄養化」が原因といわれている。そこで、従来の下水処理法では窒素、りんを除去することは不十分なので、これらを除去することを目的に、高度処理を採用する必要がある。高度下水処理法には、「嫌気・好気法（AO法）」、「嫌気・無酸素・好気法（A_2O法）」、「嫌気・硝化内生脱窒法（AOAO法）」、「高度処理オキシデーションディッチ法」などがある。高度処理オキシデーションディッチ法は、オキシデーションディッチ法の反応タンクにおいて、好気時間：無酸素時間を1：1、汚泥の引き抜き量を調整することで、硝化細菌を保持するために必要とされるASRTを一定にして安定した有機物、窒素の除去が可能になる方法である。

問題の中で、凝集剤添加活性汚泥法では窒素除去は期待できないために、⑤が不適切である。 　　　　　　　　　　　　　　　　　　　　　　　　　（解答⑤）

Ⅲ－29　オキシデーションディッチ法の特徴に関する次の記述のうち、最も不適切なものはどれか。

① 流入下水量、水質の時間変動及び水温低下（5℃近く）があっても、安定した有機物除去ができる。

② 低負荷条件で処理するため、SRTが短くなり硝化反応が抑制される。

③ 反応タンク内のDO（溶存酸素）濃度は、反応タンクの流れ方向に濃度勾配が生じるが、MLSS濃度、アルカリ度はほぼ均一である。

④ HRTが長く、水深が浅いため、広い処理場用地が必要である。

⑤ 余剰汚泥は、好気性分解が進んでおり、標準活性汚泥法に比べ安定化している。

【解説】

　オキシデーションディッチ法は、最初沈殿池を設けずに機械式エアレーション装置を有する無終端水路を反応タンクとした活性汚泥法である。主な特徴は、(1) 低負荷で運転されるので、流入下水量、水質の時間変動及び水温低下（5℃近く）であっても有機物除去ができる、(2) 低負荷条件で処理するためSRT（固形物滞留時間）が長くなり硝化反応が進行する、(3) 反応タンク内のDO（溶存酸素）濃度は反応タンクの流れ方向に濃度勾配が生じるが、MLSS濃度、アルカリ度はほぼ均一である、(4) 発生汚泥量は流入SS当たりおおむね75％程度である。この比率は標準活性汚泥法と比べて小さい、(5) 余剰汚泥は好気性分解が進んでおり、標準活性汚泥法と比較して安定化している、(6) HRT（水位理学的滞留時間、容積を流入水量で除した滞留時間）が長く、水深が浅いので広い処理場用地が必要である。

　これらのことから、設問ではSRTが短くなり硝化反応が抑制されるとなっているが、SRTが長く硝化反応が進行することから②が不適切である。（解答②）

Ⅲ－30　下水処理に使われる生物処理法は、微生物を水中に浮遊させた状態で用いる方法（活性汚泥法）と微生物をろ材に付着させた状態で利用する方法（生物膜法）に大別される。次の処理法のうち、活性汚泥法に該当しないものはどれか。

① 接触酸化法

② 循環式硝化脱窒法

③ ステップ流入式多段硝化脱窒法

④ 嫌気無酸素好気法

⑤ 長時間エアレーション法

【解説】

　下水中の溶解・浮遊性有機物を培養した微生物のえさとすることで水と炭酸ガスに酸化分解する方式を「生物処理」という。活性汚泥法が代表例である。「生き物」である微生物を育成・管理する必要があるが、比較的低コストで高度な浄化を行うことができるためほとんどの処理場で二次処理として採用されている。生物処理は、「活性汚泥法」と「生物膜法」に分類され、主な処理方法は次のとおりである。

　「活性汚泥法」

　　・標準活性汚泥法

　　・ステップエアレーション法

　　・長時間エアレーション法

　　・酸素活性汚泥法

　　・オキシデーションディッチ法

　　・回分式活性汚泥法

　　・膜分離活性汚泥法

　　・循環式硝化脱窒法

　　・ステップ流入式多段硝化脱窒法

　　・嫌気無酸素好気法

　「生物膜法」

・散水ろ床法

・接触酸化法

・好気性ろ床法

・回転生物接触法、回転円板法

・担体法

・包括固定化法

これらのことから、接触酸化法は生物膜法に分類されるため、活性汚泥法に該当しない。　　　　　　　　　　　　　　　　　　　　　　　　　（解答①）

Ⅲ－33　事業場排水が下水道に与える影響に関する次の記述のうち、最も不適切なものはどれか。

①　高温排水は、下水管きょに流入すると化学反応や生物的反応が促進され、コンクリート等の腐食及び悪臭ガスの発生の原因となる。

②　酸性排水は、下水道施設を損傷させ、また、他の排水と混合すると有害ガスを発生する場合がある。

③　油類は、下水管内部に付着し管きょを閉塞させる。また、処理場の活性汚泥の呼吸を阻害し、処理機能を低下させる。

④　農薬は、処理場の活性汚泥中の細菌類や原生動物に対して毒性を示し、処理機能を阻害する。

⑤　トリクロロエチレン等は、下水道施設内で揮散し、管きょ内や処理場での作業環境を悪化させる。また、活性汚泥による有機物除去機能に重大な影響を及ぼす。

【解説】

事業場排水は、生活排水とは異なり排水に含まれる成分も多岐にわたっている。事業場排水に対しては「水質汚濁防止法」、「水質汚濁防止法施行令」によって細かく規制されている。設問にあるような排水の性状とそれらが下水処理施設に与える影響を学習しておくことを勧める。

①適切である。「高温排水」は、化学反応、生物的反応が促進され、分解ガ

スが影響を及ぼす。

②適切である。「酸性排水」はコンクリート構造物を損傷させ、他の成分と反応して有害ガスを発生させるおそれがある。「アルカリ排水」も同様である。

③適切である。「油類」は下水道にとって管の閉塞など、大きな弊害を及ぼすものとして知られている。特に閉鎖系水系に排出される場合は「オイルボール」を発生させるなど社会問題になっている。

④適切である。「農薬」は、活性汚泥の性能を低下させるため、処理性能が低下する原因になる。

⑤「トリクロロエチレン等」は、代替フロンガスの合成原料及び機械部品や電子部品の脱脂洗浄剤として使用されている。これらが下水に混入すると長時間にわたって滞留し処理に影響を与える。しかし、トリクロロエチレン等は沸点が高く、常温では揮散しないことから管きょ内や処理場での作業環境に影響を与えることはほとんど無いことから不適切である。

(解答⑤)

Ⅲ-34　BODに関する次の記述の、□□□に入る語句の組合せとして最も適切なものはどれか。

　BODは、水中に含まれる ア が、 イ が十分存在し20℃で5日間という条件下で、 ウ の働きによって分解されるときに消費される エ をmg/Lで表している。

	ア	イ	ウ	エ
①	有機物質	残留塩素	嫌気性微生物	酸素量
②	有機物質	溶存酸素	好気性微生物	酸素量
③	有機物質	溶存酸素	嫌気性微生物	炭素量
④	無機物質	残留塩素	嫌気性微生物	炭素量
⑤	無機物質	溶存酸素	好気性微生物	炭素量

【解説】

　BODの分析方法を問う問題である。BODは、水中の好気性微生物が増殖時にエネルギー源として摂取される有機物の濃度がどの程度あるかを示す指標である。一般的にBODは、炭素系有機物の70％が分解するには、20℃で5日間必要とされる。この酸化分解のために微生物が必要とする酸素量を「mg／L」で表したものである。

　これらのことから、（ア）有機物質、（イ）溶存酸素、（ウ）好気性微生物、（エ）酸素量となり、組合せは②が適切である。　　　　　　　　　　　　（解答②）

2. 平成26年度試験問題 解答解説

Ⅲ-1 水道施設計画に関する次の記述のうち、最も不適切なものはどれか。

① 浄水施設能力は、計画浄水量のほかに、予備力を確保して決定することが望ましい。予備力は、場内施設を系列化した浄水場の場合、1系列相当分とし計画浄水量の25%程度を標準とする。

② 計画取水量は、計画1日最大給水量に25%程度の余裕を見込んで決定することを標準とする。

③ 給水人口規模が大きい上水道事業において、配水池の有効容量は、計画1日最大給水量の12時間分を標準とする。

④ 目標とする配水管の最小動水圧は、150 kPa以上、最大静水圧は740 kPa以下を基本とする。

⑤ 自然流下式の導水管を設計する際、平均流速は、バルブ操作時の異常な流量変動による水圧の不安定化や管内面の摩擦等を考慮して、許容最大限度を3.0 m/秒程度とする。

【解説】

①浄水施設は計画浄水量を安定して処理できる能力を持ち、改良、更新においても、常にこの能力を維持でき、災害時や機器の故障等に際しても、給水への影響を最小化し、復旧を迅速化するために予備力を持つことが望ましいとされている。浄水場が数系列となっている場合、その一系列相当分とし、計画浄水量の25%程度を標準としている。

②計画取水量は、計画一日最大給水量を基準とし、取水から浄水処理までの損失水量を考慮して定めている。損失水量としては導水施設からの漏水や

浄水施設での作業用水などが有り、これらの損失水量は導水施設の状況や浄水処理の方法などによって異なっている。このため、これらの内容を勘案して、計画一日最大給水量の10％程度増しとして、計画取水量を定めている。

③配水池の有効容量は、給水区域の計画一日最大給水量の12時間分を標準とし、安定性等を考慮して、増量することが望ましいとされている。

④配水管路の水圧は、給水管への分岐箇所で最小動水圧150 kPa以上を確保し、最大静水圧は740 kPaを超えないこととされている。

⑤自然流下の導水管の場合、流速が大きくなると、バルブ操作により圧力が不安定になり、摩擦によって管内面が損傷する場合があるため、使用される管材の既往実績より許容最大限度を3.0 m/sとしている。

これらのことから、計画取水量は計画一日最大給水量の10％増しとして定めることから、25％としている②が不適切である。　　　　　　　（解答②）

Ⅲ－3　次のア）～オ）の記述に対応する取水施設の組合せとして、最も適切なものはどれか。

ア）取水口施設でスクリーン、ゲート又は角落し、砂溜等と一体となり機能する。

イ）河川の水深が一定以上の所に設置すれば年間の水位変化が大きくとも安定した取水が可能である。取水口を上下数段に設けて選択取水ができる。

ウ）河川水を堰上げし、計画取水位を確保することにより、安定した取水を可能にするための施設であり、堰本体取水口・沈砂池等が一体となって機能する。

エ）取水口部を複断面河川の低水護岸に設けて表流水を取水し、管渠部を経て堤内地に導水する施設である。

オ）湖沼の中・小量取水施設として多く用いられている。構造が簡単で施工も比較的容易である。水中に没して設けられるため、湖沼表面の水は取水できない。

	ア	イ	ウ	エ	オ
①	取水塔	取水門	取水堰	取水管渠	取水枠
②	取水門	取水塔	取水堰	取水枠	取水管渠
③	取水堰	取水塔	取水門	取水管渠	取水枠
④	取水堰	取水門	取水管渠	取水塔	取水枠
⑤	取水門	取水塔	取水堰	取水管渠	取水枠

【解説】

　取水施設の機能を述べている。ア）は取水門、イ）は取水塔、ウ）取水堰、エ）は取水管渠、オ）は取水枠のことであり、組合せは⑤が適切である。

（解答⑤）

Ⅲ－4　浄水処理の凝集に関する次の記述のうち、最も適切なものはどれか。

①　浄水処理において使用できる凝集剤の種類として、硫酸アルミニウム、ポリ塩化アルミニウム、鉄系凝集剤がある。高分子凝集剤の浄水処理での使用は認められていない。

②　撹拌には、凝集剤を急速に拡散させ、コロイド粒子を互いに結合し、微小フロックを形成させる急速撹拌と、微小フロックを互いに衝突させながら凝集させ、成長させるために行う緩速撹拌がある。

③　アルカリ度は凝集効果に影響を与える重要な因子である。アルカリ度が低い場合は、緩衝作用が小さいので、適度なアルカリ度を保持するために酸剤の注入が必要である。

④　水温が高い場合には、低い場合と比べてフロックの成長は遅くなる。

⑤　フロック形成池における撹拌の程度を評価する指数としてCT値がある。これは、凝集剤注入率Cに滞留時間Tを乗じた値である。

【解説】

　①浄水処理に用いられる高分子凝集剤は、厚生労働省令により、浄水中のア

クリルアミドモノマーの基準値が0.00005 mg/L以下に限って使用できるので、不適切である。

②適切である。凝集反応は通常「急速撹拌」と「緩速撹拌」が行われ、記述のとおりである。

③アルカリ度は適切な凝集を行うために必要な因子である。凝集反応により水中のアルカリ分と反応して減少するため、凝集剤の使用量に応じてアルカリ剤を補給する必要がある。酸剤の注入は行わないことから不適切である。

④凝集反応は水温が高いほどフロックの成長が良好である。原水の水温変化が大きい場合や、寒冷地の浄水場では「ジャーテスト」などで凝集剤の種類や添加量を細かく調整する必要がある。水温が高い場合、フロックの成長は遅くなるとなっていることから不適切である。

⑤フロック形成池の評価指標にCT値がある。これは薬品の濃度（C）と滞留時間（T）の積で表したものであることから不適切である。また、その他の評価指標としては「GT値」がある。撹拌強度（G値）に撹拌継続時間（T）をかけて求めた値である。フロックは互いに衝突しながら成長するため、フロックの成長は衝突回数によって決まる。したがって、G値を大きくするほど衝突回数は増加するが、一定以上になるとフロックが破壊されるため、適切な範囲がある。GT値は、23,000〜210,000が適切であるといわれている。

(解答②)

Ⅲ−5　沈殿に関する次の記述のうち、最も不適切なものはどれか。

① 沈殿効率は、表面負荷率に反比例し、沈殿池の水深、長さ、滞留時間に無関係である。

② 普通沈殿池は、緩速ろ過池と組み合わせて設けられ、自然沈降によって懸濁物質を除去するものである。

③ 薬品沈殿池は、薬品注入、混和、フロック形成を経て大きく成長したフロックをできるだけ沈殿させ、後に続く急速ろ過池への負担を軽減するために設ける施設である。

④ 高速凝集沈殿池は、薬品注入、急速撹拌、フロック形成、沈殿処理を1つの槽の中で行う沈殿池で、運転操作は横流沈殿池に比べ容易である。

⑤ 沈殿池に堆積したスラッジを排水処理施設へ送るための設備を排泥設備という。

【解説】

凝集沈殿池の沈殿機能を向上させるには、(1) 池の沈殿面積を大きくする、(2) フロックの沈降速度Vを大きくする、(3) 流量Qを小さくする、の3通りがある。高速凝集沈殿池は、フロックの形成を既成フロックの存在下で行うことにより、凝集沈殿の効果を向上させることを目的としたものである。高速凝集沈殿池は、原理上または機構上から「スラッジ循環型」、「スラッジ・ブランケット型」、および両者の複合型に大別される。このタイプは、原水条件と使用条件に対して適用範囲があるため、計画する浄水場の条件と各種高速凝集沈殿池の特徴とを検討して機種を選択する必要がある。このため、運転操作は横流沈殿池に比べて困難である。その他は記述のとおりである。　　　　（解答④）

Ⅲ－7 浄水処理における消毒に関する次の記述のうち、最も不適切なものはどれか。

① 次亜塩素酸と次亜塩素酸イオンは、いずれも消毒効果を有し、この両者を遊離残留塩素という。

② 次亜塩素酸より、次亜塩素酸イオンの方が消毒効果は強い。

③ 水中のアンモニアと塩素の反応により生じるクロラミン類のうち、モノクロラミンとジクロラミンは消毒効果を有するが、トリクロラミンは有しない。

④ 前塩素処理と中間塩素処理は、アンモニアや鉄・マンガンの除去など、主に消毒以外の目的で行われる。

⑤ 水道水の消毒に用いられる塩素剤には、液化塩素、次亜塩素酸ナトリウム、次亜塩素酸カルシウム（高度さらし粉）がある。

【解説】

①適切である。次亜塩素酸、次亜塩素酸イオンは「遊離残留塩素」で、いずれも消毒効果を有する。

②次亜塩素酸ナトリウム及び塩化水素は、水中に注入した場合、次亜塩素酸及び次亜塩素酸イオンを生じる。両者は同じ有効塩素であるが、殺菌力に差があり、次亜塩素酸のほうが殺菌作用は強い。消毒効果が逆となっているため不適切である。

③適切である。水中にアンモニア態窒素があると、塩素はこれに反応してクロラミンを生じる。クロラミンには、モノクロラミン（NH_2Cl）、ジクロラミン（$NHCl_2$）及びトリクロラミン（NCl_3）がある。このうち、モノクロラミンとジクロラミンを結合塩素または結合残留塩素という。遊離残留塩素の殺菌力は結合残留塩素より高く、同等の殺菌力を得るためには結合残留塩素の濃度を高くする必要がある。

④適切である。塩素剤は、凝集沈殿以前の処理過程の水に注入する「前塩素処理」と、沈殿池とろ過池の間に注入する「中間塩素処理」がある。これらの処理は、鉄、マンガンの処理やアンモニア態窒素、有機物などの処理、異臭味の処理、細菌の処理に用いられる。

⑤適切である。　　　　　　　　　　　　　　　　　　　　　（解答②）

Ⅲ－9　膜の適用範囲及び原水中成分のサイズ比較に関する次の図の、
　　　　□□□□に入る語句の組合せとして最も適切なものはどれか。

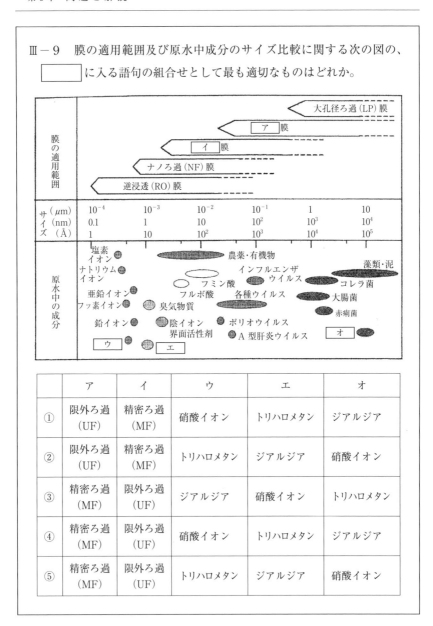

	ア	イ	ウ	エ	オ
①	限外ろ過 (UF)	精密ろ過 (MF)	硝酸イオン	トリハロメタン	ジアルジア
②	限外ろ過 (UF)	精密ろ過 (MF)	トリハロメタン	ジアルジア	硝酸イオン
③	精密ろ過 (MF)	限外ろ過 (UF)	ジアルジア	硝酸イオン	トリハロメタン
④	精密ろ過 (MF)	限外ろ過 (UF)	硝酸イオン	トリハロメタン	ジアルジア
⑤	精密ろ過 (MF)	限外ろ過 (UF)	トリハロメタン	ジアルジア	硝酸イオン

【解説】

　膜ろ過処理は、「膜」をろ材として水を通し、原水中の不純物質を分離除去
して清澄なろ過水を得る浄水方法である。膜の孔径が大きいほうから、精密ろ

過膜（MF膜）（0.01～0.3 μm）、限外ろ過膜（UF膜）（0.01 μm以下）、ナノ
ろ過膜（1 nm前後）、逆浸透膜（RO膜）（0.1～2 nm）である。主な対象物質
はMF膜がバクテリア、UF膜はウイルス、NF膜はタンパク質、RO膜はイオ
ンである。硝酸イオンはイオンであることからRO膜で除去する。トリハロメ
タンは溶解性有機物に属し、タンパク質であることからNF膜で除去する。ジ
アルジアは、塩素消毒に強い抵抗性がある「原虫」である。大きさは直径8～
12 μm程度であることから、MF膜で除去する。

　これらのことから、ア：精密ろ過膜（MF膜）、イ：限外ろ過膜（UF膜）、
ウ：硝酸イオン、エ：トリハロメタン、オ：ジアルジアの組合せとなり④が
適切である。　　　　　　　　　　　　　　　　　　　　　　　　　（解答④）

Ⅲ－10　配水池に関する次の記述のうち、最も不適切なものはどれか。
① 送水施設と配水管の間に設け、配水量の時間変動を調節するための
施設である。
② 形式には、地下式、半地下式、地上式がある。
③ 遮断用の弁は、流出管には必ず設置するが、流入管には設置しなく
てもよい。
④ 有効水深は、3～6 m程度を標準とする。
⑤ できるだけ配水管の延長を短くするために、給水区域の中央に置く
のがよい。

【解説】

①配水池は送水施設から送水された浄水を一時的に貯留することにより、配
水量の時間変動を吸収するとともに、非常時には、その貯留量を利用して、
需要者への影響を軽減するための施設である。

②形式は周辺環境に応じて、地下式、半地下式、地上式がある。

③遮断用の弁は、自然流下式の場合、配管の破損事故などによって浄水が流
出する損害を小さくするためや流出による二次災害の防止、災害時の貯留
量を確保するために流出管に配置する。清掃等の維持管理や直結給水を行

うために流入管にも配置する。

④経済性も考慮し、経験から有効水深は3～6mを標準としている。

⑤配水管の延長を短くすることや、水圧を均等とするために、給水区域の中央に配水池を配置する。

これらのことから、遮断弁を流入管にも配置しなければならないことから、③が不適切である。　　　　　　　　　　　　　　　　　　　　（解答③）

Ⅲ－13　水面の形状に関する次の記述の、　　　　に入る語句の組合せとして最も適切なものはどれか。

下図に水面の形状を示す。堰や水門の下流側に　ア　（図中A）があり、その後に　イ　（図中B）が現れるとき、流れが連続的に変化できないため、水面は盛り上がり、　ウ　と呼ばれる流れが現れる。下図のような、水面が描く曲線を　エ　と呼ぶ。

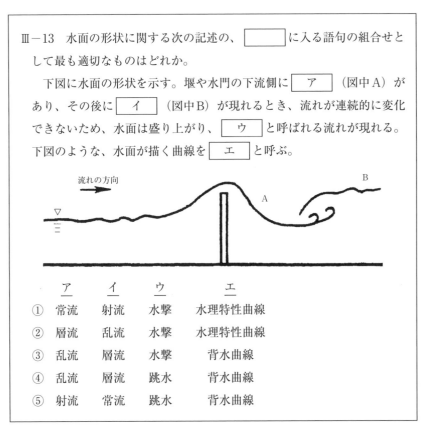

	ア	イ	ウ	エ
①	常流	射流	水撃	水理特性曲線
②	層流	乱流	水撃	水理特性曲線
③	乱流	層流	水撃	背水曲線
④	乱流	層流	跳水	背水曲線
⑤	射流	常流	跳水	背水曲線

【解説】

使用されている言葉の定義は次のとおりである。

常流：水深が深く、流速が遅い流れ

射流：水深が浅く、流速が速い流れ

層流：圧力分布が一定で、連続した流れ

乱流：圧力分布が一定ではなく、混合した流れ

跳水：射流から常流へ変化する場合発生する現象で、流下断面が不連続に
変化する

水撃：ウォーターハンマーとも呼ばれ、管路において弁の急閉等によって
発生する現象

水理特性曲線：管路において流下量、水位等の関係を表した曲線

　用語の定義から、水撃、水理特性曲線は管路に関する用語であり、跳水は射
流から常流に変化することによって発生することから⑤が適切である。

（解答⑤）

Ⅲ－14　浄水場の排水処理施設に関する次の記述のうち、最も不適切なも
のはどれか。

① 　水源の富栄養化等により原水中の有機物が増えると、スラッジの比
抵抗値が大きくなり脱水性が悪くなる。

② 　排水処理施設で発生する排水は、再度浄水場の原水として利用され
ることがある。

③ 　排水池の容量は、1 回の洗浄排水量以上とし、池数は 2 池以上とす
ることが望ましい。

④ 　スラッジの濃縮性が良い場合、凝集処理による濃縮前処理を行う。

⑤ 　スラッジ濃縮の主たる目的は、脱水効率の改善と脱水機容量の減少
である。

【解説】

　浄水における排水は、施設能力の規模に応じて「水質汚濁防止法」の特定施
設に指定される。

　①適切である。原水に有機物含有量が増えると、スラッジの比抵抗が大きく
なり、沈降性、濃縮性が悪化する。

　②適切である。排水は、脱水機などで固液分離された後、ろ液は再度浄水場

67

の原水として再利用される場合がある。

③適切である。

④不適切である。スラッジの濃縮性が良い場合は、凝集処理を行わずに脱水機などの固液分離を行うことができる。

⑤適切である。　　　　　　　　　　　　　　　　　　　　　　　（解答④）

Ⅲ-15　上水道における次の消毒副生成物のうち、水質基準項目でないものはどれか。

①　クロロホルム　　②　ジクロロ酢酸　　③　トルエン

④　臭素酸　　　　　⑤　塩素酸

【解説】

水道水を飲料水として使用する場合、病原性細菌などの除去が必要となる。多くの浄水施設では塩素を用いている。しかし、塩素濃度が高く、水中にフミン酸などが含まれると、トリハロメタンやハロ酢酸などの有害物質を生成する。これらを消毒副生成物という。

消毒副生成物には、次の物質が決められている。

	消毒副生成物
1	シアン化物イオン及び塩化シアン
2	塩素酸
3	クロロ酢酸
4	クロロホルム
5	ジクロロ酢酸
6	ジブロモクロロメタン
7	臭素酸
8	総トリハロメタン
9	トリクロロ酢酸
10	ブロモジクロロメタン
11	ブロモホルム
12	ホルムアルデヒド

これらのことから、③が水質基準項目ではない。　　　　　　　（解答③）

Ⅲ－16　消毒副生成物の生成に関する次の記述の、[　　　]に入る語句の組合せとして最も適切なものはどれか。

　　代表的な消毒副生成物であるトリハロメタンの生成量は、塩素処理を行う前にフミン質、タンパク質等の前駆物質を取り除くことで[　ア　]する。給水過程では塩素濃度が高いほど生成量が[　イ　]し、水温が高いほど生成量が[　ウ　]する。また、給水に要する時間が長いほど生成量が[　エ　]する。

	ア	イ	ウ	エ
①	減少	増加	増加	増加
②	増加	増加	増加	減少
③	増加	減少	増加	増加
④	減少	減少	減少	減少
⑤	減少	減少	減少	増加

【解説】

「トリハロメタン」とは、浄水場で塩素消毒する際に、水に含まれる有機物質と塩素が反応して生成される、クロロホルム、ブロモジクロロメタン、ジブロモクロロメタン、ブロモホルムの4つの物質の総称である。これら4つの物質の各濃度の合計を「総トリハロメタン」と呼び、水道水質基準では、0.1 mg/L（0.1 ppm）以下としている。

ア：河川や湖沼が生活排水や工場排水で汚染されると、フミン質やタンパク質が増加するので、これらを除去することでトリハロメタンの生成は減少する。

イ：原水の汚染が著しくなるほど、塩素の注入量も増え、それに従ってトリハロメタンの生成も増加する。

ウ：水温が高くなるほどトリハロメタンの生成が増加するので、特に夏場に増加する傾向にある。

エ：給水に要する時間が長くなるほど、残留塩素を確保するために塩素の注入量も増え、それに従ってトリハロメタンの生成も増加する。

これらのことから、①が適切である。 （解答①）

Ⅲ−18 下水道における計画汚濁負荷量及び計画流入水質に関する次の記述のうち、最も不適切なものはどれか。

① 計画流入水質は、計画汚濁負荷量を計画1日最大汚水量で除した値である。

② 生活汚水の汚濁負荷量は、1人1日当たりの汚濁負荷量に計画人口を乗じて求める。

③ 工場排水の汚濁負荷量は、下水道に受け入れる工場のうち、排出負荷量が大きいと予測されるものについては、実測することが望ましい。

④ 計画汚濁負荷量は、生活汚水、営業汚水、工場排水、観光汚水等の汚濁負荷量の合計値とする。

⑤ 既に供用開始している下水処理場については、過年度の実績値を参考に、下水の計画流入水質を設定してもよい。

【解説】

計画汚濁負荷量は、生活汚水、営業汚水、工場排水、観光汚水等の汚濁負荷量の合計値、計画流入水質は計画汚濁負荷量を計画1日平均汚水量で除した値。各内容は次のとおり。

1) 対象とする水質項目：計画放流水質を定めている項目に加えて、放流水水質の技術基準を踏まえて、その他の項目についても対象とする。

2) 生活汚水の汚濁負荷量：1人1日当たりの汚濁負荷量に計画人口を乗じて求める。

3) 営業汚水の汚濁負荷量：業務の種類、汚水の特徴を考慮して決定する。

4) 工場排水の汚濁負荷量：排水負荷量が大きいと予想される場合には実測することが望ましいが、困難な場合には、業種別の出荷額当たりの汚濁負荷量原単位により推定する。

5) 観光汚水の汚濁負荷量：日帰り客と宿泊客に分け、各々の原単位から推定する。

6) その他の汚濁負荷量：温泉排水、畜産排水、分離液等の返送水、雨水滞水池に貯留した返送水等を必要に応じて推定する。

これらのことから、計画汚濁負荷量を計画1日最大汚水量で除した値となっているが、計画汚濁負荷量を計画1日平均汚水量で除した値が正しく、①が不適切である。 (解答①)

Ⅲ－20　下水道の雨水流出量を算定する場合に用いる流出係数に関する次の記述の下線部のうち、最も不適切なものはどれか。

排水区域に降った雨の全量が下水管へ流入するわけではなく、蒸発したり浸透したりして、その残りが下水管きょに流入する。この下水管きょへの流入量の① 全降雨量に対する割合 を流出係数という。流出係数は気温、土質、地表面の状態、② 雨の降り方 などの影響を受けるので、正確に予測することは困難である。経験的に浸透量を主に考えて、屋根とか道路といった地表面の工種別、又は地域特性別に流出係数を設定している。

流出係数が③ 小さく なると雨水流出量が増加することを意味し、必要となる管きょの径も大きくなる可能性がある。したがって流出係数のとり方については慎重に行う必要がある。根本的には都市計画において④ 公園や間地 などを計画的に設けることが重要であるが、さらに⑤ 流出量を少なく するため浸透式舗装や浸透式雨水ますなども試みられている。

【解説】

流出係数は、排水区域内の降雨のうち管きょに流入する割合を意味する。流出係数は気温、土質、土地の利用状態、降雨継続時間等の雨の降り方によって影響を受けるため、正確に予測することは困難である。このため、経験的に工種別基礎流出係数や用途別総括流出係数により算定している。

流出係数が大きくなると、雨水流出量が増加し、必要とする管きょ断面が大きくなる。

このため、流出係数の取り方は慎重に行う必要がある。都市計画において流出量を減少させるために、流出係数の低い公園や間地を計画的に設けることが重要であり、さらに流出量を少なくするために、浸透式舗装や浸透式雨水ますが計画されている。

これらのことから、設問では流出係数が小さくなると雨水流出量は減少するとなっていることから、③が不適切である。 (解答③)

Ⅲ-23 次のうち、下水道における水処理プロセスに用いられる省エネルギー対策として最も不適切なものはどれか。

① 超微細気泡装置の導入

② ばっ気風量の設定の最適化

③ 反応タンクへの風量調節弁の導入

④ 送風機のインレットベーンの廃止

⑤ ろ過洗浄ブロワの間欠運転

【解説】

送風機（ブロワー）の風量制御装置の一つに「インレットベーン」がある。この特徴は、吸い込み側に設置されたベーン（羽根）の角度を可変させながら開口の面積を可変させるものである。

したがって、インレットベーンを廃止すると省エネルギーにならない。超微細気泡装置を導入すると空気の溶解効率が向上し、省エネルギーになる。それ以外の記述はいずれも省エネルギーに結びつく方法である。 (解答④)

Ⅲ-25 嫌気無酸素好気法の特徴に関する次の記述のうち、最も不適切なものはどれか。

① 反応タンクを嫌気タンク、無酸素（脱窒）タンク、好気（硝化）タンクの順に配置する。

② 硝化液は、好気タンクから循環ポンプによって流入水と返送汚泥が

流入する嫌気タンクへ循環させる。

③　本法は、活性汚泥微生物によるりんの過剰摂取現象及び硝化脱窒反応を利用するものである。

④　平均的な流入水の場合、反応タンク流入水に対するＴ－Ｎ除去率は60〜70％程度、Ｔ－Ｐ除去率は70〜80％程度が期待できる。

⑤　雨水が流入する場合には、りん除去性能が低下することが多い。

【解説】

嫌気無酸素好気法は、反応タンクを嫌気タンク、無酸素（脱窒）タンク、好気（硝化）タンクの順に配置し、流入水と返送汚泥を嫌気タンクに流入させる一方、硝化液を循環ポンプによって好気タンクから無酸素タンクへ循環させるプロセスである。本法は、生物学的りん除去プロセスと生物学的窒素除去プロセスを組み合わせた処理法で、活性汚泥微生物によるりんの過剰摂取現象及び硝化脱窒反応を利用するものである。平均的な流入水の場合、反応タンク流入水に対するＴ－Ｎ除去率は60〜70％程度、Ｔ－Ｐ除去率は70〜80％程度が期待できる。また、水温がりん除去に及ぼす影響は小さいが、雨水が流入する場合は、りん除去率が低下することが多い。　　　　　　　　　　　　　（解答②）

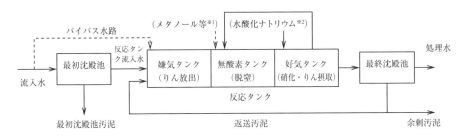

※1　流入水中の水素供与体が不足する場合、必要に応じてメタノール等添加
※2　硝化の促進等により反応タンク内の pH が低下した場合、必要に応じて水酸化ナトリウム等添加

出典：『下水道施設計画・設計指針と解説』（後編）、2019 年版。図 6.7.96

Ⅲ－26 次のうち、下水処理水の再利用を目的とした高度処理における除去対象と処理方式の組合せとして最も不適切なものはどれか。

① 色度 ― 急速砂ろ過法

② 色度 ― オゾン酸化法

③ 濁度 ― 凝集ろ過法

④ 濁度 ― 膜分離法

⑤ 微生物 ― 消毒

【解説】

下水処理水の再利用には、「高度処理」が用いられる。処理水の利用用途が水洗用水、散水用水、修景用水、親水用水の場合は、マニュアル（「下水処理水の再利用水質基準等マニュアル」2005年、国土交通省都市・地域整備局下水道部、国土技術政策総合研究所）の施設基準に準じる。農業用水利用や工業用水再利用等の他の用途にあたっては、その設定水質項目と目標水質により、必要な処理プロセスを検討して選定する。

水質項目ごとの処理方式の例を示す。色度（活性炭吸着法、逆浸透膜法、オゾン酸化法）、臭気（逆浸透膜法）、濁度（凝集沈殿法、限外ろ過法、逆浸透膜法）、大腸菌（限外ろ過法、逆浸透膜法、オゾン酸化法、消毒）。

これらのことから、急速砂ろ過法で色度の除去は行わないことから①が不適切である。 （解答①）

Ⅲ－28 活性汚泥の浄化作用に関する次の記述のうち、最も不適切なものはどれか。

① 反応タンクに空気を吹き込むと、細菌類、原生動物、後生動物などの微生物が下水中の有機物を利用して繁殖し、凝集性のあるフロックができる。空気の吹き込みを止めると、活性汚泥は速やかに沈殿し、清澄な水が得られる。

② 下水に含まれるコロイド性の有機物は、活性汚泥と接触すると短時

間のうちに活性汚泥の表面に吸着される。

③　吸着された有機物は微生物体内に取り込まれ、微生物による有機物の酸化と同化が起こる。有機物の酸化は、微生物が生体の維持、細胞合成に必要なエネルギーを獲得するためのものであり、有機物の同化は、微生物が増殖することである。

④　下水中のアンモニア性窒素は、活性汚泥中に存在する硝化細菌により亜硝酸性窒素、硝酸性窒素へと変換されるが、この反応は溶存酸素が存在しない条件で進行する。

⑤　下水中の有機物が少なくなると、微生物は自己の体内に蓄積されている有機物や自己の細胞物質を酸化して、生命の維持に必要なエネルギーを得る内生呼吸を行う。

【解説】

①適切である。活性汚泥を酸素の存在下で下水と混合すると、下水中の有機物は活性汚泥に取り込まれて酸化及び同化され、無機化とともに一部が活性汚泥に転換されることになる。

②適切である。

③適切である。

④アンモニア性窒素は、(1) 硝化反応、(2) 脱窒反応の2段階によって行われる。「硝化反応」は、硝化細菌の働きで、アンモニアを硝酸にする反応である。この反応は好気槽（酸素の存在下）で行われる。硝化細菌は、酸素を使ってアンモニアを硝酸に酸化することから、不適切である。

⑤適切である。内生呼吸とは、自己酸化状態といわれ、たとえていうと、家を暖かくするため家具を刻んで燃やすようなものである。最終的には細胞は死に、裂けて内側に存在する分子を放出し、他のバクテリアの栄養源になっていく。　　　　　　　　　　　　　　　　　　　　　　　（解答④）

Ⅲ−32 標準活性汚泥法による下水道の水処理施設において、計画1日最
大汚水量は 15,000 m³/日、計画流入 SS 濃度は 200 mg/L であり、水処
理施設での総合 SS 除去率は 90%、発生する汚泥濃度は1%（含水率99%）
とした場合、この水処理施設で発生する計画発生汚泥量（湿潤状態、単
位は m³/日）の値として最も適切なものはどれか。ただし、汚泥の比
重量は 1.0 t/m³、水処理で除去される SS 量当たりの汚泥発生率は100%
とする。

① 18　　② 27　　③ 30　　④ 180　　⑤ 270

【解説】

水処理全体の発生汚泥量は、SS除去率をもとに算出できる。

　　計画発生汚泥量［固形物 t/日］

　　　＝計画1日最大汚水量［m³/日］×計画流入 SS 濃度［mg/L］×1/10³

　　　　×水処理施設での総合 SS 除去率［%］×m　……（式1）

　　　　　　m：除去 SS 量当たりの汚泥発生率

また、湿潤状態の計画発生汚泥量は、次式で求められる。

　　計画発生汚泥量［m³/日］

　　　＝計画発生汚泥量［固形物量 t/日］×100/汚泥濃度［%］

　　　　÷比重量［t/m³］　……（式2）

式2で計算する。

　　計画発生汚泥量［m³/日］＝15,000×200×10⁻⁶×0.9×100/1÷1.0

　　　　　　　　　　　　　＝270

（解答⑤）

Ⅲ－34　下水道における水質試験項目に関する次の記述のうち、最も不適
切なものはどれか。

① 　大腸菌群は、グラム陰性、無胞子の短かん（桿）菌で、一定期間内
に乳糖を分解して、酸と一定量以上のガスとを発生する細菌群をいう。

② 　DO（溶存酸素）は、水中に溶解している分子状の酸素をいう。

③ 　SSは、流入下水、処理水等を一定規格のろ紙（孔径1 μm）でろ過
したとき、ろ紙の上に残留する物質のことをいい、水中に懸濁する物
質を意味する。

④ 　pHは、水中の水素イオン濃度の自然対数で表される。

⑤ 　透視度は、流入下水、処理水等の透明の程度を表すもので、透視度
が高いほど、透明の程度が高いことを意味する。

【解説】

「大腸菌群」は、グラム陰性無芽胞性の短桿菌であり、乳糖を分解して酸と
ガスを発生する細菌群である。その他、「DO」、「SS」、「透視度」は記述のと
おりである。「pH」は、水素イオン濃度の常用対数で表される。pHは、次の
定義および計算式で計算される。

希薄水溶液中においては、水素イオン活量はmol/Lまたはmol/dm^{3}単位で
表した水素イオン濃度［H$^+$］の数値にほぼ等しいと近似される。特に、水溶液
が、酸性条件であり、かつ、pHの値が水の電離の影響が支配的な中性（pHが
7付近）から十分離れている場合に限れば、以下の式で水素イオン濃度指数を
求めることができる。

$$pH = -\log_{10}\frac{[H^+]}{mol/L} = \log_{10}\frac{1}{[H^+]/[mol/L]}$$

（解答④）

3. 平成 27 年度試験問題　解答解説

Ⅲ－3　上水道における地下水に関連した生物障害問題と対策に関する次の記述のうち、最も適切なものはどれか。

①　一般に地下水の水質は比較的安定しているが、生物障害が発生することがある。主な地下水における生物障害は、着色・異臭味・肉眼的小動物等の流出障害などであり、これらは地下水性の生物によるもので、地表水由来の生物の混入のおそれはない。

②　地下水は往々にして鉄、マンガンを含み、また酸素に富み、多くの有機物を含んでいるものがあり、このような水には鉄細菌が繁殖することがある。鉄細菌は、水中に溶けている鉄やマンガンを還元し菌体の表面などに沈着する性質がある。

③　鉄細菌が井戸内に多量に繁殖している場合は、遊離残留塩素として 5 mg/L 以上になるように塩素剤を障害箇所に注入し、長時間接触させた後、水圧をかけて洗浄排除する。その後、遊離残留塩素を 0.1～0.2 mg/L 程度に保ち、障害生物の繁殖を抑制する。

④　井戸や伏流水では、ヨコエビやハリガネムシなどの地下水性の小動物が生息している場合がある。しばしば発生する場合は塩素剤を障害箇所に注入し、洗浄排除することで対応する。

⑤　地下水で起こる臭気障害の原因生物は、集水施設、接合井、井戸の壁面や管内に発生する真菌、放線菌、鉄細菌、藻類などで、臭気はそれらの着生、繁殖と死滅、腐敗に起因することが多い。

【解説】

地下水の状態が上水道に与える影響に関する問題である。地下水は表流水の

生物と密接な関係がある。地下水には鉄、マンガンなどが溶解している場合が多い。生物として鉄細菌（バクテリア）や硫黄細菌などが検出される場合がある。地下水中の有機系窒素は分解され硝酸態窒素へ酸化されていく。鉄、マンガンも同様に酸化される。井戸（浅井戸、深井戸）では小動物が生息している場合があるが、このときは塩素剤を注入して死滅除去する必要がある。これらのことから、⑤が適切である。　　　　　　　　　　　　　　　　　　　　（解答⑤）

Ⅲ－4　浄水場の沈砂池に関する次の記述のうち、最も不適切なものはどれか。

①　位置は、可能な限り取水口に接近して堤外地に設ける。

②　池内平均流速は、2～7 cm/秒を標準とする。

③　池の幅は、長さの1/3～1/8を標準とする。

④　池の高水位は、計画取水量が流入できるように、取水口の計画最低水位以下に定める。

⑤　池の有効水深は、3～4 mを標準とし、堆砂深さを0.5～1 mを見込む。

【解説】

　沈砂池は、原水とともに流入した砂を沈降除去するための施設である。沈砂池の位置は、可能な限り取水口に近接して堤内地に設ける。表面負荷率は、200～500 mm/min　を標準とする。池内平均流速は、2～7 cm/秒　を標準とする。沈砂池の幅は、長さの1/3～1/8を標準とする。池の高水位は、取水河川の水位が計画最低水位の場合でも、計画取水量が取水できるように決める。

　池の有効水深は、3～4 mを標準とする。また、堆砂深さは、年間の堆砂量と排砂回数によって決まるが、一般的に0.5～1 mを見込む。

　これらのことから、堤外地に設けるとなっている①が不適切である。

（解答①）

Ⅲ－5　凝集に関する次の記述の、 _____ に入る語句の組合せとして最も適切なものはどれか。

　　原水中に含まれる粘土等の微粒子やコロイドはほとんどが ア の電荷を帯びており、互いに反発しあって安定して水中に存在している。これにアルミニウム塩や鉄塩など金属系の凝集剤を加え、できるだけ急速で撹拌し、微粒子やコロイド表面の ア の荷電を凝集剤の イ の荷電で中和して濁質を微小なフロックにする。この段階を ウ という。 ウ を経た微小フロックは緩やかな撹拌を加えることによって、互いに衝突を繰り返して大きなフロックへと成長する。この過程を エ といい、相互の粒子の間に働く結合力のほかに、添加した凝集剤の持つ オ によって達成される。

	ア	イ	ウ	エ	オ
①	正	負	フロック形成	凝集処理	架橋作用
②	正	負	凝集処理	フロック形成	架橋作用
③	正	負	凝集処理	フロック形成	吸着作用
④	負	正	フロック形成	凝集処理	吸着作用
⑤	負	正	凝集処理	フロック形成	架橋作用

【解説】

　水道水源である、河川水、湖沼水の多くは濁っている。この濁りの尺度を「濁度」という。

　水道水質基準では、濁度を「2度」以下にしなければならないと定められている。濁り成分の中で、大きな粒子はすぐに沈むが、細かい粒子は「負の電荷」を持っているので、お互いに反発し合って分散している。そこで正の電荷を持つアルミニウムや鉄などの金属系の凝集剤を用いて、電気的に中和して反発力をなくす操作を行う。これを「凝集反応」、「凝集処理」という。反発力がなくなった濁り成分が寄り集まって塊を作る。このように凝集した濁り成分は、「架橋作用」によって大きく重くなるので、ゆっくりと沈んでいく。一般的な浄水場では、凝集剤を素早く水中に分散させる「急速混和池」とフロック形成

を助ける「緩速混和池」が設けられている。また、急速混和池で形成した細か
いフロックをそのままろ過する「マイクロフロック法」という処理方法もある。

　これらのことから、ア：負、イ：正、ウ：凝集処理、エ：フロック形成、
オ：架橋作用の組合せとなり、⑤が適切である。　　　　　　　　（解答⑤）

　Ⅲ－7　浄水処理の急速ろ過に関する次の記述のうち、最も不適切なもの
　はどれか。
　　①　急速ろ過池でろ過するのみではコロイドや懸濁物質の除去は期待で
　　　きないため、必ず凝集剤を用いて処理を行う。
　　②　マイクロフロック法とは、低水温・低濁度原水を対象として、凝集
　　　剤を注入、混和した後、フロック形成と沈殿処理を経ることなく、ろ
　　　過を行うものである。
　　③　急速ろ過法のろ過速度は、砂単層は 120 〜 150 m/ 日、多層は 240
　　　m/ 日以下が一般的である。
　　④　ろ層の洗浄は、逆流洗浄に表面洗浄を組み合わせた方式を標準とし、
　　　必要に応じて逆流洗浄と空気洗浄を組み合わせたものにする。洗浄に
　　　は、原則として原水を用いる。
　　⑤　クリプトスポリジウム等による水道原水の汚染のおそれが高い場合
　　　には、ろ過池の出口の濁度を 0.1 度以下に維持するよう運転管理を行
　　　う。

【解説】
　急速ろ過池は、原水中の懸濁物質を薬品によって凝集させた後、粒状層に比
較的速い流速で通水し、ろ層でのふるい分け・凝集・沈殿によって濁質を除去
する。たとえ、原水が低濁度であってもクリプトスポリジウム等を含めコロイ
ド・懸濁物質の十分な除去が期待できないので、必ず凝集剤を用いた処理を行
う。単層ろ過のろ過速度は 120 〜 150 m/ 日、多層ろ過のろ過速度は 240 m/ 日
以下である。
　マイクロフロック法は直接ろ過ともいう。これは、低水温・低濁度原水を対

象として少量の凝集剤を注入、混和した後、フロック形成と沈殿処理を経ない
でろ過を行うものである。

　ろ層の洗浄は、浄水を用いて行い、逆流洗浄に表面洗浄を組み合わせた方式
を標準とし、ろ層全体が効果的に洗浄できるものとし、必要に応じて逆流洗浄
と空気洗浄を組み合わせたものとする。

　ろ過池の運転管理は、「水道におけるクリプトスポリジウム等対策指針」が
適用され、ろ過池の役割がこれまで以上に重要になっている。これによると、
クリプトスポリジウム等により水道水源が汚染されるおそれがある場合は、
ろ過池出口の水の濁度を0.1度以下に維持するとされている。

　これらのことから、原水を用いるとなっているが浄水が正しいことから④が
不適切である。　　　　　　　　　　　　　　　　　　　　　　（解答④）

> Ⅲ－8　消毒剤に関する次の記述の下線部のうち、最も不適切なものはど
> れか。
>
> 　　水道水の消毒は、① 水道法の規定により塩素によるもの となってお
> り、その塩素消毒剤として、現在は次亜塩素酸ナトリウムが主として使
> 用されている。次亜塩素酸ナトリウムは、② 日光、特に紫外線により
> 分解が促進され 、③ 保管温度が低いと分解が速く 、有効塩素濃度が
> 急激に減少し、逆に塩素酸濃度が急激に増加する。このような状況や浄
> 水における検出状況を踏まえ、平成20年4月から④ 塩素酸の水質基準
> 項目 （基準値0.6 mg/L以下）が追加された 。市販の水道用次亜塩素酸
> ナトリウムは、製造時の不純物として、⑤ 臭素酸が含まれている 。

【解説】

　水道水は、病原生物に汚染されずに衛生的に安全でなくてはならない。浄水
方法に問われず、また施設規模の大小にかかわらず、必ず消毒設備を設けなけ
ればならない、と決められている。消毒方法は、「水道法施行規則」により給
水栓水で保持すべき残留塩素濃度が規定されている。また、厚生労働省通知に
よって「水の消毒は塩素によるものとする」とされている。消毒剤として、次

亜塩素酸ナトリウムが主として用いられている。次亜塩素酸ナトリウムは、時間とともに分解され、温度が高いほど分解が促進され有効塩素が減少する。そのため、貯蔵槽または容器は、直接日光に当てないよう、室内や夏期でも気温の低い地下室等に設置するのが望ましい。次亜塩素酸ナトリウムの原料塩の品質は、不純物が少なく、臭素酸の生成を考慮してできるだけ臭化物イオンを含まないものがよい。平成 19 年 11 月、厚生労働省は、水質基準項目に塩素酸の基準値を「0.6 mg／L」として追加された。

　これらのことから、保管温度が低いとなっている③は不適切である。

（解答③）

3
平成
27
年度

Ⅲ－9　次のうち、紫外線消毒に関する記述として最も不適切なものはどれか。
　①　濁度や色度が高い水に適している。
　②　水に臭味を生ずるおそれがない。
　③　残留効果がない。
　④　クリプトスポリジウムの不活化に有効である。
　⑤　過剰注入の危険がない。

【解説】

　紫外線処理は、紫外線の光エネルギーを微生物に加えることで核酸（DNA）を損傷させて不活性化する処理方法で、一般には消毒技術を指す。我が国の水道では水道法により消毒は塩素に限られているので、紫外線処理を単独で消毒に適用することはできず、耐塩素性病原生物であるクリプトスポリジウム及びジアルジアの不活性化を目的とした適用が主になっている。紫外線処理の利点は、

　1）薬品との物質を添加しないので残留物が生じない
　2）副生成物を生じる可能性が小さい
　3）pHの影響をほとんど受けない
　4）水中を透過して目的物に照射されなければ効果がないため、濁度や色度

83

が高い場合は安定性が得られない

5) 塩素消毒のように臭味を生ずるおそれがなく、過剰注入による危険がない

これらのことから、濁度や色度が高いとなっている①は不適切である。

(解答①)

Ⅲ－10 浄水処理における膜ろ過に関する次の記述のうち、最も不適切なものはどれか。

① 浄水処理に主に使用されている膜ろ過は精密ろ過と限外ろ過であり、除去対象物質は懸濁物質を主体とする不溶解性物質である。

② 膜ろ過流束とは、単位時間に単位膜面を通過する水量のことである。

③ 全量ろ過方式の場合、一般的に、膜面流速を一定以上に確保すれば、膜面への付着物質の蓄積が抑制される。

④ 膜モジュールの通水方式には、処理対象水を膜の外側から供給する外圧式と膜の内側から供給する内圧式とがある。

⑤ ナノろ過法はふるい分けに加え、表面荷電によるイオン除去能を有する膜ろ過法である。

【解説】

膜ろ過とは、膜をろ材として水を通し、原水中の不純物質を分離除去して清澄なろ過水を得る浄水処理方法である。浄水処理に使用される膜ろ過は、精密ろ過と限外ろ過で、除去対象物質は懸濁物質を主体とする不溶解性物質である。膜ろ過流束は、単位時間に単位膜面を通過する水量で、通常 $m^3/(m^2 \cdot 日)$ で表される。膜ろ過は、ケーシング収納方式と槽浸漬方式があり、それぞれについて全量ろ過方式とクロスフロー方式の2種類がある。「全量ろ過方式」は、膜供給水を全量ろ過する方式である。クロスフロー方式のような並行流を必要としないためエネルギー効率がよい反面、膜供給水質によっては膜の目詰まりが早く、また通常洗浄では回復しない目詰まりが発生しやすい面がある。

膜エレメントをケーシング（収納器）に収納した膜モジュールでろ過する

方式は、内圧式と外圧式がある。ナノろ過法は、ナノろ過膜を用いて、1 nm 前後の大きさの分子を除去する膜ろ過法である。また、ふるい分け表面荷電によるイオン除去法でもある。

　これらのことから、膜面への付着物質の蓄積が抑制される③は不適切である。

(解答③)

Ⅲ－11　配水池に関する次の記述のうち、最も不適切なものはどれか。
① 池数は、原則として2池以上とする。
② 有効水深は、原則として8～12 mとする。
③ 有効容量は、給水区域の計画1日最大給水量の12時間分を標準とする。
④ 配水池の流入部は、越流ぜきを設けるか、流入管を落とし込み方式とするか又は逆止弁を設ける。
⑤ 高水位から配水池上床版まで30 cm程度の余裕高をとる。

【解説】

配水池の構造は次のとおりである。

1) 池数は、点検、清掃等の維持管理のため、原則2池以上とする。
2) 有効水深は、あまり水圧変動が大きくならないように3～6 m程度を標準とする。
3) 有効容量は、給水区域の計画1日最大給水量の12時間分を標準とし、水道施設の安定性を考慮して増量することが望ましい。
4) 配水池流入部は、越流堰設置、流入管を落とし込み方式あるいは逆止弁を設置する。流出管は、必要に応じて緊急遮断装置を設置する。
5) 流入管及び流出管の流量調整を行う場合には、流量調整弁を設置する。
6) バイパス管は必ず設置し、遮断用バルブを設置する。
7) 配水池の余裕高及び池底勾配は次のとおり。

　高水位から上床版までは、事故等により水位が上昇し上床版に圧力が加わらないようにするため、30 cm程度の余裕高とする。

　池底は、沈殿物を流出させないために、低水位より15 cm以上低くする。

　池底は、必要に応じて清掃時の排水のために適当な勾配をつける。

　これらのことから、有効水深が8～12 mとなっているが3～6 mが正しいことから、②が不適切である。　　　　　　　　　　　　　　　　（解答②）

　Ⅲ－12　配水管の管径に関する次の記述の、□□□に入る語句の組合せとして最も適切なものはどれか。

　　配水管の管径は、管路の動水圧が、平常時、火災時のいずれにおいても、それぞれ設計上の最小　ア　以上になるような大きさにする。また、給水区域内の　イ　分布が均等になるように各管径を決めなければならない。

　　管径の計算に当たっては、配水池、配水塔及び高架タンクの水位は、いずれも　ウ　をとる。管水路の流量計算式のうち、最も代表的なものは　エ　公式である。

	ア	イ	ウ	エ
①	静水圧	流量	低水位	ハーディ・クロス
②	動水圧	水圧	低水位	ヘーゼン・ウイリアムス
③	動水圧	流量	低水位	ハーディ・クロス
④	静水圧	水圧	高水位	ヘーゼン・ウイリアムス
⑤	静水圧	流量	高水位	ハーディ・クロス

【解説】

　平常時における配水管の最小動水圧は、工場の立地など地域特性に応じて計画し、火災時にも、すべての配水管で正圧を保ち、他の区域に著しく水圧低下が無いようにし、かつ水圧の分布ができるだけ均等となるように計画する。

　管径の算定方法は、平常時に計画配水量を配水した場合の水理計算を行い、最小動水圧が計画最小動水圧を下回らない管径を求める。次に、火災時の水理計算を行い、火災時の最小動水圧が正圧を保つことを確認して決定する。この際、最も水圧が低い場合でも最小動水圧を確保できることを確認するため、配

水池、配水塔および高架タンクの水位はいずれも低水位とする。

　我が国で一般的に用いられている管水路の公式はヘーゼン・ウイリアムス公式、ガンギレー・クッター公式、および池田公式があるが、このうち最も代表的なヘーゼン・ウイリアムス公式は次式のとおりである。

$$H = 10.666 \cdot C^{-1.85} \cdot D^{-4.87} \cdot Q^{1.85} \cdot L$$

　　　ここで、H：摩擦損失水頭［m］
　　　　　　　C：流速係数［管種に対応した係数］
　　　　　　　D：管内径［m］
　　　　　　　Q：流量［m³/s］
　　　　　　　L：延長［m］

　これらのことから、ア：動水圧、イ：水圧、ウ：低水位、エ：ヘーゼン・ウイリアムスとなり、組合せは②が適切である。　　　　　　　　　（解答②）

平成27年度

Ⅲ－15　浄水施設の排水処理に関する次の記述のうち、最も不適切なものはどれか。

① 排水処理施設は、発生ケーキが処分又は有効利用に適した処理ができるものとする。

② 固形物量は、原水濁度の変動に左右されるので、変動が大きい施設の設計においては、高濁度時の固形物を一時貯留し、平常時に処理できるよう考慮する。

③ 排水を再度原水として利用するクローズドシステムを採用する場合は、浄水処理の工程に支障を及ぼすことのないような措置を講じる。

④ アルミニウムの原水濁度に対する添加比（ALT比）が低い方が、脱水性は悪い。

⑤ 排水処理施設からの発生ケーキは、「廃棄物の処理及び清掃に関する法律」で汚泥（無機性汚泥）に該当し、産業廃棄物の取扱いを受ける。

【解説】
特定事業所（浄水場）からの排出水には「水質汚濁防止法」等の規制を受け

る。また、排水処理施設で発生する脱水ケーキは、産業廃棄物として「廃棄物の処理及び清掃に関する法律」の適用を受ける。排水処理施設を計画・設計するに当たって、(1) 発生するケーキが処分あるいは有効利用に適するよう処理できるものとする。(2) 固形物量は原水濁度の変動に左右されるので、発生量の変動が大きい場合は高濁度時の固形物を一時貯留し平常時に処理できるよう考慮する。(3) クローズドシステムを採用する場合は、浄水処理の工程に支障を及ぼすことのないよう考慮する。一方、スラッジの脱水性を把握する方法としてリーフテストを行って「比抵抗値」を求めることも有効である。アルミニウムの濁度に対する添加比（ALT比）は、低ければ低いほど比抵抗値が小さく、脱水性が良い。

これらのことから、脱水性が悪いとなっている④が不適切である。

(解答④)

Ⅲ−22 下表のア〜エのうち、2つの下水処理法の特徴の組合せとして適切なものはいくつあるか。

項目 \ 処理法	オキシデーションディッチ法	標準活性汚泥法
ア SRT	大	小
イ 処理水量当たりの施設面積	小さい	大きい
ウ 維持管理の容易性	容易	難しい
エ 余剰汚泥の発生量	多い	少ない

① 0 ② 1 ③ 2 ④ 3 ⑤ 4

【解説】

オキシデーションディッチ法と標準活性汚泥法について、主な特長を表すと次のようになる。

項目	オキシデーションディッチ法	標準活性汚泥法
SRT	大	小
その他 の特長	・処理水量当たりの施設面積が大きい ・維持管理が容易である ・余剰汚泥の発生量が少ない ・処理の安定性がある ・硝化促進の運転がしやすい	・処理水量当たりの施設面積が小さい ・運転維持管理が難しい ・余剰汚泥の発生量が多い ・流入変動の影響を受けやすい

ここで、SRT は固形物滞留時間である。

これらのことから、ア、ウが適切、イ、エが不適切であることから、③が正答である。　　　　　　　　　　　　　　　　　　　　　　　　　　　（解答③）

Ⅲ－23　次のうち、下水の高度処理における除去対象物質と高度処理プロセスの組合せとして最も不適切なものはどれか。

① 濁度 ― 膜分離法

② 色度 ― 活性炭吸着法

③ 浮遊性有機物 ― 急速ろ過法

④ 窒素 ― 循環式硝化脱窒法

⑤ 窒素、りん ― 嫌気好気活性汚泥法

【解説】

高度処理プロセスと主な処理対象物質は次のとおりである。

・膜分離法　　　　　：濁質の除去に適している。凝集剤添加も有効である。

・活性炭吸着法　　　：色度除去に有効である。

・急速ろ過法　　　　：より高度に有機物除去を行うプロセスである。

・循環式硝化脱窒法　：反応タンク前段に無酸素タンク、後段に好気タンクを設置し、硝化液を循環ポンプや返送汚泥ポンプなどによって好気タンクから無酸素タンクへ返送することにより、窒素の除去を行うプロセスである。

・嫌気好気活性汚泥法：活性汚泥微生物によるりん過剰摂取現象を利用して

流入水中から生物学的にりんを除去するプロセスである。

これらのことから、窒素が処理できない⑤が不適切である。　　（解答⑤）

Ⅲ－24　汚泥容量指標（SVI）とは、反応タンク内混合液を30分間静置した場合、1 gの活性汚泥浮遊物質が占める容積をmL単位で示したものである。標準活性汚泥法において、汚泥の活性汚泥沈殿率（SV_{30}）が30％、MLSS濃度が2,000 mg/Lのとき、汚泥容量指標（SVI）の値として最も適切なものはどれか。

①　100　　②　150　　③　300　　④　450　　⑤　600

【解説】

　SVIは、活性汚泥の沈降性を示す指標で、汚泥容量指標という。1 gの活性汚泥が占める容積をmLで表し、下記の計算式で算出する。通常の曝気槽のSVIは100～150である。

　SV_{30}は、活性汚泥を1 Lのメスシリンダーに入れ、30分静置した後の沈殿した汚泥の割合を％で表したものをいう。

　SVI（汚泥容量指標）は、次式によって計算する。

$$SVI = \frac{SV_{30} \times 10,000}{MLSS}$$

　　SV_{30}は［％］、MLSSは［mg/L］

本式に各数値を当てはめて計算する。

$$SVI = \frac{30 \times 10,000}{2,000} = 150$$

（解答②）

Ⅲ－26　下水道の標準活性汚泥法における最終沈殿池に関する次の記述のうち、最も不適切なものはどれか。

①　池の形状は長方形、正方形又は円形とする。長方形池では、長さと

幅との比は 3：1 以上とし、池数は原則として 2 池以上とする。

② 排泥のために汚泥かき寄せ機を設ける。この場合の池のこう配は、長方形池の場合 1 / 100 〜 2 / 100 とする。

③ 水面積負荷は、計画 1 日最大汚水量に対して、200 〜 300 $m^3/(m^2 \cdot$ 日）を標準とする。

④ 流出設備は、越流ぜきとし、越流負荷は 150 $m^3/(m \cdot$ 日）を標準とする。

⑤ 汚泥の引抜きは、ポンプでの引抜きを原則とし、ポンプの台数は予備を含めて 2 台以上とする。

【解説】

　標準活性汚泥法における最終沈殿池の形状は、長方形、正方形、または円形とする。長方形池では長さと幅の比は 3：1 以上とし、円形池及び正方形池では、直径または一辺の長さと深さの比を 6：1 〜 12：1 程度とする。長方形池の幅は、汚泥掻き寄せ機に応じて決める。池数は原則として 2 池以上とする。汚泥掻き寄せ機を設ける場合の池勾配は円形池及び正方形池の場合、5 / 100 〜 10 / 100、長方形池の場合は 1 / 100 〜 2 / 100 とする。水面積負荷は 1 日最大汚水量に対して、20 〜 30 $m^3/(m^2 \cdot$ 日）を標準とする。流出設備は、越流堰とする。堰の越流負荷は、150 $m^3/(m \cdot$ 日）を標準とする。汚泥の引抜きはポンプでの引抜きを原則とし、ポンプの台数は 2 台以上とする。

　これらのことから、水面積負荷が 200 〜 300 $m^3/(m^2 \cdot$ 日）となっている③が不適切である。　　　　　　　　　　　　　　　　　　　　　　（解答③）

Ⅲ－29　雨水管路計画に関する次の記述のうち、最も不適切なものはどれか。

① 管きょの能力を決定する場合には、雨水管きょにあっては計画雨水量に基づき、合流管きょにあっては計画雨水量と計画時間最大汚水量とを加えた量に基づくものとする。

② 管きょは、圧力管きょを原則とするため、水頭の損失が最小となるよう、地形、地質、道路幅員、地下埋設物等を十分考慮する。

③　管きょの断面、形状及びこう配は、管きょ内に沈殿物が堆積しない
　　よう、適正な流速が確保できるように定める。
④　既存排除施設がある場合は、その能力を適切に評価した上で活用す
　　る。
⑤　管きょの構造については、施設の重要度等に応じた地震対策を講じ、
　　地震時にもその機能を損なわない構造としなければならない。

【解説】

①計画下水量は、汚水管きょは計画時間最大汚水量、雨水管きょは計画雨水
　量、合流管きょは計画雨水量と計画時間最大汚水量を合わせた量とする。

②管きょは自然流下を原則としてきたが、地形条件等によって圧力方式も
　検討し、総合的に決定する。

③管きょの断面、形状および勾配は、管きょ内に沈殿物が堆積しないように、
　最低流速は汚水管きょで0.6 m/s以上、雨水管きょおよび合流管きょで
　0.8 m/s以上とする。

④既存排除施設（河川、農業排水路等）がある場合には、その能力を適切に
　評価したうえで、総合的に下水道計画を行う。

⑤管きょの構造は、常時はもちろん、地震時においても安全性が確保できる
　構造としなければならない。

これらのことから、管きょは自然流下が原則であることが、圧力式が原則と
なっている②が不適切である。　　　　　　　　　　　　　　　　（解答②）

Ⅲ−30　汚泥消化に関する次の記述の下線部のうち、最も不適切なものは
どれか。

　嫌気性消化は、汚泥量の減少と質の安定化、① 衛生面の安全化 が図
れる。このため、嫌気性消化は、② 液状又は脱水汚泥 の形で汚泥を最
終処分する際に有効なプロセスである。嫌気性消化の副産物として生成
する③ メタン を主成分とした消化ガスは、汚泥消化タンクから引抜か
れ、④ 脱臭後 汚泥消化タンクの加温や焼却炉の補助熱源として利用さ

れるほか、最近では⑤ 消化ガス発電等 への利用も実施されている。

【解説】

　汚泥消化には、好気性消化と嫌気性消化の2方式がある。設問の嫌気性消化は、嫌気的状態に保たれた汚泥消化タンク内で、有機物を嫌気性微生物の働きで低分子化、液化及びガス化する処理法である。汚泥消化によって、汚泥量の減少と質の安定化、また衛生面の安定化が図れる。また、嫌気性消化の副生成物として生成するメタンを主成分とする消化ガスは、脱硫後、汚泥消化タンクの加温や焼却炉の補助燃料として利用されるほか、消化ガス発電への利用も実施されている。

　これらのことから、脱硫ではなく脱臭となっている④が不適切である。

（解答④）

Ⅲ－31　下水汚泥の性状の安定化と凝集を目的とした汚泥調整に関する次の記述のうち、最も不適切なものはどれか。
① 　濃縮工程において、水処理系から発生する汚泥の難濃縮化に伴い、初沈汚泥を機械濃縮で、余剰汚泥を重力濃縮で濃縮する、いわゆる分離濃縮方法を採用する処理場が増えてきた。
② 　汚泥の混合は、性状の違う2種類以上の汚泥を均一化するために、発生固形物量比を基準に定量混合するものである。
③ 　汚泥洗浄は、消化汚泥を二次処理水等で洗浄して、汚泥のアルカリ度を低下させることにより凝集剤の使用量の節約等のために行う。
④ 　薬品添加は、汚泥中の微粒子を結合させて固液分離のしやすいフロックを生成させ、脱水性を向上させるものであり、凝集剤として有機凝集剤、及び無機凝集剤がある。
⑤ 　脱水機種としては、圧入式スクリュープレス脱水機、回転加圧脱水機、ベルトプレス脱水機及び遠心脱水機の採用がほとんどであり、有機凝集剤が広く採用されている。

【解説】

　近年、下水処理施設から発生する汚泥は、有機物比の増加、高度処理技術の採用などで、濃縮が困難になっている。初沈汚泥のように比較的濃縮性のよいものは重力濃縮で、余剰汚泥のように難濃縮性のものは機械濃縮で濃縮している。消化汚泥は、汚泥のアルカリ度を下げるため二次処理水で洗浄し、凝集剤の使用量を削減している。他の記述は適切である。

　これらのことから、濃縮方法が逆となっている①が不適切である。（解答①）

Ⅲ－35　下水道施設における腐食対策に関する次の記述のうち、最も不適切なものはどれか。

①　最初沈殿池や汚泥濃縮タンクなど硫化水素の発生しやすい施設では、放散した硫化水素により硫酸が生成されてコンクリート表面が腐食しやすい。このような施設では臭気や腐食を抑制するために施設を覆蓋し、施設の換気は行わないことが望ましい。

②　硫化水素の発生しやすい場所におけるコンクリート構造物については、フライアッシュセメントや高炉セメントなどを用いることにより耐久性が向上する。

③　塩分濃度の高い土壌にステンレス管等を埋設する場合は、腐食が発生しやすいため、管外面に防食テープを巻くなどの注意が必要である。

④　腐食性土壌や不均一な土質に配管する場合は金属腐食が発生しやすいため、ポリエチレン系など絶縁抵抗の高い被覆材料等で防食対策を行う必要がある。

⑤　二酸化炭素によるコンクリートの中性化はエアレーションを行う反応タンクなどで特徴的に見られる。中性化は、コンクリート表面より進行し、コンクリート内の鉄筋を腐食させる。

【解説】

　下水処理施設では、硫化水素の発生に起因する硫酸の発生による腐食が起こりやすい。このような施設では、換気によって内面を乾燥させ腐食を抑制する

必要がある。また、硫化水素が発生しやすい場所では、硬質塩化ビニル管やステンレス鋼、アルミニウム、FRPなどの耐食性のある材料を考慮する。コンクリート構造物については、フライアッシュセメントや高炉セメントなどを用いると耐久性が向上する。塩分濃度の高い土壌にステンレス管等を埋設する場合は、管外面に防食テープを巻くなどの注意が必要である。地中に埋設する配管は、迷走電流により電界腐食を起こす場合がある。このためポリエチレン系など絶縁抵抗の高い被覆材料で防食対策を行う必要がある。二酸化炭素によるコンクリートの中性化は、コンクリートの表面より進行し、コンクリート内の鉄筋を腐食させる。

　これらのことから、換気を行わない①が不適切である。　　　　　（解答①）

4．平成28年度試験問題　解答解説

Ⅲ－2　水道水源に関する記述のうち、最も不適切なものはどれか。

①　湖沼や貯水池を水源とする場合には、大腸菌の増殖により異臭味障害やろ過障害を引き起こすことがある。

②　離島や淡水が不足する地域の都市などで、海水の淡水化によって水を得ているところがある。

③　地下水が取水できる場所においても、一部の地域では、条例に基づき地下水の汲み上げが規制されている。

④　河川の水質は、季節的に変動し、特に洪水期などの出水期には濁度が増加したり、溶存物質量の変化が大きい。

⑤　伏流水は、河川水（湖沼水）が河床（湖沼床）又はその付近に潜流している不圧地下水の一種である。

【解説】

①湖沼や貯水池を水源とする場合は生物の死骸、土砂の堆積等により、窒素、りん等栄養塩類が蓄積されることにより、いわゆる貧栄養湖から富栄養湖に移っていく。富栄養化した場合の水処理に対する影響としては次のとおりである。

・アンモニア性窒素による塩素要求量の増加

・プランクトン繁殖による臭味の発生

・プランクトン等によるろ過池の閉塞

・底質からの鉄、マンガンの溶出に起因する赤水等の障害

・凝集沈殿処理への障害

　プランクトンによって、異臭味障害やろ過障害は発生するものであり、

大腸菌の増殖ではないことから不適切である。

②陸水系水源の乏しい一部の地域で水源開発が困難なところでは、海水淡水化により水源を確保していることから適切である。

③高度成長期に過剰な地下水の揚水により地下水位が低下し、地盤沈下が発生した地域では、地盤沈下を抑制するために地下水の揚水が規制されていることから適切である。

④河川の水質は、工場排水、都市下水、家庭排水、畜産排水や農薬・肥料等人為的汚濁に左右されるほか、流域の気象条件や地質などに由来して季節変動する。洪水時には土砂流出による濁度の増加、蓄積された溶存物質が大量に流出することによる水質変動が大きくなることから適切である。

⑤適切である。

これらのことから①が不適切である。　　　　　　　　　　　　（解答①）

Ⅲ－3　浄水処理に関する次の組合せのうち、最も不適切なものはどれか。

① pH 値の調整　　　　　　　― 酸、アルカリ剤
② 色度の除去　　　　　　　― 凝集沈殿処理、活性炭処理、オゾン処理
③ トリハロメタン低減対策　― 活性炭処理、前塩素処理
④ トリクロロエチレン低減処理　― エアレーション、粒状活性炭処理
⑤ アンモニア態窒素の除去　― 生物処理、塩素処理

【解説】

　pH 調整は、酸剤、アルカリ剤で調整する。色度は凝集沈殿、活性炭処理、オゾン処理が効果的である。トリハロメタンは、水道水中に存在する有機物と塩素剤が反応してできる物質で発がん性が疑われるもので、水質基準に定められている物質である。その除去処理には活性炭処理が効果的であるが、前塩素処理はトリハロメタンを増加させ逆効果である。トリクロロエチレン、テトラクロロエチレン等の有機塩素化合物は、不燃性、揮発性、高浸透性で脱脂力に優れているので、機械工業、金属加工業、クリーニング業界で広く利用されてきた。しかし、その毒性が問題になり、地下水環境基準や排水基準等で厳しく

規制されている。その処理は、高濃度の場合は電気分解で低濃度にした後、エアレーション、活性炭吸着処理で除去する。アンモニア態窒素は、生物処理（活性汚泥法）が一般的な処理方法である。

　前塩素処理はトリハロメタンを増加させることから③が不適切である。

（解答③）

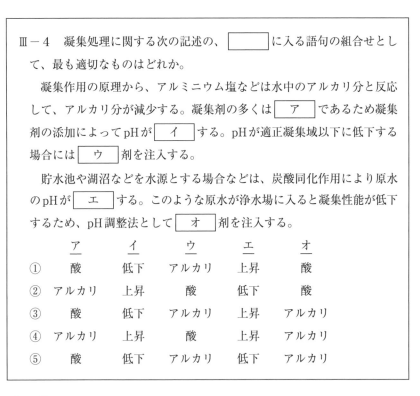

Ⅲ－4　凝集処理に関する次の記述の、[　　　　]に入る語句の組合せとして、最も適切なものはどれか。

　凝集作用の原理から、アルミニウム塩などは水中のアルカリ分と反応して、アルカリ分が減少する。凝集剤の多くは[　ア　]であるため凝集剤の添加によってpHが[　イ　]する。pHが適正凝集域以下に低下する場合には[　ウ　]剤を注入する。

　貯水池や湖沼などを水源とする場合などは、炭酸同化作用により原水のpHが[　エ　]する。このような原水が浄水場に入ると凝集性能が低下するため、pH調整法として[　オ　]剤を注入する。

	ア	イ	ウ	エ	オ
①	酸	低下	アルカリ	上昇	酸
②	アルカリ	上昇	酸	低下	酸
③	酸	低下	アルカリ	上昇	アルカリ
④	アルカリ	上昇	酸	上昇	アルカリ
⑤	酸	低下	アルカリ	低下	アルカリ

【解説】

　浄水処理に用いる凝集剤、例えば硫酸バンドのpHは3.0以上、ポリ塩化アルミニウムのpHは3.5～5.0である。これらの凝集剤を添加すると原水のpHは低下する。pHが適正凝集域以下に低下する場合は、アルカリ剤として水酸化カルシウム（消石灰）や炭酸ナトリウム（ソーダ灰）を添加することがある。

　また、湖沼や貯水池などを水源とする場合は、生物の光合成作用により水中の炭酸ガスが減少して原水のpHを上昇させる。この場合は酸剤として、硫酸、

塩酸、二酸化炭素が用いられる。

　これらのことからア：酸、イ：低下、ウ：アルカリ、エ：上昇、オ：酸となり、①が適切である。　　　　　　　　　　　　　　　　　　　　（解答①）

Ⅲ－5　浄水場の砂ろ過方式に関する次の記述のうち、最も不適切なものはどれか。
① 緩速ろ過方式は、原水水質が良好で濁度も低く安定している場合に採用される。
② 緩速ろ過方式は、維持管理が簡単で、敷地面積に制約がある場合に採用される。
③ 緩速ろ過方式は、原水水質によって、沈殿池を設ける場合と省略する場合とがある。
④ 急速ろ過方式は、凝集剤を注入して原水中の懸濁物質をあらかじめ凝集してフロックとし、沈殿池で沈降分離した後、ろ過するもので、高濁度原水にも対処できる。
⑤ 急速ろ過方式は、緩速ろ過方式よりも粗いろ過砂を使用し、ろ過速度が緩速ろ過の30倍程度又はそれ以上の速さでろ過するものである。

【解説】

　浄水場の砂ろ過方式には「緩速ろ過方式」と「急速ろ過方式」がある。「緩速ろ過方式」は、砂層表面や砂層に増殖した微生物群によって、水中の浮遊物質や溶解性物質を捕捉、酸化分解する作用に依存した浄水方法である。この方法は、伏流水など比較的水質が良好な原水に適する方法である。また、広大な面積を必要とすること、砂の削り取り・補砂に労力を要するので採用には留意する必要がある。ろ過速度は $4.0 \sim 5.0$ m/日を標準とする。原水濁度が10度以下の場合は普通沈殿池を省くことができる。

　「急速ろ過方式」は、原水中の懸濁物質を薬品によって凝集させた後ろ過する方法である。懸濁物質の除去は、2つの段階に分けて考えられている。第一は、懸濁粒子がろ材の表面近くまで輸送され、ふるい分け作用、重力沈降作用など

が進行される。第二は、輸送された粒子がろ材表面に付着して捕捉される段階
である。ろ過速度は、120～150 m/日が一般的である。

これらのことから、緩速ろ過方式は敷地面積に制約がある場合に採用される
となっているが、広大な面積を必要とすることから、②が不適切である。

（解答②）

Ⅲ－6　水道用沈殿池に関する次の記述のうち、最も不適切なものはどれ
か。
①　沈殿効率は表面負荷率に反比例する関係になっており、沈殿池の沈
降面積を大きくしたり、フロックの沈降速度を大きくしたり、流量を
少なくすることで沈殿効率を高めることが可能である。
②　普通沈殿池は、緩速ろ過池と組合せて設けられるもので、自然沈降
により懸濁物質を除去するもので、沈殿時間は8時間が標準である。
③　傾斜板式沈殿池は、沈殿池内に傾斜板等の沈降装置を挿入して、一
種の多階槽式沈殿池を構成し除去率を高めようとしているものであり、
沈降装置には、波形、平板、正方形、六角形等の形状があり、傾斜板
の傾斜角は60°とする。
④　高速凝集沈殿池は、フロックの形成を既成フロックの存在下で行う
ことにより、凝集沈殿の効率を向上させることを目的にしており、原
水濁度は10度以上、最高濁度は1,000度以下とする。
⑤　横流式沈殿池の形式には、スラリー循環形、スラッジ・ブランケッ
ト形、複合形があり、池数は原則として2池以上とする。

【解説】
①表面負荷率 V_0 は、沈殿池に流入する流量 Q、沈殿池の沈降面積を A とする
と、$V_0 = Q/A$ で求められる。沈殿効率は V_0 とフロックの持つ沈降速度 V
が等しくなれば、理想沈殿池では除去率100％となる。つまり、フロック
の持つ沈降速度 V が表面負荷率 V_0 より小さくなるほど沈殿効率は低下する
ことから、沈殿効率を向上させるには、

・池の沈降面積 A を大きくする

・フロックの沈降速度 V を大きくする

・流量 Q を小さくする

以上のことから適切である。

②適切である。

③適切である。

④適切である。

⑤横流式沈殿池の形式には、単層式、多階層式（2 階層、3 階層）、傾斜板式等（水平流、上向流）がある。記載されている形式は高速凝集沈殿池の形式であることから不適切である。

したがって、⑤が不適切である。　　　　　　　　　　　　　　　（解答⑤）

4 平成28年度

Ⅲ－8　水道の配水管に使用する管種と特徴に関する次の記述のうち、最も不適切なものはどれか。

① ダクタイル鋳鉄管は、じん性に富み、衝撃に強いが、重量が比較的重い。

② 鋼管は、強度が大きく、じん性に富むが、電食に対する配慮が必要である。

③ 硬質ポリ塩化ビニル管は、耐食性に優れ、重量が軽く施工性がよいが、特定の有機溶剤及び紫外線に弱い。

④ 水道配水用ポリエチレン管は、耐食性に優れ、熱、紫外線にも強いが、有機溶剤の浸透に注意する必要がある。

⑤ ステンレス鋼管は、強度が大きく、耐食性に優れているが、異種金属との絶縁処理を必要とする。

【解説】

配水管に使用する管種の特徴は次表のとおりである。

101

表　管種の特徴

管種	長　所	短　所
ダクタイル鋳鉄管	・強度が大で、耐久性がある ・強靭で、衝撃に強い ・継手の種類が豊富で、目的に合わせて、使い分けることができる	・他の管種に比べて重い ・防食面が損傷すると、腐食しやすい ・継手の種類によっては異形管防護が必要
鋼管	・強度が大で、耐久性がある ・強靭で、衝撃に強い ・加工性が良好	・溶接継手の施工には高度な技術が必要 ・電食防止が必要 ・防食面が損傷すると、腐食しやすい
硬質塩化ビニル管	・耐食性に優れている ・軽量で施工性に優れている ・加工性が良好	・低温時耐衝撃性が低下する ・特定の有機溶剤、熱及び紫外線に弱い ・継手の種類によっては異形管防護が必要
ポリエチレン管	・耐食性に優れている ・軽量で施工性に優れている ・加工性が良好	・熱、紫外線に弱い ・有機溶剤の浸透に注意が必要 ・融着継手は特殊な工具を必要とし、雨天時や湧水地盤での施工は困難
ステンレス鋼管	・強度が大で、耐久性がある ・強靭で、衝撃に強い ・耐食性に優れ、塗装を必要としない	・溶接継手は高い技術が必要 ・異種金属との絶縁対策が必要となる

　これらのことから、ポリエチレン管は熱、紫外線に弱いことから、④が不適切である。　　　　　　　　　　　　　　　　　　　　　　（解答④）

　Ⅲ−10　上水道における金属管の腐食に関する次の記述のうち、最も適切なものはどれか。

　①　電食とは、直流電気鉄道の漏れ電流や電気防食設備の防食電流によって生じる腐食であり、金属管に電流が流入する部分に電食が発生する。

　②　自然腐食は、異種金属接触腐食、酸素濃淡（通気差）腐食等のミクロセル腐食と、一般土壌腐食、バクテリア腐食等のマクロセル腐食に区分される。

　③　コンクリートの貫通部付近の埋設部におけるマクロセル腐食を防止

するためには、コンクリート壁の貫通部、配管支持金具及び各種の設備機器の基礎アンカ等がコンクリートの中の鉄筋と接触（導通）しないように、設計上考慮するか、あるいはその部分を絶縁処理する。

④　外部電源法とは、管に標準単極電位が低いマグネシウムなどの金属を陽極として設置し、陽極と管との間に異種金属電池を形成させ、管へ防食電流を流入させる方法である。

⑤　空気の通りやすい土壌と、通りにくい土壌とにまたがって金属管が配管されている場合、環境の違いによる腐食電池が形成され、電位の高い方が腐食する。

【解説】

「電食」とは、地下埋設金属（水道管、各種ケーブルなど）が電気化学作用により、腐食する現象である。また、鉄筋コンクリートにおいて、電流が鉄筋からコンクリートに向かって流れると（鉄筋が陽極）、鉄筋が酸化して錆、体積膨張を起こしてコンクリートにひび割れを発生させることも「電食」と呼んでいる。さらに、イオン化傾向の異なる2種類以上の金属が接触し、かつその金属同士に電気が流れる状態（例えばどちらの金属も水に触れていない他の金属に接触している）にある場合に起きる現象も「電食」である。イオン化傾向の大きい方の金属が腐食する。「ミクロセル腐食」は、水や土壌などの電解質に接している鉄の表面には表面状態、組織、環境などのわずかな違いにより微視的な陽極部と陰極部からなる局部電池（ミクロセル）が多数形成されている。これによる腐食を「ミクロセル腐食」という。「マクロセル腐食」は、ミクロセル腐食に対して、相対的に自然電位の卑な部分と、貴な部分が巨視的電池（マクロセル）を形成して、陰極部の腐食が促進されるものをいう。代表的なマクロセル腐食として、通気差系マクロセル、異種金属接触系マクロセル、異種土壌接触系マクロセル、コンクリート・土壌系マクロセルなどがある。「外部電源方式」は、直流電源装置と耐久性電極を用い、直流電源装置のプラス極を電解質中に設置した耐久性電極に接続し、マイナス極を被防食体に接続して防食電流を通電する方式である。

「金属電位の腐食傾向」は、金属がその金属イオンを一定濃度含んだ電解質

と接するときの金属が示す電位を標準電極電位と呼び、電位が低い金属ほど陽極的なイオンとなって溶出－腐食しやすい。

これらのことから、③が適切である。　　　　　　　　　　　　　　（解答③）

Ⅲ－11　水道用のバルブの用途と種類の組合せとして、最も不適切なものはどれか。

① 流量制御用バルブ　―　バタフライ弁、コーン弁

② 圧力制御用バルブ　―　バタフライ弁、オート弁

③ 遮断用バルブ　　　―　仕切弁、バタフライ弁

④ 減圧用バルブ　　　―　逆止弁、フート弁

⑤ 管路保護用バルブ　―　急速空気弁、双口空気弁

【解説】

バルブは、制御用、遮断用、放流用、逆流防止用、減圧用等その用途により止水性、操作性、制御性、耐久性などの特性を検討して選定する。①流量制御用バルブは、バタフライ弁、コーン弁、ボール弁等が適している。②圧力制御用バルブは、管路の圧力が低圧で減圧量が小さい場合は、バタフライ弁、オート弁が、中高圧で減圧量が中程度の場合には、コーン弁、ボール弁、オート弁が適している。③遮断用バルブは、開閉頻度が少なく、止水の長期維持が必要な場合は仕切弁が使用され、使用頻度が多く弁座の耐久性が要求される場合は金属弁座バタフライ弁、コーン弁、ボール弁が使用される。④減圧用バルブは、バタフライ弁、コーン弁、ボール弁等がある。⑤管路保護用バルブは多量急速排気空気弁、多量吸気及び圧力下排気を行う双口空気弁がある。

これらのことから、減圧用バルブが逆止弁、フート弁である④が不適切である。　　　　　　　　　　　　　　　　　　　　　　　　　（解答④）

Ⅲ－12　配水量分析に関する次の記述のうち、最も適切なものはどれか。

① 無効水量には、メータ不感のため料金徴収の対象とならない水量や、

メータ上流給水管からの漏水量等が含まれる。

② 無収水量には、管洗浄用水、漏水防止作業用水等配水施設に係る事業に使用した水量が含まれる。

③ 有収水量には、料金水量と事業用水量が含まれる。

④ 無収水量には、無効水量が含まれる。

⑤ 無収水量には、赤水などのため調定により減額の対象となった水量が含まれる。

【解説】

各用語の定義は次のとおりである。

　無収水量：管洗浄等管路維持に使われた水量（事業用水量）、メータ不感水量等で収入とはならないが有効に使われた水量

　有収水量：料金徴収の対象となった水量

　無効水量：漏水、赤水等による請求金額の減額になった水量等で何も使用されなかった水量

①メータ不感水量は無収水量なので不適切である。

②管洗浄用水等配水施設に係る水量は無収水量であることから適切である。

③事業用水量は無収水量なので不適切である。

④無収水量は水道水が有効に使われたが収入とならないもので、無効ではないので不適切である。

⑤赤水などのための調定により減額となった水量は何も利用されていないので無効水量となり不適切である。

したがって、②が適切である。 （解答②）

Ⅲ－13　上水道での緊急遮断設備の設置に関する次の記述のうち、最も不適切なものはどれか。

① 緊急遮断設備は、非常時に緊急閉鎖が可能な弁と付属設備で構成する。

② 緊急遮断設備は、地震発生時における生活用水や消防用水の確保、

及び管路からの流出水による家屋浸水などの二次災害を防止する目的
で設置する。

③ 震災対策用貯水槽には、緊急遮断設備を設置する。その設備の構成
としては、流入・流出管に開放弁を、連絡管に閉止弁を設置するか、
又は開放弁と閉止弁の機能を一体化した三方弁を設置する。

④ 緊急遮断設備の作動方式には、自動的に作動する信号式緊急遮断設
備と操作員の判断により作動する手動緊急遮断設備がある。

⑤ 小口径管に緊急遮断設備を設置する場合は、消火用水量や高層建築
等の受水槽への流量が同設備の設定値の決定に大きな影響を与えるた
め、十分な検討が必要である。

【解説】

①、②、④、⑤は適切である。

③は流入・流出管に閉止弁、連絡管に開放弁を設置することが正しく、逆と
なっていることから不適切である。 　　　　　　　　　　　　　　（解答③）

Ⅲ−17　クリプトスポリジウムに関する次の記述の下線部のうち、最も不
適切なものはどれか。

　　クリプトスポリジウムはヒトのほか、ウシ、ネコなど多種類の動物の
　① 腸管内 に寄生する ② 細菌 で、糞便と共に排出される。水中で
はオーシストと呼ばれる大きさ4〜6 ③ μm の嚢胞体の状態で存在し、
これを経口摂取すると ④ 下痢 などを起こすことがある。オーシスト
は、通常の ⑤ 塩素消毒 によっては完全に不活化することが難しい。

【解説】

　クリプトスポリジウムは、アピコンプレックス門に属する「原虫」であり、
人を含む脊椎動物の消化管などに寄生する。大きさは3〜8 μmである。原虫の
生活環におけるステージの1つであるオーシスト（接合子嚢）となっている。
水源が糞便によって汚染されると、水道水中に混入して集団的な下痢症状を発

生させる。クリプトスポリジウムは、塩素消毒に対して強い耐性があるが、高濃度の塩素で長時間処理することで不活性化できる。また、紫外線処理によっても不活性化できる。これらのことから、②が不適切である。　　　（解答②）

Ⅲ－20　下水道の排除方式に関する次の記述のうち、最も不適切なものはどれか。

① 下水の排除方式には合流式と分流式があり、合流式は、汚水と雨水とを同一の管路系統で排除する方式で、分流式は別々の管路系統で排除する方式である。

② 合流式では、雨天時に、未処理の下水が直接、公共用水域へ放流されることなど、水質保全上問題となる場合がある。

③ 合流式は、主に大都市圏において比較的初期から、低地帯の雨水による浸水防止を主目的として事業を実施してきた区域において利用されている方式である。

④ 分流式では、降雨初期において、汚濁された路面排水等が直接、公共用水域に放流されることはないので、水質保全上の問題はない。

⑤ 分流式では、雨天時においては汚水管への雨水混入が避けがたい場合があり、その場合、雨天時混入を少なくする考慮が必要である。

【解説】

下水の排除方式は合流式と分流式があり、各方式の特徴は次のとおりである。

1. 合流式

 1）雨水と汚水を同一の管路で排除する。このため、分流式に比べて施工は容易であり、工事費は安価となる。

 2）雨天時には、汚水の混入した雨水が、公共用水域へ放流されるため、水質保全上問題となっている場合がある。この問題を解決するため、処理場の処理能力の向上により、汚濁した降雨初期雨水を処理している場合がある。

 3）主として大都市圏で下水道整備が古くから行われ、浸水防止を主目的

とした地域で採用されている。

2. 分流式

　1）雨水と汚水を別々の管路で排除する。このため、合流式に比べて施工は難しく、工事費は高価となる。

　2）汚水は処理場、雨水は公共用水域へ別々に導くため、水質汚濁防止上有利であることから、近年整備された下水道で採用されている。

　3）汚水管は汚水のみを流入させる計画であるが、雨天時には、雨水の侵入により流入量が著しく増加し、汚水処理に大きな影響を与えている場合が多くみられる。

　4）降雨初期雨水は、路面の汚濁物質が含まれているため、水質保全上の問題となっている。

これらのことから、降雨初期雨水が、路面の汚濁物質が含まれているため、水質保全上の問題となっていることから④は不適切である。　　　　（解答④）

　Ⅲ−23　下水処理に使われる生物処理は、微生物を水中に浮遊させた状態で用いる方法（活性汚泥法）と微生物をろ材に付着させた状態で利用する方法（生物膜法）に大別される。次の処理法のうち、活性汚泥法に該当しないものはどれか。

　①　接触酸化法

　②　循環式硝化脱窒法

　③　ステップ流入式多段硝化脱窒法

　④　嫌気無酸素好気法

　⑤　オキシデーションディッチ法

【解説】

　接触酸化法とは、反応タンクに浸漬させた接触材の表面に付着した微生物により下水を処理する方法である。活性汚泥法には、(1) 標準活性汚泥法、(2) オキシデーションディッチ法、(3) 長時間エアレーション法、(4) 回分式活性汚泥法、(5) 酸素活性汚泥法、(6) 好気性ろ床法がある。また、循環式硝化脱

窒法には、(1) 循環式硝化脱窒法、(2) 硝化内生脱窒法、(3) ステップ流入式多段硝化脱窒法、(4) 高度処理オキシデーションディッチ法がある。これらのことから、接触酸化法は、微生物を水中に浮遊させた状態で処理する方法ではないので、①が活性汚泥法に該当しない。　　　　　　　　　　　　（解答①）

Ⅲ－24　標準活性汚泥法において、返送汚泥のSS濃度を 10,000 mg/L、反応タンク内の設定MLSS濃度を 2,000 mg/L としたときの汚泥返送比として、最も適切なものはどれか。ただし、反応タンク流入水のSS濃度は考慮しなくてよい。

① 0.1　　② 0.25　　③ 0.5　　④ 0.75　　⑤ 1.0

【解説】

標準活性汚泥法の反応タンク内のMLSS濃度は、一般的に 1,500 ～ 2,000 mg/Lの範囲で運転されている。MLSS濃度は、低すぎると処理が安定せず、高いと必要酸素量が増えて不経済となる。

ある返送汚泥のSS濃度に対して設定したMLSS濃度を必要な汚泥返送比は、次式によって求められる。

$$R_\gamma = \frac{X}{X_\gamma - X}$$

R_γ：汚泥返送比、X：MLSS濃度 [mg/L]、X_γ：返送汚泥のSS濃度 [mg/L]

本式に、与えられた数値をあてはめると、

$$R_\gamma = \frac{2,000}{10,000 - 2,000} = 0.25$$

（解答②）

Ⅲ－28　下水道管きょの自然流下部分でManning（マニング）式を用いた流量計算を行うものとして、内径 400 mm、こう配 0.004 の鉄筋コンクリート管を同一径の硬質塩化ビニル管に同一こう配で布設替えする場合、満管時の流下可能な流量はもとの約何倍となるか、次のうち最も近い値

はどれか。

　なお、便宜上、硬質塩化ビニル管の実内径は400 mmとする。また、粗度係数は鉄筋コンクリート管の場合は0.013、硬質塩化ビニル管の場合は0.010とし、水深に左右せず一定とする。

①　0.59倍　　②　0.77倍　　③　1.0倍　　④　1.3倍　　⑤　1.7倍

【解説】

平均流速公式であるマニング公式は次式のとおりである。

$$V = 1／n・R^{2/3}・I^{1/2}$$

　　ここで、V：流速 [m／s]、n：粗度係数、R：径深 [m]（$= A／S$）、
　　　　　A：流積 [m^2]、S：潤辺 [m]、I：勾配（小数）

　粗度係数以外はどちらも同じ値であることから粗度係数の比率となることから、次式で求められる。

$$(1÷0.010)÷(1÷0.013) = 1.3$$

（解答④）

Ⅲ－32　下水汚泥の重力濃縮タンクの設計において、固形物負荷を80 kg・ds／(m^2・日)、タンクの有効水深を4 mとした場合、投入汚泥の含水率99％の計画汚泥量500 m^3／日の汚泥を処理するために必要なタンクの滞留時間として、最も適切なものはどれか。ただし、投入汚泥の比重量は1,000 kg／m^{3}とする。

①　4時間　　②　8時間　　③　12時間　　④　16時間　　⑤　20時間

【解説】

　下水処理における重力濃縮タンクの設計に関する問題である。近年下水汚泥中の有機物割合が増加しており、重力濃縮タンクにおける濃縮濃度が上昇しない例が増えている。また、汚泥を濃縮するためには、適正なタンク内の滞留時間が必要であり、汚泥層の厚さが必要になる。タンク内の汚泥の滞留時間が長すぎると、夏期に腐敗して汚泥が浮上することがあるので一般的に滞留時間は

12時間程度としている。

　投入汚泥の含水率99％であるので、固形物濃度は1％である。固形物の比重が1,000 kg/m^{3}であるので、固形物量は、0.01 × 1,000 ＝ 10 kg/m^3

　また、固形物負荷が80 kg − ds/(m^2・d) であるので、所要水面積は次のとおりである。

　　　所要水面積＝ 10 × 500 / 80 ＝ 62.5 m^2

　　　滞留時間＝ 62.5 × 4 × 24 / 500 ＝ 12 ［時間］

（解答③）

Ⅲ − 33　下水汚泥の汚泥消化に関する次の記述のうち、最も不適切なものはどれか。

①　嫌気性消化は、嫌気的状態に保たれた汚泥消化タンク内で、有機物を嫌気性微生物の働きで低分子化、液化及びガス化する処理法である。

②　嫌気性消化で生成する消化ガスは、汚泥消化タンクの加温や焼却炉の補助燃料として利用されている。

③　汚泥を汚泥消化タンクで消化温度に応じて適当な消化日数をとると、投入汚泥中の有機物は液化及びガス化により 10 〜 20％減少する。

④　消化方式は、一段消化又は二段消化とする。

⑤　消化汚泥量は、投入汚泥中の有機分、消化率及び汚泥の含水率によって定める。

【解説】

　下水汚泥の消化には、好気性消化と嫌気性消化の2方式がある。両者とも微生物による汚泥中の有機物の分解、安定化を目的としている。好気性消化は、一部の小規模処理場あるいは供用開始間もない処理場で暫定的に採用されている。嫌気性消化は、嫌気状態に保たれた消化タンク内で、有機物を嫌気性微生物の働きで低分子化、液化及びガス化する処理法である。嫌気性消化の副産物として生成するメタンを主成分とした消化ガスは、脱硫後、汚泥消化タンクの加温や焼却炉の補助燃料として利用される。

　消化汚泥量は、投入汚泥の有機分、消化率及び汚泥の含水率によって定める。一般に消化温度30〜35℃程度、消化日数20日程度の中加温消化で、投入汚泥の有機物が70％以上であれば、消化率は50％程度が得られる。

　これらのことから、③が不適切である。　　　　　　　　　（解答③）

　Ⅲ−35　活性炭吸着法による下水道施設の脱臭に関する次の記述の下線部のうち、最も不適切なものはどれか。

　　活性炭吸着法は活性炭を充填した吸着塔に悪臭物質を通し、① 物理化学的吸着 によって除去する方法である。活性炭は圧力損失が② 大きい 。また、ガス中のミストやダスト除去対策が必要となり、場合によっては湿潤対策が必要である。

　　通常の活性炭にアルカリ性成分、酸性成分、中性成分を添着させた活性炭がある。アルカリ性成分添着炭は③ 硫化メチル やメチルメルカプタン等の酸性ガスに、酸性成分添着炭は④ アンモニア やトリメチルアミン等の塩基性ガスに有効である。⑤ 希薄な臭気 に適しているので、主に脱臭の仕上げに用いる。

【解説】

　活性炭吸着法は、悪臭物質を活性炭に通し、物理化学的吸着によって除去する方法である。活性炭は比較的高価で、圧力損失が大きく、一定期間使用すると再生もしくは交換する必要がある。さらに、ガス中のミストやダストの除去が必要となり、場合によっては調湿対策が必要となる。なお、通常の活性炭にアルカリ性成分、酸性成分及び中性成分を添着した活性炭がある。それぞれ、アルカリ性成分添着炭は硫化水素、メチルメルカプタン等の酸性ガスに、酸性成分添着炭はアンモニア、トリメチルアミン等の塩基性ガスに、中性成分添着炭は、硫化メチル、二硫化メチルなどの中性ガスに有効である。硫化メチルは中性ガスで、腐ったキャベツの臭いを有している。

　これらのことから、硫化メチルではなく、硫化水素が正しいことから③が不適切である。

　　　　　　　　　　　　　　　　　　　　　　　　　　（解答③）

5. 平成29年度試験問題　解答解説

Ⅲ－1　リスク管理の観点から施設整備等に当たって留意すべき点に関する次の記述のうち、最も不適切なものはどれか。

①　震災時にも可能な限り給水を行うため、水道システム全体としての耐震化が必要である。耐震化の優先順位として基幹施設や重要施設、社会的役割等を考慮し、耐震化計画を立案することが望ましい。

②　テロ行為、不審者などへの対策として、施設のセキュリティ強化を進めていくことも重要である。例えば、ろ過池等の覆蓋化や無人施設における監視体制の強化など、その必要性を勘案してセキュリティ確保のための設備や方法を選定する。

③　水質事故等により、浄水中の有害物質の濃度が一時的にでも水質基準値を超過する水質異常が生じた場合、長期的な健康影響をもとに基準値が設定されている物質についても、ただちに給水を停止する必要がある。そのため、応急給水等代替手段を確保する施設の整備と運用の体制づくりを進めることが望ましい。

④　水道施設におけるリスクは、震災やテロ行為以外にも、水質事故、渇水、水害、新型インフルエンザなど様々なリスクが考えられ、こうしたリスクに起因する非常事態に際しても、極力給水を確保することが必要となる。そのため、水安全計画や事業継続計画などを策定し、リスクに対応するための体制づくりを進めることが望ましい。

⑤　大規模地震などにより水道施設が甚大な被害を受けた場合に備えた飲料水の確保策として、震災対策用貯水施設の整備、事業体間の送配水管接続による相互融通機能の確保などがある。同時に、こうした施設が非常時に確実に機能できる体制の整備が必要である。

【解説】

　水道は、生活用水等さまざまな都市活動に使用されている重要なライフラインの一つである。水道に何らかの異常が発生し給水が停止した場合、市民生活や都市活動に与える影響は、以前にも増して大きくなっている。このため、地震等の災害や事故、テロ行為など、安定給水へ支障をきたすおそれのあるリスクを実行可能な限り小さくすることが重要であり、これらのリスクを考慮した施設整備の必要性がこれまで以上に高まっている。

　リスク管理は、非常時においても可能な限り給水義務を果たすために重要であり、水源や水道施設は整備されると数十年にわたって使用されるものであり、各事業体を取り巻く自然的・社会的環境に応じて、リスクに十分配慮した施設整備を進める必要がある。

①施設の耐震化

　　震災時にも可能な限り給水を行うため、水道システム全体としての耐震化が必要である。そのため、個々の施設の耐震性評価を行うとともに、水道システム全体で効率的に耐震化を進めることが重要である。さらに、耐震化の優先順位として基幹施設や重要施設、社会的役割等を考慮し、耐震化計画を立案することが望ましい。

②セキュリティの確保

　　テロ行為、不審者などへの対策として、施設のセキュリティ強化を進めていくことも重要である。例えば、ろ過池等の覆蓋化や無人施設における監視体制の強化など、その必要性を勘案してセキュリティ確保のための設備や方法を選定する。

③非常時の飲料水確保

　　大規模地震などにより水道施設が甚大な被害を受けた場合に備えた飲料水の確保策として、震災対策用貯水施設の整備、緊急遮断弁の設置、事業体間の送配水管接続による相互融通機能の確保などがある。同時に、こうした施設が非常時に確実に機能できる体制の整備が必要である。また、近隣都道府県、市町村、関係団体などと協力した広域的観点による災害対策、相互応援体制の充実が求められている。このため、地域特性を考慮したうえで、これらの施設の整備と施設等を運用する体制づくりを進めることが

望ましい。

　水質事故等により、浄水中の有害物質の濃度が一時的に基準値を一定程度超過する水質異常が生じた場合においても、水道事業者等の判断により、利用者に対して水道水の摂取を控えるよう広報しつつ、給水を継続（摂取制限を伴う給水継続）することが可能である。実施に当たっては、汚染状況（原因物質の特性、濃度、汚染の範囲等）、復旧までに要する時間、給水区域の規模や地域性に応じた摂取制限・給水停止による地域住民に対する影響、応急給水等代替手段確保の実現性、広報体制等を踏まえて、総合的に判断し、より社会的影響の小さい対応を選択する必要がある。

　摂取制限を伴う給水の継続は、一般細菌や大腸菌、シアン、水銀のように基準値超過の継続時に給水停止が求められているものを対象に行うものではなく、長期的な健康影響をもとに基準値が設定されているものについて、一時的に基準値超過が見込まれる場合に行うことが可能となるものである。このため、水質基準項目のうち、長期的な健康影響をもとに基準値が設定されている有害物質が対象となる。摂取制限を伴う給水継続を行う際の個別の物質濃度や期間については、その原因や復旧に要する時間、当該事業者における処理方式や配水池の容量等の水道システムの対応能力等がさまざまであるため、一律の基準を設けることは困難であり、各水道事業者等が原因、影響等を踏まえて総合的に判断することが必要である。

④管理体制の強化

　水道施設におけるリスクは、震災やテロ行為以外にも、水質事故、渇水、水害、新型インフルエンザなどさまざまなリスクが考えられ、こうしたリスクに起因する非常事態に際しても、極力給水を確保することが必要となる。そのため、水安全計画や事業継続計画（BCP：Business Continuity Plan）などを策定するとともに、防災行政担当部署や他の自治体・水道事業体などとの連携強化や地域防災計画との整合性を図り、リスクに対応するための体制づくりを進めることが望ましい。

　また、施設の完成図や管理図等は、保管場所が被災し、使用できなくなることを想定し、複数箇所で保管することが重要である。なお、被災時における応援協定を締結した遠方の都市や事業体が双方で保管することが望

ましい。

⑤安定給水の確保

　　東日本大震災においては、停電や自家発電設備用燃料の不足により浄水
　場などの運転に支障が生じた。また、次亜塩素酸ナトリウムの製造工場の
　被災や計画停電による操業短縮、放射能汚染に伴う活性炭の需要増による
　品不足などの事態が生じた。このため今後のリスク管理では、安定給水の
　確保に向けて水道業務全般にわたり支障が生じることのないように検討す
　る必要がある。

　これらのことから、長期的な健康影響をもとに基準値が設定されている有害
物質が一時的に基準値を超過した場合にはただちに給水を停止するのではなく、
総合的に判断し、より社会的影響の小さい対応を選択する必要があることから、
③が不適切である。　　　　　　　　　　　　　　　　　　　　　　　（解答③）

Ⅲ－2　地下水の取水に関する次の記述のうち、最も適切なものはどれか。

①　浅井戸において、井筒の底部から取水する場合、井底には下部から
　　順次、大砂利、中砂利、小砂利を敷き均す。

②　地下水の揚水試験のうち、帯水層試験は、複数井戸のある地域の安
　　全揚水量を把握することを目的とする。

③　地下水の揚水試験のうち、段階揚水試験は、透水係数や貯留係数を
　　把握することを目的とする。

④　深井戸において、スクリーン（ストレーナ）は最も重要な要素の
　　1つであり、スクリーン（ストレーナ）に流入する地下水の速度は
　　できるだけ遅くする。

⑤　集水埋きょは、伏流水の平行方向にできるだけ水平に近い勾配とな
　　るように布設する。

【解説】

1）浅井戸の形状及び構造

　　井筒による場合は、円筒形の鉄筋コンクリート構造を標準とし、取水量

と帯水層の厚さによって、底面または側面から取水する。

　帯水層が厚く、井戸底部から取水する不完全貫入井戸の場合は、井筒底部と難透水層との離隔は地下水の流入抵抗を減らすために、井筒外径の1/4以上を確保する。また、帯水層の砂が井戸内に流入したり、揚水時に巻き上げられないように、下部から順次、小砂利、中砂利、大砂利をそれぞれ 30 cm、合計 90 cm 程度の厚さに敷きならすことが必要。

　取水量に比べて帯水層が薄い場合で、特に渇水期などに地下水位低下の可能性がある場合には、帯水層の底部近くまで取水できるように、難透水層まで掘り下げ底面を閉塞した完全貫入井として、側面から取水する。

2) 揚水試験

　揚水試験は、採水層の特性と揚水井の能力を調査するために行うためのもので、限界揚水量及び比湧水量を求めるための段階揚水試験、帯水層の透水量係数 T、透水係数 k 及び貯留係数 S を求めるための帯水層試験がある。

3) 深井戸の形状及び構造

　ケーシング、スクリーン及びケーシング内に吊り下げられた揚水管と水中モーターポンプからなっている。

　ケーシングは一般的に鋼管が用いられ、その肉厚は土質条件や深さによって決定される。

　スクリーンは、採水部分に挿入する孔開き管で、その材質はケーシングと同様で、帯水層の砂の流入を防ぐために、地下水の流入速度をできるだけ遅くするように、開口率の調整を行う。

4) 集水埋きょの位置

　伏流水の流れの方向に対して、できるだけ直角に設けることが効率的で、豊富な場合には、平行あるいは平行近くに設けることがある。

これらのことから、①は砂利の配置が逆で不適切、②は段階揚水試験の内容で不適切、③は帯水層試験の内容で不適切、④は適切、⑤は配置が平行ではなく直角で不適切である。

(解答④)

Ⅲ−3　富栄養化した湖沼水を水道水源として利用する場合の影響に関する次の記述のうち、最も不適切なものはどれか。

① アンモニア態窒素による塩素要求量の増加

② プランクトン等の繁殖によるクリプトスポリジウムの発生

③ 凝集沈殿処理への障害

④ 底質からの鉄、マンガンの溶出に起因する赤水等の障害

⑤ プランクトン等によるろ過池の閉塞

【解説】

　湖沼水を水道水源とする場合は、それに含まれる物質に対する処理方法について十分検討する必要がある。令和元年度の水道水源種別は地表水が全体の74.7%を占め、その内訳はダム水（47.9%）、河川水（25.4%）、湖沼水（1.4%）である。湖沼水を水源として利用する場合は、(1) アンモニア態窒素による塩素要求量の増加、(2) プランクトン等の繁殖によるpHの上昇、(3) プランクトン等によるろ過池の閉塞、(4) 底質からの鉄、マンガンの溶出に起因する赤水等の障害、(5) 凝集沈殿処理の障害に検討が必要である。プランクトン等の繁殖でpHが上昇するものであり、動物の消化器官に寄生するクリプトスポリジウムの発生とは無関係であることから、②が不適切である。　　　（解答②）

Ⅲ−4　微生物の消毒について、以下のChick−Watson式が用いられることが多い。

$$\ln\left(\frac{N_t}{N_0}\right) = -k \cdot C^n \cdot t$$

　ここでN_t、N_0、C、tはそれぞれ、反応時間t時間後の微生物濃度、反応開始時の微生物濃度、消毒剤濃度（時間に依存しないことを仮定している。）、反応時間である。また、kとnは定数である。いま、ある微生物について塩素による消毒を考える。kは正の定数、$n = 1$と仮定できるとして、次の処理条件（ア）～（ウ）の消毒効果の大小関係について、最

も適切なものはどれか。

（ア）$C = 1\ \mathrm{mg/L}$、$t = 5$ 時間

（イ）$C = 2\ \mathrm{mg/L}$、$t = 3$ 時間

（ウ）$C = 3\ \mathrm{mg/L}$、$t = 2$ 時間

① 　ア ＞ イ ＞ ウ

② 　イ ＞ ウ ＞ ア

③ 　ウ ＞ イ ＞ ア

④ 　ア ＞ イ ＝ ウ

⑤ 　イ ＝ ウ ＞ ア

【解説】

Chick-Watson の式に、（ア）、（イ）、（ウ）の数値を入れると、

（ア）$\ln\left(\dfrac{N_t}{N_0}\right) = -k \cdot 1 \cdot 5 = -5k$

（イ）$\ln\left(\dfrac{N_t}{N_0}\right) = -k \cdot 2 \cdot 3 = -6k$

（ウ）$\ln\left(\dfrac{N_t}{N_0}\right) = -k \cdot 3 \cdot 2 = -6k$

これらを対数の法則に従って表現し直すと、

（ア）$10^{-5k} = \dfrac{N_t}{N_0} \quad \rightarrow \quad N_t = 10^{-5k}$

（イ）$10^{-6k} = \dfrac{N_t}{N_0} \quad \rightarrow \quad N_t = 10^{-6k}$

（ウ）$10^{-6k} = \dfrac{N_t}{N_0} \quad \rightarrow \quad N_t = 10^{-6k}$

すなわち、反応時間 t 時間後の微生物濃度 N_t が小さいことは、消毒効果が現れている項になる。

したがって、消毒効果は、イ＝ウ＞アとなり、⑤が適切である。（**解答⑤**）

Ⅲ－5 浄水処理における沈殿池について、次の（ア）～（エ）の説明に
当てはまる沈殿池の組合せとして、最も適切なものはどれか。

（ア）薬品注入、急速撹拌、フロック形成、沈殿処理を1つの槽の中で行う。

（イ）薬品注入、混和、フロック形成を経て大きく成長したフロックをで
きるだけ沈殿させ、急速ろ過への負担を軽減する。

（ウ）緩速ろ過池と組合せて設けられるもので、自然沈降によって懸濁物
質を除去する。

（エ）フロックの沈降距離を短くすることによって、沈殿時間を減少させ、
沈殿池の処理能力を向上させる。

	ア	イ	ウ	エ
①	高速凝集沈殿池	薬品沈殿池	普通沈殿池	傾斜板沈殿池
②	薬品沈殿池	普通沈殿池	傾斜板沈殿池	高速凝集沈殿池
③	傾斜板沈殿池	薬品沈殿池	普通沈殿池	高速凝集沈殿池
④	普通沈殿池	高速凝集沈殿池	薬品沈殿池	傾斜板沈殿池
⑤	高速凝集沈殿池	普通沈殿池	傾斜板沈殿池	薬品沈殿池

【解説】

「高速凝集沈殿池」は、フロックの形成を既成フロックの存在下で行うこと
により、凝集沈殿の効率を向上させることを目的としたものである。薬品注入、
急速撹拌、フロック形成、沈殿処理を1つの槽の中で行っている。原理上また
は機構上から、スラリー循環型、スラッジブランケット型、脈動型、複合型等
がある。「薬品沈殿池」は、大きく成長したフロックをできるだけ沈殿させ、
急速ろ過池への負担を軽減させる目的をもつ。「普通沈殿池」は、自然沈降に
よって懸濁物質を除去して、緩速ろ過池と組合せて設けられる。「傾斜板沈殿
池」は、フロックの沈降距離を短くすることによって、沈殿時間を減少させて、
沈殿池の処理能力を向上させるものである。

これらのことから、適切な組合せは①である。 　　　　　　　（解答①）

Ⅲ－6　浄水処理の緩速ろ過に関する次の記述のうち、最も不適切なもの
はどれか。

① 有効径とは、砂をふるい分けして、その粒度加積曲線を作成したと
き、その10％通過径に当たるもので、砂層で用いるろ過砂では0.30〜
0.45 mmの範囲内とする。

② 均等係数とは、粒度加積曲線における通過径60％と10％の粒径の比
で、砂層で用いるろ過砂では2.00以下とする。

③ ろ過面積は、計画浄水量をろ過速度で除して求め、池数は予備池を
含めて2池以上とする。

④ ろ過速度は、120〜150 m／日が標準とされており、大量に処理し
なければならない場合には、砂層の表面積が大きくなり、必要な用地
面積も広くなる。

⑤ 砂利層は砂層を支持し、砂が水とともに下部に流出しないために設
けるもので、順次下方に向けて粒径を増し、四層に分けて敷く。

【解説】

1.　構造および形状

(1) 深さは、下部集水装置の高さに、砂利層厚、砂層厚、砂面上の水深と
余裕高を加えたもので、2.5〜3.5 mを標準とする。

(2) 形状は長方形を標準とする。

(3) 配置は数池ずつ接して、1列あるいは2列とし、その周囲に維持管理
上必要な空地を設ける。

(4) 周壁の天端は、地盤より15 cm以上高くする。

(5) 寒冷地で、池の水が凍結するおそれがある場合、また空中を飛来する
汚染物により水が汚染されるおそれがある場合には、ろ過池に覆蓋を設
ける。

2.　ろ過速度

ろ過速度は4〜5 m／日を標準とする。

3.　ろ過面積および池数

 (1) ろ過面積は計画浄水量をろ過速度で除して求める。

 (2) 池数は予備池を含めて2池以上とし、予備池は、10池までごとに1池
   の割合とする。

 4. ろ過砂および砂層の厚さ

 (1) ろ過砂品質は、粒度分布が適切で、夾雑物が少なく、摩耗しにくく、
   衛生上支障のないもので、ろ過を安定して効率よく行うことができるも
   のとし、有効径が0.30〜0.45 mm、均等係数2.00以下とする。

 (2) 砂層の厚さは、70〜90 cmを標準とする。

 5. ろ過砂利および砂利層の厚さ

 (1) ろ過砂利の品質は、砂利の形状や粒径等が適切で夾雑物が少なく、衛
   生上支障のないもので、砂層の十分な支持ができること。

 (2) ろ過砂利の粒径と砂利層の厚さは、下部集水装置に合わせて適切な
   ものとし、粗粒のものを下層に、細粒のものを上層に不陸のないように
   敷きならす。最大径は60 mm、最小径3 mmで、層厚400〜600 mmを
   標準として、通常4段に敷きならす。

 6. 下部集水装置

 (1) ろ過池全面で均等なろ過ができるような構造並びに配置とする。

 (2) きょ及び池底には、排水を考慮して、必要な勾配をつける。

 7. 水深および余裕高

 (1) ろ過池砂面上の水深は、90〜120 cmを標準とする。

 (2) 高水位からろ過池天端までの余裕高は、30 cm程度とする。

これらのことから、ろ過速度が緩速ろ過池ではなく、急速ろ過池のろ過速度
であることから、④が不適切である。　　　　　　　　　　　　　　（解答④）

Ⅲ−8　精密膜ろ過に関する次の記述のうち、最も適切なものはどれか。

 ①　定圧制御は、ろ過水量が原水水温に左右されないが、時間の経過と
   ともに、目詰まりによりろ過水量が減少するため、取水や配水池運用
   などを含めて検討する必要がある。

 ②　薬品洗浄は、ファウリング物質を明らかにせずに不適切な洗浄剤で

　　洗浄すると、膜性能の低下やファウリング物質と洗浄剤の化学変化に
　　よる膜劣化を起こす場合がある。

③　加圧方式は、膜ろ過水中の溶存ガスが気泡となって起こるエアロッ
　　クを防ぐために、通常、差圧の最大値は－40 kPa以上（絶対値で40
　　kPa以下）とする。

④　精密ろ過膜は、ふるい分け原理に基づいて粒子の大きさで分離を行
　　うろ過法である。浄水処理に使用される精密ろ過膜の孔径は、一般的
　　に0.01 μm以下と定義され、分離性能は分画分子量で表す。分子量
　　1,000～300,000 Da程度の領域を分離対象とする。

⑤　無機膜は、有機膜に比較して熱耐性や耐薬品性がよく、物理強度も
　　ある一方で、膜の前段では必ず凝集剤を注入しなければならない。

【解説】

①運転制御方式は定流量制御と定圧制御の2種類がある。定流量制御は、膜
ろ過水量を常に一定に保持するよう膜差圧を自動制御する方式で、原水水
温や膜のろ過抵抗に左右されず、ろ過水量を所定の量に制御できる。定圧
制御は、膜間差圧を一定に保持する方法で、時間の経過とともに目詰まり
による水量が減少するため、原水水質が常に安定している施設をのぞいて
は、取水や配水池運用を含めて検討する必要がある。

　　定圧制御は、原水水温にろ過水量が影響を受けることから不適切である。

②適切である。

③吸引ろ過方式であり、エアロックを防ぐため吸引圧は、通常、－60 kPa
以上（絶対値では60 kPa以下）であることから不適切である。

④精密ろ過法はふるい分け原理に基づいて粒子の大きさで分離を行い、粒径
0.01 μm以上の領域を分離対象とし、分離性能は公称分画径で表す。分画
分子量で表すのは限外ろ過法であるから不適切である。

⑤無機膜は、有機膜に比較して耐熱性や耐薬品性がよく、物理強度もあるが
衝撃には弱い。原水の水質によっては、必ずしも凝集剤を注入する必要は
ないことから不適切である。　　　　　　　　　　　　　　　（解答②）

5
平成
29
年
度

Ⅲ－9　配水管に関する次の記述のうち、最も不適切なものはどれか。

①　配水管から給水管に分岐する箇所での配水管内の最小動水圧は、150 kPa（0.15 MPa）以上を確保し、最大静水圧は、740 kPa（0.74 MPa）を超えないことを原則とする。

②　配水管の管径の算定に当たっては、配水池、配水塔及び高架タンクの水位はいずれも高水位をとる。

③　配水管を他の地下埋設物と交差又は近接して布設するときは、少なくとも0.3 m以上の間隔を保つ。

④　軟弱地盤や構造物との取合い部など不同沈下のおそれのある箇所には、可とう性のある伸縮継手を設ける。

⑤　沿岸部で津波被害の想定される地域において、重要な管路を河川、運河、水路等に横断させる場合、伏越しすることが望ましい。

【解説】

①二階建て建物への直結直圧式給水を確保するために最小動水圧、配水管最高使用圧力によって最大静水圧が決定されており、適切である。

②計画最小動水圧を確保できる管径とすることが必要であることから、最も水圧が低くなるように、配水池、配水塔および高架タンクの水位はいずれも低水位とすることから、不適切である。

③地下埋設物の種類によって必要とする離隔は異なるが、少なくとも30 cm以上は必要とされていることから適切である。

④適切である。

⑤維持管理を行ううえでは、水管橋とすることが望ましいが、津波被害が想定される地域であれば伏越しとすることで被害を軽減できることから適切である。

（解答②）

Ⅲ－10　給水装置に関する次の記述のうち、最も不適切なものはどれか。

① 給水方式には、直結式、受水槽式及び直結・受水槽併用式があり、その方式は、給水栓の高さ、使用水量、使用用途、維持管理、需要者の要望、配水管の整備状況等を考慮して決定する。

② 給水装置の構造及び材質の基準適合の確認は、第三者認証機関の証明並びに給水装置の構造及び材質基準を満足する製品規格に適合している製品でその証明のあるものとし、製造者などが自らの責任で基準適合性を消費者等に証明する自己認証は認められていない。

③ 水道水を受水槽のようなもので一旦受けて、圧力を解放してから後に布設されている給水管等や、配水管に直結していない給水管は給水装置ではない。

④ 給水装置は、水道施設と異なり需要者個人の財産であり、その管理が需要者に委ねられてはいるが、配水管と一体となって給水システムを構成している。

⑤ 水道事業者は、当該水道によって水の供給を受ける者の給水装置の構造及び材質が、政令の定める基準に適合していないときは、供給規程の定めるところにより、その者の給水契約の申込みを拒み、又はその者が給水装置を基準に適合させるまでの間その者に対する給水を停止することができる。

【解説】

①、③、④、⑤は適切である。

②平成8年の法改正により、構造材質基準が明確化、性能基準化され、給水管や給水用具が基準に適合しているか否かの確認が容易になった。基準適合の確認は、自己認証または第三者機関の証明、並びに構造材質基準を満足する製品規格に適合している製品でその証明のあるものとなっていることから、自己認証は認められていないことは不適切である。

（解答②）

平成29年度 5

Ⅲ－13　上水道における漏水防止対策と具体的な施策を示す下表において、□□□に入る語句の組合せとして、最も適切なものはどれか。

対　策	項　目	具体的施策
基礎的対策	準備	施工体制の確立，図書・機器類の整備
	基礎調査	配水量・漏水量・水圧の把握
	技術開発	管及び付属設備の改良，漏水発見法・埋設管探知法・漏水量測定法の開発
［ア］対策	［ウ］作業（地上漏水の修理）	即時修理
	［エ］作業（地下漏水の修理）	早期発見，修理
［イ］対策	他工事立会い	管路の巡視・立会い
	配・給水管の改良	布設替，給水管整備，腐食防止
	［オ］調整	管網整備，ブロック化，減圧弁の設置

	ア	イ	ウ	エ	オ
①	直接的	間接的	配水量分析	機動的	技術
②	予防的	対症療法的	計画的循環	機動的	漏水量
③	予防的	対症療法的	機動的	計画的循環	漏水量
④	対症療法的	予防的	計画的循環	配水量分析	水圧
⑤	対症療法的	予防的	機動的	計画的循環	水圧

【解説】

漏水防止対策は基礎的対策、対症療法的対策及び予防的対策の3つに分けられる。これらを一体的に推進する必要があるが、将来にわたって抜本的に漏水を減少させるためには、予防的対策に比重を置くことが望ましい。

（1）基礎的対策

　　基礎調査は漏水防止計画の策定だけでなく、漏水防止対策効果の判定を行い、計画の進行状況を把握するためにも必要である。

（2）対症療法的対策

　　漏水防止作業は漏水箇所を早期に発見・修理するものであり、その作業には機動的作業と計画的循環作業がある。

　　1）機動的作業

　　　　機動的作業とは地上漏水を早期に発見し、漏水状況から給・配水管の分別を行い修理する作業をいう。地上漏水の多くは一般市民の通報による発見が多いが、一方、パトロール巡視や他企業工事現場内などさまざまな場所で発見することもある。

　　2）計画的循環作業

　　　　計画的循環作業とは地下漏水の発見と修理を目的としたもので、漏水防止の中心的な作業である。この作業は調査対象地域を作業効率上適切な区域に分割し、一定の周期で順次計画的に地下漏水の発見・修理を行うものである。また、周期を設定する場合は水需要・水資源開発・有効率・経済性などを考慮して決定する必要がある。

（3）予防的対策

　　予防的対策とは管路の質的向上を行うことで漏水の原因を取り除き、水道施設の機能を改善することである。

　予防的対策を効果的に実施するには、基礎調査により漏水多発地区や老朽管路などの選定を行い、その中でも特に早期に対策し、管路の優先順位を決めなければならない。また、給・配水管の改良、水圧調整、腐食防止及び給水装置の構造・材質の改善などがあり、これらの対策を複合的に行うことが望ましい。

　　これらのことから、ア：対症療法的、イ：予防的、ウ：機動的、エ：計画的循環、オ：水圧の組合せとなり⑤が適切である。

（解答⑤）

Ⅲ－14　下図は、自然平衡形の急速ろ過池であり、ろ過池出口のせき（堰）の高さは一定である。点Aと点Bにはマノメータが設置されている。それぞれのマノメータの値に関する次の（ア）～（エ）について、その正誤の組合せとして、最も適切なものはどれか。ただし、点A及び点Bにおける流速は十分に小さく、また、流量の変化によるせき（堰）の越流水深への影響は無視できるものとする。

（ア）流量を大きくすると、点Aのマノメータの値は大きくなる。

（イ）流量を大きくすると、点Bのマノメータの値は大きくなる。

（ウ）ろ層の目詰まりが進行すると、点Aのマノメータの値は大きくなる。
　　　ただし、流量は一定とする。

（エ）ろ層の目詰まりが進行すると、点Bのマノメータの値は大きくなる。
　　　ただし、流量は一定とする。

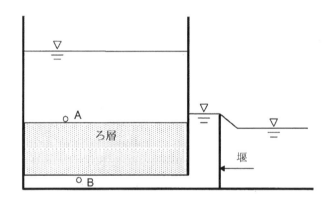

	ア	イ	ウ	エ
①	正	誤	正	誤
②	誤	正	正	正
③	正	正	誤	誤
④	正	誤	誤	正
⑤	誤	誤	正	誤

【解説】

マノメータは、点Aと点B間の差圧（圧力差）を測る道具である。急速ろ過池への流量を大きくすると、表面の水位が上昇し、点Aと点Bの圧力の差は大きくなるので、点Aにおける圧力差は大きくなる。流量を大きくすると、点Aと点Bの流速は十分に小さいので、点Bにおける圧力差は小さくなる。ろ層の目詰まりが進行すると、点Aの圧力差は大きくなる。ろ層の目詰まりが進行すると、ろ過速度が遅くなるので、点Bの圧力差は小さくなる。

これらのことから、①が適切である。 （解答①）

Ⅲ－16 上水道における排水処理に関する次の記述のうち、最も不適切なものはどれか。

① 排水処理施設のフローは、調整、濃縮、脱水、乾燥、処分のフローの全部、又は一部をもって構成される。

② 回分式濃縮槽は、スラッジが間欠的に排出される場合や処理すべきスラッジが少量の場合に用いる方式である。水位変動が大きいため、可動式の上澄水取り出し装置が必要だが、一般的に運転管理が容易である。

③ 加圧脱水の前処理として消石灰を注入した場合には、脱水効率はよくなるが、発生ケーキ量が増加するほか、発生ケーキのpHが低くなり、管理型の最終処分場での廃棄が必要となる。

④ 焼成は、スラッジに高熱を加えて、スラッジの有害成分を無害化するために行う。生成物は、コンクリート人工骨材、埋戻し用砂、路盤材、緑農地資材等に有効活用可能である。

⑤ セメント製造原料の1つである天然の粘土原料の代替としてケーキを利用する場合には、原料粘土の化学成分に近いことが望ましいが、ある程度組成範囲をはずれても他原料と組合せて調合使用することができる。

【解説】

①適切である。排水処理施設は、浄水処理過程から排出される、沈殿池に堆積したスラッジ、ろ過池の洗浄排水及び洗砂排水等を適切に固液分離することにより、離脱液と脱水ケーキ（固形物）とに分ける。排水処理施設のフローは、調整、濃縮、脱水、乾燥及び処分のフロー全部または一部をもって構成されている。

②適切である。回分式濃縮槽は、排泥池などからスラッジが間欠的に排出される場合や、処理すべきスラッジが少量の場合に用いる方式である。回分式濃縮槽は、中央または一方からスラッジを槽内に満たし、一定時間静置して固液分離後上澄水を取り出すため、水位の変動が大きく、可動式の上澄水取り出し装置が必要であるが、一般的に運転操作が容易である。

③加圧脱水の前処理として消石灰を注入する方法と無薬注の方法がある。消石灰を注入する場合は、脱水効率は良くなるが、発生ケーキのpH値が高くなるとともに、発生ケーキ量が増加するので留意する必要がある。問題ではpH値が低くなっていることから不適切である。

④適切である。

⑤適切である。　　　　　　　　　　　　　　　　　　　　　（解答③）

Ⅲ−18　下水道の計画目標年次及び計画区域に関する次の記述のうち、最も不適切なものはどれか。

①　下水道計画の目標年次は、基準年次から概ね20〜30年の範囲で、計画策定者が定めることを原則とする。

②　一般に、下水道整備は長期にわたるため、事業計画の策定に当たっては、事業効果を早期に発揮するように段階的な建設計画を検討しなければならない。

③　処理区域を地形条件・市街化の状況等から、複数の処理区に分割する必要がある場合は、その区割りについて十分に検討して定める。

④　浸水の防除を図る区域は、地形地物、地勢、河川基本計画及び既存の雨水排除施設等を考慮して定める。

⑤　1つの処理場には、汚泥処理施設、水質試験施設を設置及び監視制
御施設を完備しなければならない。

【解説】

　管きょ、処理場等の土木構造物は標準的な耐用年数が約50年と長期にわたる
こと、また、段階的整備が可能な処理施設に比べて、管きょの場合は下水量の
増加に合わせて段階的に能力を増大させることが困難であることから、施設の
能力は長期にわたる予測に基づく段階的な計画が必要である。このため、下水
道計画の目標年次は、基準年次から概ね20～30年の範囲で、計画策定者が定
めることとなっている。

　計画区域は、下水道を整備する対象区域で、汚水を終末処理場で処理する
処理区域と浸水の防除を図る区域に分けて決定する。計画区域を決定するにあ
たっては、上位計画との整合性、し尿処理やその他の下水道施設状況、河川等
雨水排除施設の状況、浸水被害の実績、投資効率、維持管理のあり方等につい
て検討することが必要である。

　汚泥処理施設、水質試験施設および監視制御施設を各処理場に完備すること
は、施設規模によるが不経済となることが多く、集約化を図ることが望ましい。

　これらのことから、施設を分散する⑤が不適切である。　　　　（解答⑤）

Ⅲ－22　活性汚泥法の設計・操作指標に関する次の記述のうち、最も不適
切なものはどれか。

①　活性汚泥沈殿率（SV）は、反応タンク内の活性汚泥混合液又は返
送汚泥を容量1Lのメスシリンダーの中で1時間静置したときの沈殿
汚泥体積を、その試料1Lに対する百分率で表したものである。

②　水理学的滞留時間（HRT）は、下水や汚泥が池や槽に滞留する平均
的な時間を表したものである。

③　固形物滞留時間（SRT）は、反応タンク、あるいはそれと最終沈殿
池、返送汚泥系に存在する活性汚泥が、それらの系内に滞留する時間
を表したものである。

④ 有機物負荷は、BODとして測定され、生物による分解が可能な有機物の1日当たりの負荷量を意味する。BOD－SS負荷、BOD容積負荷等の指標がある。

⑤ MLSSは、反応タンク内の活性汚泥混合液の浮遊物質濃度を表したものである。

【解説】

「SV」は、活性汚泥沈殿率で、1Lの混合液（ML）をメスシリンダーに取り、30分間静置させ、汚泥部分の容量［mL］を読み、汚泥の沈降性を表す。通常 SV_{30} で表している。

「HRT」は、水理学的滞留時間といい、下水や汚泥が池や槽に滞留する平均的な時間を表している。

「SRT」は、汚泥滞留時間をいい、活性汚泥が処理施設に滞留する時間を表している。

「有機物負荷」は、BODとして測定され、生物による分解可能な有機物の1日当たりの負荷量を意味している。BOD－容積負荷、BOD－汚泥負荷などの指標がある。

「MLSS」は、混合液中の浮遊物質を示すが、微生物量を中心にした量である。単位は1L中の乾燥重量［mg］である。

これらのことから、1時間静置となっている①が不適切である。（解答①）

Ⅲ－23 固定化担体を用いた下水処理法の特徴に関する次の記述のうち、最も不適切なものはどれか。

① 固定化担体を用いた処理法は、活性汚泥法の反応タンクに添加した担体に微生物を保持させることにより、反応タンク内の微生物濃度を高く保持する方法である。

② 固定化担体を用いない通常の処理法と比較して、反応タンクの容量の削減が可能である。

③ 固定化担体を用いない通常の処理法と比較して、反応タンクの滞留

時間の短縮が可能である。

④　固定化担体を用いた処理法は、主に生物学的窒素除去プロセスに適用され、有機物除去の目的には適用されない。

⑤　担体が反応タンク内から引き抜かれることがないため、担体に固定化された硝化細菌により安定した硝化反応を維持することができる。

【解説】

　富栄養化対策などのために窒素を除去しようとする場合は、従来の活性汚泥法では通常の処理方法より大きな施設が必要であった。担体添加活性汚泥法では、活性汚泥と一緒に流動する担体に窒素除去に関する微生物（硝化細菌）を高密度に保持することにより、通常の活性汚泥法の処理時間で窒素の除去も可能にした技術である。「担体添加活性汚泥法」の特長を挙げると、(1) これまでの窒素除去技術の約半分の反応タンク容量で硝化が可能である。(2) 通常の処理場でも、タンクの改造で容易に高度処理化できる。(3) 担体が反応タンクから引き抜かれることがないので、硝化菌を高濃度に維持することが可能である。(4) 担体利用処理法の適用例として、二次処理システム（BOD、SS 除去）、高度処理システム I（BOD、SS、窒素除去）、高度処理システム II（BOD、SS、窒素、りん除去）がある。したがって、固定化担体を用いた下水処理は有機物処理に適用されている。⑤の記述は適切である。

　これらのことから、有機物除去の目的には適用されないとなっている④の記述が不適切である。　　　　　　　　　　　　　　　　　　　　　　　　（解答④）

Ⅲ－25　標準活性汚泥法による下水処理において、MLSS が 1,500 mg／L、汚泥返送率が 20％のとき、返送汚泥の浮遊物質濃度に最も近い値はどれか。ただし、反応タンクに流入する浮遊物質濃度は考慮しなくてよい。

①　3,000 mg／L　　②　6,000 mg／L　　③　9,000 mg／L

④　12,000 mg／L　　⑤　15,000 mg／L

【解説】

標準活性汚泥法において、反応タンク内のMLSS濃度は、一般的に、1,500〜2,000 mg/Lの範囲で運転されている。MLSS濃度は、低すぎると処理が安定せず、高いと必要酸素量が増え、不経済となる。

ある返送汚泥のSS濃度に対して設定したMLSS濃度を維持するために必要な汚泥返送率は、次の式で求められる、

$$R_\gamma = X / (X_\gamma - X)$$

ここで、R_γ：汚泥返送率、X：MLSS濃度［mg/L］、
X_γ：返送汚泥のSS濃度［mg/L］

この式に、与えられた数値を代入して、X_γを求める。

$$X_\gamma = 1,500 / 0.2 + 1,500 = 9,000 ［mg/L］$$

（解答③）

Ⅲ−26 標準活性汚泥法の反応タンクの設計に関する次の記述のうち、最も不適切なものはどれか。

① タンクの有効水深は、標準式の場合は4〜6 m、深槽式の場合は10 m程度とする。

② タンクの幅は、標準式の場合は水深と同程度以下、深槽式の場合は水深の2倍以上とする。

③ タンクの数は、清掃、補修等の場合を考慮して、2槽以上とする。

④ 短絡流の防止とタンク内の均質化を目的として、タンクの流れ方向に対して直角に阻流壁を設ける。

⑤ 深槽式でエアレーション方式が旋回流式の場合は、タンクの流れ方向に対して平行に導流板を設ける。

【解説】

反応タンクの形状、構造等は次のとおりである。

1) 形状は長方形または正方形とし、タンクの幅は、標準式の場合は水深の1〜2倍、深槽式の場合は水深と同程度とする。

2) タンクの流れ方向に対して直角に阻流壁を設ける。

3) 堅固で耐久力を有する水密な鉄筋コンクリート造りとし、浮力に対して安全な構造とする。また、周壁の天端は地盤から 15 cm 以上高くする。

4) 歩廊および手すりを設ける。

5) 数は 2 槽以上とする。

6) 深槽式で旋回流の場合は、流れ方向に対して平行に導流板を設ける。

7) 有効水深は、標準式は 4〜6 m とし、深槽式は 10 m 程度とする。

これらのことから、タンクの幅が、標準式と深槽式の値が逆となっていることから②が不適切である。　　　　　　　　　　　　　　　　（解答②）

Ⅲ−27　下水道の管路施設における耐震設計に関する次の記述のうち、最も適切なものはどれか。

① 「重要な幹線等」は、レベル 1 地震動に対して終局限界状態設計法あるいは使用限界状態設計法によって耐震設計を行い、レベル 2 地震動に対して許容応力度法により照査する。

② 「その他の管路」の管きょ本体とマンホール本体等の部材断面及び強度に対する検討としては、レベル 1 地震動に対して最小限の流下機能を確保できるように耐震設計を行う。

③ 差し込み継手の小口径管きょ（φ700 mm 以下）の耐震設計は、一定の地盤条件等を満足すれば地震動に対する照査は省略することができる。

④ マンホールと管きょの接続部及び管きょと管きょの継手部はともに、地震動による影響として、その屈曲角を検討する。

⑤ 液状化の判定は、「重要な幹線等」、「その他の管路」ともに、レベル 1 地震動に対して行う。

【解説】

①「重要な幹線等」は、レベル 1 地震動に対しては許容応力度法あるいは使用限界状態設計法、レベル 2 地震動に対しては、終局限界設計法によって

耐震設計を行うものであることから不適切である。

②「その他の管路」は、レベル1地震動に対して設計流下能力を確保することから、最小限の流下機能を確保することは不適切である。

③適切である。

④屈曲角と抜出し量を検討することから、屈曲角だけでは不適切である。

⑤「重要な幹線等」はレベル1・2地震動、「その他の管路」はレベル1地震動で液状化の判定を行うことから不適切である。　　　　　　　（解答③）

Ⅲ-30　下水汚泥処理プロセスと、その目的に関する次の組合せのうち、最も不適切なものはどれか。

① 濃縮 ……………… 固形物の減少
② 脱水 ……………… 量の減少（水分除去）
③ 消化 ……………… 固形物の減少、質的安定化
④ 焼却 ……………… 固形物の減少、質的安定化
⑤ コンポスト化 …… 質的安定化

【解説】

「濃縮」は、水処理施設で発生した低濃度の汚泥を濃縮し、その後に続く汚泥消化や汚泥脱水を効果的に機能させることである。すなわち、濃縮は固形物の濃度を上昇させるプロセスである。

「脱水」は、一般的に濃縮汚泥あるいは消化汚泥の含水率は96～98％の状態にあり、この汚泥を含水率80％にすると、液状のものがいわゆるケーキ状となり汚泥容量は1/5～1/10程度に減少し、取り扱いが容易になる。「消化」は、汚泥を汚泥消化タンクで消化温度に応じて適当な消化日数をとると、投入汚泥中の有機物は液化及びガス化により40～60％減少する。この結果、汚泥量の減少と質の安定化、また、衛生面の安全性が図れる。「焼却」は、脱水汚泥を大気圧下で焼却に必要な理論空気量以上の空気を供給して燃焼させるものである。焼却の目的は、減量化と安定化である。

「コンポスト化」は、下水汚泥中の易分解性有機物を好気性環境において微

生物によって分解（または発酵）させて、緑農地に利用可能な形態・性状まで
に安定化するプロセスである。

　これらのことから、固形物の減少となっている①が不適切である。

（解答①）

Ⅲ－31　下水汚泥の汚泥濃縮に関する次の記述の下線部のうち、最も不適
　切なものはどれか。
　　濃縮する汚泥には、① 最初沈殿池 で発生する最初沈殿池汚泥（生汚
　泥）と② 最終沈殿池 で発生する余剰汚泥とがある。
　　汚泥の濃縮が不十分なときは、あとの汚泥処理の効率低下を招くばか
　りでなく、懸濁物を多量に含んだ③ 分離液 が水処理施設に戻り、処理
　水の水質悪化の原因となることがある。
　　特に濃縮汚泥の④ 有機分 が⑤ 98％以上 となった場合には、生汚泥
　と余剰汚泥を各々別に濃縮する分離濃縮について検討することが必要で
　ある。

【解説】

　汚泥濃縮の果たす役割は、水処理施設で発生した低濃度の汚泥を濃縮し、そ
の後に続く汚泥消化や汚泥脱水を効果的に機能させることである。濃縮する汚
泥には、最初沈殿池で発生する最初沈殿池汚泥（生汚泥）と最終沈殿池で発生
する余剰汚泥とがある。

　汚泥の濃縮が不十分なときは、あとの汚泥処理の効率低下を招くばかりでな
く、懸濁物を多量に含んだ分離液が水処理施設に戻り、処理水の水質悪化の原
因になることがある。このため、重力濃縮しにくい余剰汚泥は機械濃縮（遠心
濃縮、浮上濃縮等）するケースが増加している。特に濃縮汚泥の含水率が98％
以上となった場合には、生汚泥と余剰汚泥を各々別に濃縮する分離濃縮につい
て検討することが必要である。

　これらのことから、有機分となっているが含水率が正しいとなっている④が
不適切である。

（解答④）

137

Ⅲ-33 下水汚泥の緑農地利用に関する次の記述のうち、最も不適切なものはどれか。

① 下水汚泥は窒素、りん等の肥料成分のほか、各種有用な無機物で構成されていることから、有機質資材として利用されている。

② 緑農地利用を行う汚泥の形態は、コンポスト、乾燥汚泥、脱水汚泥、焼却灰及び炭化汚泥等が考えられる。

③ コンポスト化は、製造時の発酵熱により、有害な微生物等の死滅が可能で、品質、衛生面からも緑農地利用に適している。

④ 乾燥処理を行うと、運搬、貯留、保管等の作業性及び取扱い性が改善される。

⑤ 乾燥工程は、脱水汚泥の含有水分を減ずるのが目的であるが、汚泥中の有機分も基本的に減量化される。

【解説】

　下水汚泥は窒素、りんなどの肥料成分のほか、植物の生育に欠かせない複数の無機物を含むことから、その利用価値は高く、適切な施用管理で実施されることによって、恒久的な資源循環の一部を構成し、緑農地利用は望ましい利用形態である。

　緑農地利用を行う汚泥の形態は、利用者の使用方法を考慮して次の5種類がある。(1) 下水汚泥コンポスト、(2) 乾燥汚泥、(3) 脱水汚泥、(4) 焼却灰、(5) 炭化汚泥である。下水汚泥のコンポストは、汚泥中の有機物を好気性微生物により生物学的に分解・安定化するものである。コンポスト化の過程で発生する発酵熱により、汚泥中に残存する病原生物等が死滅し、汚泥の水分が蒸発して減少し、ケーキ状から粒状に形態が変化する。乾燥処理を行うと、運搬、貯留、保管等の作業性及び取扱い性を改善し、乾燥時の高温により病原生物等を不活性化することができる。ただし、汚泥中の有機物は減量しない。

　これらのことから、汚泥中の有機分も基本的に減量化されるとなっている⑤が不適切である。 （解答⑤)

Ⅲ－35　下水道施設の腐食対策に関する記述のうち、最も不適切なものは
どれか。

① 海の近くに設置する処理場及びポンプ場は、地下水の塩分及び風に
よって運ばれる塩分による障害が生じやすいので、鉄筋コンクリート
構造物については、鉄筋のかぶりを増加させるなどの検討を行うこと
が望ましい。

② ビルピット排水は、貯留槽内での堆積物がポンプ稼働時に一気に
排出され、硫化水素が大量に発生し、悪臭の発生や管路施設の劣化の
原因となる場合がある。

③ 腐植性土壌や不均一な土質に配管する場合は金属腐食が発生しやす
いため、ポリエチレン系など絶縁抵抗の低い被覆材料等で防食対策を
行う必要がある。

④ 汚水の圧送管に空気を注入したり、過酸化水素、塩化第二鉄及びポ
リ塩化第二鉄を添加することにより、硫化水素の発生を抑制する方法
もある。

⑤ 水流に乱れが生じないような水路の構造とすることや、段落ち、せ
き（堰）落ちなどは必要最小限とすることが必要である。

【解説】

　海の近くに設置する処理場及びポンプ場は、地下水の塩分及び風によって運
ばれる塩分による障害が生じやすいので、セメント、外装材料などの種類につ
いては耐食性のものを使用することが望ましい。また、鉄筋コンクリート構造
物についても、鉄筋のかぶりを増加させるなどの検討を行うことが望ましい。
ビルピット排水は、貯留槽内での堆積物がポンプの稼働時に一気に排出され、
硫化水素が大量に発生し、悪臭の発生や管路施設の劣化の原因となる場合があ
る。地中に埋設される配管は、迷走電流により電解腐食を起こす場合がある。
腐食性土壌や不均一な土質に配管する場合は、金属腐食が発生しやすいため、
ポリエチレン系などの絶縁抵抗の高い被覆材料等で防食対策を行う必要がある。
汚水の圧送管に空気注入を行うことや、過酸化水素、塩化第二鉄及びポリ塩化

第二鉄を添加することにより、硫化水素の発生を抑制する方法もある。

　水路での堰落ちなどによる水流の乱れや、処理施設における下水や汚泥の撹拌により、硫化水素が大気中に放散される。このため、水流に乱れが生じないような水路の構造とすることや、段落ち、堰落ちなどは必要最小限とすることが必要である。

　これらのことから、絶縁抵抗の低いとなっている③が不適切である。

（解答③）

6. 平成 30 年度試験問題　解答解説

Ⅲ－1　上水道の計画に関する次の記述のうち、最も不適切なものはどれか。

① 計画取水量は、計画一日最大給水量に 10 ％程度の余裕を見込んで決定することを標準とする。

② 水道事業における施設利用率とは、一日給水能力に対する一日平均給水量の割合（％）のことを示す。この比率は、水道施設の経済性を総括的に判断する指標であり、数値が大きいほど効率的であるとされている。

③ 時間係数（計画時間最大配水量の時間平均配水量に対する比率）は、給水区域内の昼夜間人口の変動、工場、事業所等による使用形態などにより変化し、一日最大給水量が大きいほど大きくなる傾向がある。

④ 計画一日最大給水量の一般的な算定の手順は次の図のとおりである。

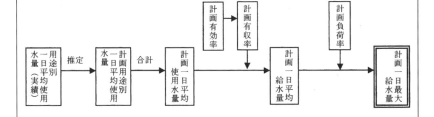

⑤ 浄水場の施設能力は、計画浄水量のほかに予備力を確保して決定することが望ましい。予備力は、場内施設を系列化した浄水場の場合、1 系列相当分程度とし計画浄水量の 25 ％程度を標準とする。

平成 30 年度

6

【解説】

①計画取水量は、計画一日最大給水量と取水から浄水処理までの損失水量を考慮し、計画一日最大給水量の10％程度増としていることから適切である。

②施設利用率は一日平均給水量を一日給水能力で除した値で、施設の稼働率を示しており、数値が大きいほど稼働率が高く効率的であることから適切である。

③時間係数は計画時間最大配水量を求めるための係数で、配水量の少ない区域ほど配水量の変動が大きく時間係数は大きくなる。逆に配水量の多い区域では配水量の変動は小さく、時間係数は小さくなることから、不適切である。

④計画一日最大給水量を算定する手順は図のとおりで適切である。

⑤浄水場の施設能力は改良、更新時にも浄水能力を確保し、災害や機器の故障、事故などに際して、安全性を高めるために、予備力を持つことが望ましいとされている。浄水場が数系列となっている場合には、その1系列分の能力は、計画浄水量の25％程度が標準となっていることから適切である。

（解答③）

Ⅲ－2　水道施設の改良と更新に関する次の記述のうち、最も不適切なものはどれか。

①　水道施設の改良・更新は多大な投資を必要とするため、アセットマネジメントなどの手法を用いて長期的な財政や事業量の平準化を考慮した計画を策定し、着実に実施する必要がある。

②　水道施設の改良・更新に当たっては、日常の維持管理上の問題点をフィードバックさせるとともに施設の統廃合などにより、維持管理の安定性・容易性を向上させていくことが重要である。

③　水道システムは、施設全般（水源・取水・貯水・導水・浄水・送水・配水）での安全性・安定性を確保して初めて機能するものであるが、個々の水道施設の改良・更新においては、該当する部分だけの改良・更新を行い、効率化を図る必要がある。

④　水道施設の改良・更新の時期や必要な対策は、立地条件や使用環境等の地域特性に応じて異なるため、事業計画の策定に当たっては、機能診断等に基づいた健全度評価を実施し、計画に反映させていくことが望ましい。

⑤　水道施設の改良・更新に当たっては、工事の施工中にも安定給水に支障をきたさぬよう、事前に予備力の整備や施設の多系統化等、改良・更新が可能な施設整備状況としておくなどの配慮が必要である。

【解説】

①、②、④、⑤は適切である。

③水道システムは、施設全般（水源・取水・貯水・導水・浄水・送水・配水）での安全性・安定性を確保して初めて機能するものである。したがって、施設の改良・更新は、このことを踏まえ、将来の水需要や給水サービスのレベルを勘案し、施設の統廃合も含めた施設規模の適正化や再構築、また、さまざまなリスクに対する安全度など、水道システム全体を捉えて検討する必要がある。このことから、一部分だけでは不具合が生じる可能性があることから不適切である。　　　　　　　　　　　　　　　　　　　（解答③）

Ⅲ－3　貯水池における水源保全対策の主な方法に関する次の記述のうち、最も不適切なものはどれか。

①　ろ過障害や異臭味発生の予防のため、薬剤（硫酸鉄、塩素剤等）を貯水池に散布して生物の増殖を抑制する。

②　エアリフトやポンプなどを用いて空気を吹き込みながら貯留水を人工的に循環させる。

③　リン等栄養塩類の有力な供給源である底泥を浚渫除去する。

④　増殖した藻類を含む上層水あるいは栄養塩類や濁りを含む底層水を適宜放流することにより水質の一時的改善を図る。

⑤　新たにヨシ、マコモなどの抽水植物を主体とする水生植物を植栽することにより、水中の窒素、リンなどを吸収する。

【解説】

貯水池における水源保全対策の主な方法は次のとおりである。

1) 浚渫

栄養塩類を含む湖底を浚渫することにより、栄養塩類の溶出や回帰を減少させる。

2) 栄養塩類の不活性化

凝集剤や吸着剤を用いて池内の栄養塩類を不活性化、沈殿、分離する。

3) 選択放流

底層部の栄養塩類に富んだ水の放流を行う。

4) 物理的制御

植物プランクトンの除去および水生植物・魚の収穫。

5) 化学的制御

殺藻剤（硫酸銅など）の散布による殺藻。

6) 底泥処理

薬品（アルミニウムなど）やフライアッシュの底泥表面上の散布により栄養塩類の溶出を抑える。

7) 曝気および循環

全層曝気は温度躍層をなくし、貯水池全体を循環させることにより底層部の溶存酸素量を増加させる。また深層曝気は温度躍層を破壊させることなしに底層部の溶存酸素状態を改善する。

8) 植栽

栄養塩類を吸収する水生植物等の植栽により、栄養塩類を除去する。

これらのことから、使用する薬剤が硫酸鉄ではなく、硫酸銅であることから、①が不適切である。 （解答①）

Ⅲ－4　水道の沈殿池の沈殿機能に関する次の記述の、[____]に入る数式及び語句の組合せとして最も適切なものはどれか。

沈殿池における除去率を考える場合の最も基礎になる指標が、表面負荷率である。表面負荷率 V_0 は、沈殿池に流入する流量を Q、沈殿池の

沈降面積をAとすると、$V_0 = \boxed{\quad ア \quad}$で与えられる。表面負荷率$V_0$より小さな沈降速度$V$を持つ粒子の除去率は、理想的沈殿池では$\boxed{\quad イ \quad}$となる。したがって、除去率を向上させるには、以下の3通りの方法が考えられる。

・沈降面積Aを$\boxed{\quad ウ \quad}$する。

・フロックの沈降速度Vを$\boxed{\quad エ \quad}$する。

・流量Qを$\boxed{\quad オ \quad}$する。

	ア	イ	ウ	エ	オ
①	Q / A	V_0 / V	大きく	小さく	小さく
②	A / Q	V / V_0	小さく	大きく	小さく
③	A / Q	V_0 / V	小さく	小さく	大きく
④	Q / A	V / V_0	大きく	大きく	小さく
⑤	Q / A	V / V_0	小さく	小さく	大きく

【解説】

　沈殿池の設計に用いる用語に「表面負荷率V_0」があり、水面積負荷ともいう。流入流量Q [m^3/日] を沈殿池の水面積A [m^2] で除した値 [m/日] であり、沈殿池の沈殿除去率を支配する因子である。

　理想沈殿池における粒子の除去率は「V / V_0」で表される。すなわち粒子の沈降速度が$V < V_0$であると、粒子は沈降せずに沈殿池からキャリーオーバー（流出）してしまうことになる。粒子の沈降速度が$V > V_0$であると、粒子の除去率は100％を超えることになる。したがって、除去率を向上させるには、沈降面積Aを「大きくすること」、フロックの沈降速度Vを「大きくすること」、流量Qを「小さくする」ことで達成できるようになる。

　これらのことから、ア：Q / A、イ：V / V_0、ウ：大きく、エ：大きく、オ：小さくの組合せとなり④が適切である。　　　　　　　　　　（解答④）

Ⅲ－5 上水道の砂ろ過池に使用するろ過砂について、□に入る組
合せとして、最も適切なものはどれか。

　砂の粒度を測定した結果、以下のような粒度加積曲線が得られた。

　砂Aの有効径は約 □ア□ mm、均等係数は約 □イ□ であり、砂B
は砂Aと比較して、有効径が □ウ□ く、均一度が □エ□ い。

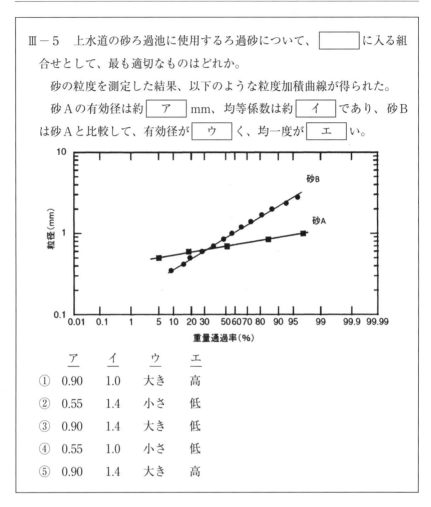

	ア	イ	ウ	エ
①	0.90	1.0	大き	高
②	0.55	1.4	小さ	低
③	0.90	1.4	大き	低
④	0.55	1.0	小さ	低
⑤	0.90	1.4	大き	高

【解説】

　砂の粒度加積曲線で、60％通過径と10％通過径の比を「均等係数」といい、
粒径分布の均一度合を示す指標である。ろ過砂の有効径は0.45～0.70 mmが
一般的である。有効径は砂の粒度加積曲線で10％の通過径をいう。均等係数
の大きな砂では、表層の細砂を下層の粗砂の粒度分布が大きくなるとともに、
細密充填の傾向を示す。したがって、砂層表面における目詰まりを緩和して
砂層内部に高い濁質抑留能力を持たせるには、ろ過砂の粒度の均一度を高める
必要がある。そこで、均等係数の上限を1.70と定めた。砂Aの60％通過径は

0.7 mm、10％通過径は 0.5 mm なので均等係数は 0.7 ÷ 0.5 ＝ 1.4 となる。また、砂 B は砂 A と比較して、有効径が小さく、均一度が低い。

これらのことから、②が適切である。 　　　　　　　　　　　　（解答②）

Ⅲ－6　上水道における凝集剤に関する次の記述のうち、最も不適切なものはどれか。

① 凝集剤は、原水の水量、濁度などの水質、ろ過方式及び排水処理方式等に関して適切であり、かつ衛生的に支障のないものとする。

② フミン質による色度が高い場合は、凝集剤の多用若しくはアルカリ剤を使用し、アルカリ性側で処理することにより除去効果が高まることが多い。

③ 水温は、凝集反応、フロック粒子の成長、沈降分離に影響する重要な因子である。水温が高くなればフロックの成長が早まり、水温が低くなればフロックの成長が遅くなる。

④ 凝集剤として用いられる硫酸アルミニウムは、高濁度時には注入率が増加するため、アルカリ剤の注入が必要となる場合もある。

⑤ アルカリ度は凝集効果に影響を与える重要な因子である。良好なフロックを形成するためには、凝集剤注入後のアルカリ度が 20 mg／L 程度以上であることが望ましい。

【解説】

①適切である。

②溶解性有機物の1つであるフミン質は、植物を微生物が分解した最終分解生成物である。フミン質は、トリハロメタンの前駆物質であり、処理水中に残留すると、塩素と反応してトリハロメタンを生成することになる。したがって、凝集処理でできる限り除去しておくことが必要となる。フミン質は、凝集 pH が低いほど除去率が高くなる特徴がある。設問では、pH が高くなると除去効果が高まるとなっていることから不適切である。

③適切である。

6 平成30年度

④適切である。

⑤適切である。酸剤、アルカリ剤の注入率は、凝集剤の注入率と関連して定める。同時に、原水のpH値、アルカリ度、凝集剤注入率、ジャーテストにおける上澄水のアルカリ度を水の腐食性との関連から、20 mg/L以上残ることが望ましい。　　　　　　　　　　　　　　　　　　　　　　　　（解答②）

Ⅲ－7　消毒に関する次の記述のうち、最も不適切なものはどれか。

①　不連続点塩素処理（ブレークポイント処理）は十分な消毒効果が得られるだけでなく、鉄・マンガンの除去方法としても有効である。

②　結合塩素処理とは、不連続点を超えて結合塩素によって消毒する方法で、消毒効果が高く、またアンモニアの濃度が変動すると不連続点を生じて消毒効果を消失するおそれがある。

③　オゾンは淡青色の気体で、塩素より強い酸化力を持ち、吸入した場合には有害である。また、消毒効果には塩素のような残留性がない。

④　塩素剤による消毒は効果が確実で消毒の残留効果があるうえ、注入が容易で、しかも安価であるが、トリハロメタンなどの消毒副生成物を生成するという問題がある。

⑤　紫外線処理は、クリプトスポリジウムの不活化に有効で、消毒副生成物を生成しない点で優れているが、懸濁物質が存在する場合は消毒の残留効果がないなどの欠点を有する。

【解説】

原水にアンモニア態窒素が存在する場合に、遊離残留塩素によって消毒を行う方法を不連続点塩素処理という。図でⅢ型C点を不連続点（ブレークポイント）といい、この点を超えて遊離残留塩素を検出するように塩素を注入する方法を不連続点塩素処理という。

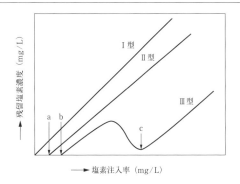

出典：『水道施設設計指針』(2012)、参考図 5. 13. 2
塩素注入率と残留塩素濃度との関係

　遊離残留塩素は、酸化力・殺菌力が強いので、溶存マンガン処理や消毒など十分な効果を上げることができる。地下水に見られるような、細菌が少なく、アンモニア態窒素が多量に存在する場合は、結合残留塩素（クロラミン）によって消毒を行ってもよい。

　汚染が原因でアンモニア態窒素が存在しているような水質では消毒が不完全になるおそれがあるので、不連続点塩素処理によって行うものとする。このことにより、消毒効果を消失することはない。

　オゾン処理は、塩素より強いオゾンの酸化力を利用し、異臭味及び色度の除去、消毒副生成物の低減を目的として行われる。しかし、残留性に乏しいため、塩素に変わる水道の消毒剤としては使用できない。

　紫外線処理は、紫外線の光エネルギーを微生物に加えることで、核酸（DNA）を損傷させて不活性化する処理法をいう。紫外線処理は、薬品等の物質を添加しないので残留物が生じない、副生成物を生じる可能性が小さい、pH の影響をほとんど受けない。一方、濁質や色素成分等の水質は紫外線の透過率を減少させ、照射強度分布に影響を及ぼす欠点も有する。

　これらのことから、②が不適切である。　　　　　　　　　　　　　（解答②）

Ⅲ－8　浄水処理で用いられる膜ろ過に関する次の記述のうち、最も不適切なものはどれか。

①　強度は、ろ過圧力、負圧、エアレーションなどによる洗浄時の繰り返し応力などの機械的変化や、長期使用での熱変形や薬品洗浄による化学的変化に対しても十分対応できるものとする。なお、水撃圧による衝撃を極力受けないように配慮する。

②　凍結すると使用不可となるおそれがあるので耐寒性を十分調査する。保存、保管、設置に際しても、凍結防止対策を施す。

③　膜の薬品洗浄には、アルカリ、酸、酸化剤、有機酸、洗剤などの様々な薬品が使用されるので、膜の耐薬品性について十分調査する。

④　有機膜はその素材により親水性、疎水性の別があるほか、耐熱性や耐薬品性も異なる。なお、膜材質がセルロース系のものは、微生物の侵食により劣化するおそれがあるため、塩素注入による微生物抑制が必要となる。

⑤　無機膜は有機膜に比較して耐熱性や耐薬品性がよく、物理的強度もあり、衝撃にも強い。

【解説】

①適切である。

②適切である。膜を保管する場合、凍結などに注意するほか、指定された保存液を封入する。また、微生物による繁殖等による膜の汚染を防ぐため、乾燥状態にするか、酸またはアルカリ溶液を封入する。

③適切である。

④適切である。

⑤無機膜は衝撃に強いとなっているが、衝撃に弱いことから不適切である。

（解答⑤）

Ⅲ－10　上水道の管路付属設備に関する次の記述のうち、最も不適切なものはどれか。

① 排水管路からの吐出口は、水路など（河川、用水路、下水管きょ等）の高水位より低い位置に設置する。

② 流量計は配水本管の始点及び主要な分岐箇所、配水ブロックの入口箇所に設置する。

③ 消火栓は配水支管に設置するものとし、沿線の建築物の状況などに配慮し、100～200 m 間隔に設置する。

④ 水圧計は流量計の設置箇所、地勢上の高所・低所に設置する。

⑤ 空気弁は管路の凸部に設置する。

【解説】

①排水管の吐出口は、水路など（河川、用水路、下水管きょ等）からの逆流を防止するため、高水位より高い位置に設置する。

②流量計は本管始点、主要分岐箇所に設置し、必要に応じて情報を管理する設備を設ける。

③消火栓は配水支管に設置するものとし、沿線の建築物の状況を配慮し、100～200 m 間隔に配置する。原則として、単口消火栓は管径150 mm 以上、双口消火栓は管径300 mm 以上の配水管に取り付ける。

④水圧計は流量計の設置箇所、地勢上の高所・低所、その他管理上必要な箇所に設置する。

⑤空気弁は管路の凸部、充排水のために仕切弁の直近等必要な箇所に設ける。

これらのことから、吐出口は、水路などの高水位より低い位置となっているが、高い位置が正しいことから①が不適切である。　　　　　　　（解答①）

6
平成30年度

Ⅲ-13　ポンプ系の水撃作用（ウォータハンマ）防止に関する次の（ア）

～（エ）の記述の正誤について、最も適切なものはどれか。

（ア）ポンプにフライホイールをつける。

（イ）吐出し側管路にサージタンク（コンベンショナルサージタンク）を

　　　設ける。

（ウ）吐出し側管路にワンウェイサージタンクを設ける。

（エ）圧力水槽（エアチャンバ）を設ける。

①　すべて正しい。

②　アが誤りである。

③　イが誤りである。

④　ウが誤りである。

⑤　エが誤りである。

【解説】

　ポンプの水撃現象（ウォータハンマ）は、水圧管内の水流を急に締め切った
ときに、水の慣性で管内に衝撃と高水圧が発生する現象である。つまり、弁の
閉鎖や配管の充水時、ポンプの急停止といった急激な圧力変化によって生じる。
この現象は、配管距離が長いほど起こりやすく、管路の破損事故などを起こす
おそれもあるので、事前にその対策を立てることが重要である。ウォータハン
マの主な防止対策は次のとおりである。

　(1) 負圧（水柱分離）発生の防止法

　　1) ポンプにフライホイールをつける。

　　2) 吐出し側管路にサージタンク（コンベンショナルサージタンク）を設

　　　ける。

　　3) 吐出し側管路にワンウェイサージタンクを設ける。

　　4) 圧力水槽（エアチャンバ）を設置する。

　(2) 圧力上昇軽減

　　1) 逆流開始直後に、緩閉とするために緩閉式逆止弁を設置する。

　　2) 逆流が起こる直前の流速が遅くなったときに、急閉とするために急閉

式逆止弁を設置する。

3）コーン弁またはニードル弁の操作により、バルブを制御して緩閉にする。

これらのことから、すべて正しいので①が適切である。　　　　　（解答①）

Ⅲ－14　水道施設のコンクリート構造物に関する次の記述のうち、最も不適切なものはどれか。

①　鉄筋コンクリートの早期劣化と劣化原因の主要なものには、塩化物による鉄筋の腐食、アルカリ骨材反応によるコンクリートのひび割れ、コンクリートの中性化と被り不足による鉄筋防錆力の低下、凍結融解等気象作用によるコンクリート自体の劣化などがある。

②　水密を要するコンクリート及び鉄筋コンクリート構造物において、有害なひび割れの発生を防ぐため伸縮目地を設ける場合、コンクリート構造物で10〜15 m、鉄筋コンクリート構造物で20〜30 m程度の間隔で設けられることが多い。

③　落下跳水する水路など激しい摩耗のおそれがあるコンクリート表面は、木材、良質な石材、鋼板、高分子材料で被覆するか、鉄筋の被りを10 mm以上増厚することなどで保護する。

④　池状構造物内面などでコンクリート表面が水位の変動により乾湿を繰り返す環境下にある場合や、水に塩素が注入され浸食を受けやすい場合において、防食・防水塗装を行う場合、これに使用する塗装材の材質は、水質に影響を及ぼさないものであるとともに、優れた耐久性が要求される。

⑤　寒冷地においては、コンクリート表面が凍結融解を繰り返すことによって、コンクリート表面から急速に劣化していくため、コンクリートを貧配合にするか、鉄筋の被りを通常に比べて厚くするなどの配慮が必要である。

【解説】

①コンクリート及び鉄筋コンクリートの劣化は、コンクリート自体の劣化と

鉄筋の腐食現象に伴う劣化に分けられ、主要なものは次のとおりである。

1) 塩化物による鉄筋の腐食

2) アルカリ骨材反応によるコンクリートのひび割れ

3) コンクリートの中性化と被り不足による鉄筋防錆力低下

4) 凍結融解等気象条件によるコンクリートの劣化

②水密性を必要とする構造物は、温度変化、乾燥収縮、基礎の不同沈下に対して、鉄筋の十分な配置、適当な間隔及び位置に伸縮目地及び打ち継ぎ目を設けることなどにより、有害なひび割れを防止する。

③落下跳水する水路など激しい摩耗のおそれがある場合には、コンクリート表面には適切な材料で保護するか、鉄筋の被りを10 mm以上増厚することなどで保護する。

④浄水処理を行う池状コンクリート構造物の内面を防食する場合には、コンクリートに対する保護機能を持ち、水を汚染しない材質を使用する。

⑤寒冷地における表面の凍結融解の繰り返しに対しては、コンクリートの富配合化、鉄筋被りの増加等配慮が必要。

これらのことから、コンクリートを貧配合とするとなっているが、富配合としなければならないことから⑤が不適切である。　　　　　　　（解答⑤）

Ⅲ−15　浄水施設の排水処理に関する次の記述のうち、最も不適切なものはどれか。

① 脱水能力10 m³／日以上の脱水施設は、水質汚濁防止法の特定施設に指定されており、これらの施設を設置する特定事業場（浄水場）からの排水は、水質汚濁防止法の排水基準が適用される。

② アルミニウムの濁度に対する添加比（ALT比）は、高ければ高いほどスラッジの脱水性がよい。

③ 1日当たりの処理能力が100 m³を超える天日乾燥床は産業廃棄物処理施設となり、「廃棄物の処理及び清掃に関する法律施行令」に定められている技術上の基準が適用される。

④ 気温が下がる冬季には水の粘度は高くなり、一般的にスラッジの脱

水性が悪くなるが、スラッジを蒸気等で加温することにより脱水性を
向上させる方法がある。

⑤　計画処理固形物量は、計画浄水量、計画原水濁度及び凝集剤注入率
等を基礎として算定する。

【解説】

水処理の排水処理は、浄水処理過程から排出される、沈殿池に蓄積されたス
ラッジ、ろ過池の洗浄排水及び洗砂排水等を適切に固液分離処理することによ
り、脱離液と脱水ケーキ（固形物）に分けることである。

①、③～⑤適切である。

②アルミニウムの濁度に対する添加比（ALT比）が、高ければ高いほどと
なっているが、低ければ低いほど脱水性がよいことから、不適切である。

（解答②）

Ⅲ－16　2012年5月に利根川水系の浄水場において、ある消毒副生成物が
水質基準値を超えて検出され、広範囲で取水停止や断水が発生する水質
事故が起こった。この事故は、水源に放出されたある物質（前駆物質）
が塩素との反応により、ある消毒副生成物に変換されたために起こった
ものである。この事故で問題となった前駆物質と消毒副生成物の組合せ
として、最も適切なものはどれか。

①　フェノール ………………………… クロロホルム

②　ヘキサメチレンテトラミン …… ホルムアルデヒド

③　臭化物イオン ……………………… 臭素酸

④　アンモニア態窒素 ……………… トリクロラミン

⑤　エチレンジアミン ……………… ジクロロ酢酸

【解説】

水道水質事故の原因物質は、ホルムアルデヒド自体ではなく、消毒用塩素剤
と反応してホルムアルデヒドを生成するヘキサメチレンテトラミン（HMT）と

いう化学物質であった。処理不十分であったHMTを含んだ処理排水が利根川本流を経て、浄水場に到達した。原水に含まれるHMTは塩素と反応してホルムアルデヒドを生成し、浄水で検出されるに至った事故であった。このような水道事故に関する記事については常にウオッチングしておく必要がある。

　水質検査の対象とされている消毒副生成物は全部で12項目あり、クロロホルム・ジブロモクロロメタン・ブロモジクロロメタン・ブロモホルム・総トリハロメタン・クロロ酢酸・ジクロロ酢酸・トリクロロ酢酸・ホルムアルデヒド・シアン・塩素酸・臭素酸となっている。

　トリクロラミンは、塩素とアンモニアあるいは一部の窒素含有有機化合物との反応によって生成する。臭素酸は、原水をオゾンで処理するときや、消毒剤の次亜塩素酸生成時に不純物の臭素が酸化されて生成される。クロロホルムは、消毒用塩素と水中のフミン質（有機物）が反応して生成されるトリハロメタンの主要構成物質である。ジクロロ酢酸は、飲料水の塩素消毒の副反応で生成される。

　これらのことから、②が適切である。　　　　　　　　　　　　　　（解答②）

Ⅲ－17　水道の水質やその管理に関する次の記述のうち、最も適切なものはどれか。

①　水道水質基準を補完する項目として水道法に定められている水質管理目標設定項目は、毒性評価が定まらない、若しくは浄水中の存在量が不明等の理由から水質基準に分類できない項目で、今後必要な情報・知見の収集に努めていくべきものである。

②　水道水質基準項目やそれらの基準値は、最新の科学的知見に基づき2年に1度、定期的に改正される。

③　水道法において衛生上必要な措置として残留塩素の保持が規定されており、すべての給水栓において全塩素（遊離塩素と結合塩素の和）として0.1 mg／L以上検出されなければならない。

④　水道水がクリプトスポリジウムなどに汚染されたおそれがある場合、塩素との接触時間を長くする等の塩素消毒の強化を行わなければなら

ない。

⑤　水道水質基準項目には、健康に関連する項目と水道水が有すべき性
状に関連する項目があり、後者は生活利用上あるいは水道施設管理上
に障害を生ずるおそれのある物質について、それぞれ基準値が定めら
れている。

【解説】

①要検討項目についての説明であり不適切である。水質管理目標設定項目は、
評価値が暫定であり、検出レベルは高くないものの、水道水質管理上注意
喚起すべき項目で、水質基準に係る検査等に準じた検査を行う。

②水道水質基準項目やそれらの基準値は、常に最新の科学的知見に照らして
改正していくべきとの考えから、必要な知見の収集等を実施し、逐次検討
されて、厚生労働省が省令で定めるもので、定期的に改正されるものでは
ないことから不適切である。

③残留塩素は、遊離残留塩素を0.1 mg/L以上、結合残留塩素の場合は0.4
mg/L以上と定められている。（水道法第22条に基づく水道法施行規則
（厚生労働省令）第17条第3号）

　0.1 mg/Lは遊離残留塩素の値であることから不適切である。

④クリプトスポリジウムは、人を含む脊椎動物の消化管などに寄生する原虫
である。水道処理に対して、塩素消毒に強い耐性があるといわれている。
浄水場における対策は次のとおり。

　1）水源を替える

　2）凝集処理を適切に行い、クリプトスポリジウムを含む濁質の除去率
　　を上げる

　3）急速ろ過池ではろ過池の逆洗流量を調整するスローダウン、スロー
　　スタート方式を採用して濁質の除去率を上げる

　4）膜ろ過処理の導入

　5）オゾン処理の追加

　6）紫外線処理の追加

塩素消毒では対策とならないことから不適切である。

⑤健康に関連する項目は人の健康に影響を及ぼすおそれがある項目で、生涯にわたって連続的に摂取をしても健康に影響が生じないよう安全性を十分考慮して基準値が決められている。水道水が有すべき性状に関する項目は色・濁り・においなど生活用水として使用するのに支障のない、また腐食性など水道施設に影響を及ぼすおそれのない基準値が決められていることから適切である。　　　　　　　　　　　　　　　　　　　　　　　（解答⑤）

Ⅲ−18　給水栓における水質管理において、1日1回以上検査しなければならない項目として次のうち、最も適切なものはどれか。
①　一般細菌　　②　大腸菌　　③　消毒の残留効果
④　pH値　　　⑤　味

【解説】
　1日1回以上検査しなければならない項目は、色、濁り、消毒の残留効果であることから、③が適切である。　　　　　　　　　　　　　　（解答③）

Ⅲ−21　下水道における計画雨水量の算定に関する記述のうち、最も不適切なものはどれか。
①　最大計画雨水流出量の算定は、原則として合理式によるものとする。
②　降雨強度公式のうち、流達時間の短い管路等の計画を行う場合にはクリーブランド型を、長時間降雨強度を考慮する貯留施設等の計画を行う場合にはタルボット型を採用することが好ましい。
③　雨水排除計画で採用する確率年は、5〜10年を標準とする。
④　流達時間は、流入時間と流下時間の和である。
⑤　排水面積は、地形図をもとに道路、鉄道、在来河川・水路の配置等を踏査によって十分に調査し、将来の開発計画をも考慮して正確に求める。

【解説】

計画雨水量として雨水流出ピーク量を対象として算出する場合には、次の各項目を考慮して最大計画雨水量の算定を行う。

(1) 計画雨水量算定式

原則として合理式とし、十分な実績に基づいた検討を行った場合には実験式を用いてもよい。

(2) 流出係数

原則として工種別基礎流出係数及び工種構成から求めた総括流出係数を用いる。

(3) 降雨強度式

合理式における降雨強度式としては、タルボット型、シャーマン型、久野・石黒型、クリーブランド型の4種類がある。実績資料との適合度の検定を行うと、タルボット型は継続時間が5〜120分の間で、シャーマン型および久野・石黒型より若干安全側の値となることから、流達時間の短い管路等の流下施設の計画を行う場合には、原則としてタルボット型とすることが好ましい。また、24時間雨量等の長時間降雨強度に対してはクリーブランド型がよく近似することから、貯留施設等を計画する場合にはこの型とすることが好ましい。

(4) 確率年

確率年は5〜10年を標準とする。なお、必要に応じて、地域の実情や費用対効果を考慮した確率年を設定できる。

(5) 流達時間

流入時間と流達時間の合計である。流入時間は最小単位排水区の斜面特性を考慮して求め、流達時間は算出する路線までの最長となる距離を計画流量に対応した流速で除して求める。

(6) 排水面積

地形図をもとに、道路、鉄道、河川の配置等を踏査によって、十分に調査し、将来の開発計画を考慮して決定する。

これらのことから、タルボット型とクリーブランド型の説明が逆となっていることから、②が不適切である。　　　　　　　　　　　　　　　　　（解答②）

Ⅲ－23 標準活性汚泥法に関する次の記述の、 ☐ に入る語句の組合せとして、最も適切なものはどれか。

　標準活性汚泥法の ☐ア☐ は6〜8時間を標準としている。また、MLSS濃度は一般的に ☐イ☐ mg／Lの範囲で運転されており、MLSS濃度が ☐ウ☐ すぎると処理が安定せず、 ☐エ☐ いと必要酸素量が増え、不経済となる。

	ア	イ	ウ	エ
①	HRT	1,500〜2,000	低	高
②	HRT	3,000〜4,000	低	高
③	HRT	3,000〜4,000	高	低
④	SRT	1,500〜2,000	低	高
⑤	SRT	3,000〜4,000	高	低

【解説】

下水処理で用いられる方法と用語について理解をしておくこと。

・HRT：反応タンクの水理学的滞留時間。標準活性汚泥法のHRTは、6〜8時間を標準とする。

・SRT：活性汚泥が余剰汚泥として引き抜かれるまでの平均滞留時間。

・MLSS：エアレーションタンク混合液中の活性汚泥量。標準活性汚泥法では、1,500〜2,000 ［mg/L］である。この値が低すぎると処理が安定せず、逆に高すぎると必要酸素量が増えて、不経済となる。

これらのことから、①が適切である。　　　　　　　　　　　　　（解答①）

Ⅲ－24 有効水深3.5 m、水理学的滞留時間3時間の沈殿池の水面積負荷 ［m³／(m²・日)］ として、最も適切なものはどれか。
　　① 14　　② 21　　③ 28　　④ 35　　⑤ 42

【解説】

水面積負荷と SS 除去の関係は、水面積負荷が小さいほど、SS 除去率は高くなる。

水面積負荷は、次の式で計算する。

$$水面積負荷 = \frac{Q}{A} = \frac{h \cdot 24}{t} = \frac{3.5 \times 24}{3} = 28 \quad [\mathrm{m}^3 / (\mathrm{m}^2 \cdot 日)]$$

Q：流入水量 $[\mathrm{m}^3 / 日]$、A：池の表面積 $[\mathrm{m}^2]$、t：沈殿時間 $[\mathrm{hr}]$

（解答③）

Ⅲ－27　下水道の標準活性汚泥法における最初沈殿池に関する次の記述のうち、最も不適切なものはどれか。

①　池の形状は長方形、正方形又は円形とし、形状に応じて平行流又は放射流とする。

②　長方形池では長さと幅との比は 3：1 以上とし、池数は原則として 2 池以上とする。

③　排泥のために、汚泥かき寄せ機を設ける。この場合の池底こう配は、長方形池にあっては 1／100 ～ 2／100 とする。

④　水面積負荷は、計画 1 日最大汚水量に対して、合流式では 35 ～ 70 $\mathrm{m}^3／(\mathrm{m}^2 \cdot 日)$、分流式では 25 ～ 50 $\mathrm{m}^3／(\mathrm{m}^2 \cdot 日)$ を標準とする。

⑤　池の有効水深は 2.5 ～ 4.0 m を標準とする。

【解説】

池の形状は、長方形、正方形または円形とし、形状に応じて平行流または放射流とする。長方形池では長さと幅の比は 3：1 以上とし、円形池及び正方形池では直径または一辺の長さと深さの比を 6：1 ～ 12：1 程度とする。池数は原則として 2 池以上とする。排泥のためかき寄せ機を設ける場合の池底こう配は、円形池及び正方形池では 5／100 ～ 10／100、長方形池では 1／100 ～ 2／100 とする。水面積負荷は、計画 1 日最大汚水量に対して、分流式では 35 ～ 70 $\mathrm{m}^3／(\mathrm{m}^2 \cdot 日)$、合流式では 25 ～ 50 $\mathrm{m}^3/(\mathrm{m}^2 \cdot 日)$ を標準とする。池の有効水深は、

2.5〜4.0 m を標準とする。

　これらのことから、水面積負荷が合流式と分流式で逆となっている④が不適切である。 (解答④)

　Ⅲ−28　各種活性汚泥法の反応タンク（又は回分槽）における標準的な水
　　　理学的滞留時間（HRT）に関する次の組合せのうち、最も不適切なもの
　　　はどれか。

　　①　標準活性汚泥法 ………………………… 6〜8時間

　　②　オキシデーションディッチ法 ……… 24〜36時間

　　③　酸素活性汚泥法 ………………………… 1.5〜3時間

　　④　回分式活性汚泥法（高負荷型） …… 12〜24時間

　　⑤　長時間エアレーション法 ………… 8〜12時間

【解説】

　処理方式とその特徴一覧を掲載する。

処理方式	特　徴	MLSS濃度 (mg/L)	BOD-SS負荷 (kgBOD/ kgss・d)	反応タンクの水深 (m)	反応タンクの形状	HRT (h)	備　考
標準活性汚泥法	最初沈殿池、反応タンク及び最終沈殿池を備えた活性汚泥微生物による処理法で現在、多数採用されている	1,500〜2,000	0.2〜0.4	4〜6 (10程度)	く(矩)形	6〜8	（ ）は深槽式。反応タンクに凝集剤を添加することにより、りんを物理化学的に除去できる。
オキシデーションディッチ法	最初沈殿池を省略し、有機物負荷を低くするとともに、機械式エアレーションを採用して、運転管理を容易にした方法	3,000〜4,000	0.03〜0.05	1〜5	無終端水路	24〜36	最初沈殿池なし
長時間エアレーション法	最初沈殿池を省略し、有機物負荷を低くして余剰汚泥の発生量を制限する方法	3,000〜4,000	0.05〜0.10	4〜6	く形	16〜24	最初沈殿池なし
回分式活性汚泥法	1つの反応タンクで、流入、反応、沈殿、排出の各機能を行う活性汚泥法の総称	1,500〜2,000 (高負荷) 2,000〜3,000 (低負荷)	0.2〜0.4 (高負荷) 0.03〜0.05 (低負荷)	4〜6	く形	幅広い	最初沈殿池なし
酸素活性汚泥法	高い有機物負荷と高いMLSS濃度を可能にするために酸素によるエアレーションを採用した方法	3,000〜4,000	0.3〜0.6	4〜6	く形	1.5〜3	

注）急速ろ過法を併用することで、各処理法とも有機物をより高度に処理できる。

　表より、長時間エアレーション法のHRTは、16〜24時間であるので⑤が不適切である。 (解答⑤)

Ⅲ－29　伏越しに関する次の記述のうち、最も不適切なものはどれか。

①　伏越し管きょは、閉そく時の対応、清掃時の下水の排水対策等を考慮して、原則として複数とする。

②　伏越し室には、伏越し管きょ内に土砂、汚泥等が堆積するのを防止するため、泥だめを設ける。

③　伏越し管きょ内の流速は、土砂、汚泥等が堆積するのを防止するために、断面を拡大し、上流管きょ内の流速の20〜30％減とする。

④　小口径管きょの場合には、伏越し室の土砂、スカムなどの堆積及び浮上をなくすという点から、簡易な形状としてベンド管を用いた伏越し（改良型伏越し）形式を採用することもある。

⑤　雨水管きょ又は合流管きょが河川等を伏越しする場合、上流に雨水吐のないときは、伏越しの上流側に災害防止のための非常放流管きょを設けるのがよい。

【解説】

　伏越しは原則として避けるべき施設であり、設置する場合には以下の事項を考慮して定める。

1）伏越し管きょは、固形物が堆積しやすいため、維持管理を行うために2条とすることを原則とする。また、護岸等の構造物の荷重やその不同沈下の影響を受けないようにする。

2）構造は、障害物の両側に垂直な伏越し室を設置し、これらを水平または下流に向かって下り勾配で伏越し管きょで連絡したものである。

3）伏越し室には、清掃等の維持管理に必要なゲートまたは角落しのほか、深さ0.5 m程度の泥だめを設置する。

4）伏越し管きょの流入・流出口は損失水頭の少ない形状とし、管きょ内の流速は上流管きょ内流速の20〜30％増しとする。

5）雨水管きょまたは合流管きょが河川等を伏越しする場合で、上流に雨水吐がない場合には、伏越しの上流側に災害防止のための非常放流管きょを設置することが望ましい。

6）伏越しの選定に当たっては、ベンド管を用いた伏越し（改良型伏越し）
の適用を検討する。

7）伏越しが長距離となる場合には、急激な雨水流入が原因で、空気噴出に
よる人孔蓋飛散が発生することがあることから、流下状況等十分に検討す
る。

これらのことから、伏越し管きょ内の流速を、上流管きょ内流速の20～30％
増しとするため、伏越し管きょ径は上流管きょ径に比べて小さくなることから
③が不適切である。　　　　　　　　　　　　　　　　　　　　（解答③）

Ⅲ－30　下水ポンプ場沈砂池の設計に関する次の記述のうち、最も不適切
なものはどれか。

① 沈砂池の水面積負荷は、雨水沈砂池にあっては1,800 m³／(m²・日)、
汚水沈砂池にあっては3,600 m³／(m²・日) 程度を標準とする。

② 沈砂池の平均流速は、雨水、汚水沈砂池とも、0.30 m／秒程度を
標準とする。

③ 沈砂池の幅は1～5 m程度を標準とし、底部のこう配は1／100～
2／100程度とする。

④ ゲートを角型とする場合、のみ口の縦横比は、1.5：1程度を標準と
する。

⑤ 沈砂池の構造を定める際は、停電、異常流入、ポンプ故障等による
沈砂池水位の上昇を考慮する。

【解説】

　沈砂池は、一般的に水中の無機物及び粗い浮遊物を除去して放流水域の汚染
や土砂の堆積を防止し、また、ポンプ及び処理施設の摩耗や閉塞を防ぎ、処理
作業の円滑化を図るためのものである。

　沈砂池は、下水管きょと接続する流入部、流入ゲート後部の整流部、粗目ス
クリーン部、砂だまり部、細目スクリーン部及び流出部で構成される。また、
池の操作、不時の停電、沈砂池機械やポンプの修繕等のため、流入口にゲート

または角落しを設ける。①沈砂池の水面積負荷は、（1）汚水沈砂池にあっては、1,800 m³/(m²・日) 程度とする。（2）雨水沈砂池にあっては、3,600 m³/(m²・日) 程度とする。②沈砂池の平均流速は、汚水、雨水沈砂池とも、0.3 m/秒程度とする。③沈砂池の幅は、1〜5 m 程度を標準とし、底部の勾配は1/100〜2/100程度とする。④ゲートを角型とする場合は、のみ口の縦横比は、1.5：1 程度を標準とする。⑤沈砂池の構造は、停電、異常流入、ポンプ故障等による沈砂池水位の上昇を考慮する。

これらのことから、水面負荷が雨水沈砂池と汚水沈砂池が逆となっている①が不適切である。　　　　　　　　　　　　　　　　　　　　　　　（解答①）

Ⅲ－31　下水汚泥の輸送に関する次の記述の、　　　　　に入る語句の組合せとして、最も適切なものはどれか。

　汚泥の輸送形態としては、一般的に液状汚泥の場合は、送泥管による管路輸送や ア で行われ、脱水汚泥等の固体状汚泥は イ で行われる。液状汚泥の管路輸送方式は汚泥の ウ が可能であるが、送泥施設の建設、維持管理が必要となる。車両輸送方式では液状汚泥の ウ は不向きであるが、個別の処理場において汚泥処理施設を省略できるため エ に適する。

	ア	イ	ウ	エ
①	トラック	バキューム車	大量輸送	小規模下水道
②	トラック	バキューム車	大量輸送	大規模下水道
③	バキューム車	トラック	少量輸送	大規模下水道
④	バキューム車	トラック	大量輸送	小規模下水道
⑤	バキューム車	トラック	少量輸送	小規模下水道

【解説】

　汚泥の輸送は、輸送する汚泥の質と量及び周辺環境を十分考慮し、最も経済的な輸送方法を選択することが重要である。汚泥の輸送形態としては、一般的に液状汚泥の場合は、送泥管による管路輸送やバキューム車で行われ、脱水汚

泥等の固体状汚泥はトラックで行われる。液状汚泥の管路輸送方式は汚泥の大量輸送が可能であるが、送泥施設の建設、維持管理が必要となる。車両輸送方式では液状汚泥の大量輸送が不向きであるが、個別の処理場において汚泥処理施設を省略できるため小規模下水道に適する。

　管路輸送の場合、管内流速は、1.0～1.5 m/秒を標準とし、管の径は閉塞を避けるため、150 mm以上とする。管材は、内面にエポキシ樹脂粉体塗装またはモルタルライニングを施したダクタイル鋳鉄管やポリエチレン管・硬質塩ビ管等が用いられているが、施工場所の条件によりステンレス鋼管を用いる場合もある。

　これらのことから、④が適切である。　　　　　　　　　　　　（解答④）

Ⅲ－32　下水汚泥の処理方法に関する次の記述のうち、最も不適切なものはどれか。

①　汚泥の濃縮に当たり、難濃縮性の汚泥の濃縮法として、遠心濃縮、常圧浮上濃縮、ベルト式ろ過濃縮等の機械濃縮がある。

②　汚泥の消化に際し、効率的に消化を行うためには、高濃度の汚泥を消化タンクに投入することが望ましい。

③　汚泥の脱水は、脱水汚泥含水率を低下させることが重要な課題である。

④　汚泥の焼却では、以前は流動焼却炉が利用されてきたが、最近は多段焼却炉の採用が大半を占めている。

⑤　汚泥の溶融は、汚泥の減容化、埋立地での二次公害防止及び利用を目的とした処理方法であり、脱水汚泥を直接溶融する方法と焼却灰を溶融する方法とがある。

【解説】

　汚泥処分の方法としては、初期においては海洋処分や天日乾燥後の農地還元が中心であったが、汚泥量増加、都市化の進展、環境意識の高まりなどから、より効率的に汚泥を減容化する手法として、機械脱水、焼却、溶融などの技術

の採用が進んできた。汚泥濃縮方法としては、遠心濃縮、常圧浮上濃縮、ベルト式ろ過濃縮などの機械濃縮がある。汚泥消化については、消化タンクの維持管理を適切に行い、効率的に消化を行うために、高濃度の汚泥を消化タンクに投入することが望ましい。

　汚泥脱水は、脱水汚泥含水率を低下させることが重要な課題である。汚泥乾燥は、以前は多段焼却炉が利用されていたが、最近は流動焼却炉の採用が大半を占めている。汚泥溶融は、汚泥の減容化、埋立地での二次公害防止及び利用を目的とした処理方法で、脱水汚泥を直接溶融する方法と焼却灰を溶融する方法がある。

　これらのことから、汚泥の焼却方法が逆となっている④が不適切である。

（解答④）

Ⅲ－33　下水汚泥の有効利用に関する次の記述の下線部のうち、最も不適切なものはどれか。

　下水汚泥の有効利用には、緑農地利用、エネルギー利用、建設資材利用等がある。緑農地利用は、脱水汚泥、①乾燥汚泥及び②コンポストという形態で利用されている。エネルギーの利用については、汚泥の燃料化による石炭代替エネルギー化、消化ガスによる③発電等の利用がある。建設資材としての利用については、脱水汚泥での④土質改良材、溶融スラグでは⑤路盤材、コンクリート骨材などへの利用がある。

【解説】

　下水汚泥の有効利用には、緑農地利用、エネルギー利用、建設資材利用等がある。緑農地利用は、コンポストが72％で最も多く、次いで乾燥汚泥９％、焼却灰、脱水汚泥がそれぞれ8％である（平成18年度）。エネルギー利用の形態としては、(1) 消化ガス、(2) 乾燥汚泥、(3) 焼却・溶融炉排ガス、(4) 炭化汚泥の4種類がある。消化ガスを発電に有効利用する場合には、消化ガスに含まれるシロキサンがガスエンジンなどの内部に付着して点火不良などの事故につながるので対策が必要である。脱水汚泥は含水率が70〜80％と高いため、

水分調整を行った後、土壌にすき込んで作物を栽培するなどの配慮が必要である。脱水汚泥は土質改良材として利用されることはない。建築資材への利用形態としては、(1) 脱水汚泥、(2) 焼却灰、(3) 溶融スラグの3種類がある。溶融スラグは路盤材及びコンクリート骨材等へ利用される。

これらのことから、④の土質改良材としての利用は不適切である。(解答④)

Ⅲ－34　pHに関する次の記述の、　　　　　に入る語句の組合せとして、最も適切なものはどれか。

pHは、水中の水素イオン濃度の逆数の　ア　で表される。pH値7を中性、7未満を　イ　、7を超えるものを　ウ　としている。流入下水は、多くの場合、中性又は微アルカリ性で安定しているが、工場排水の大量流入により変動したり、管きょ内で堆積汚泥が腐敗すると有機酸が生成され、pH値が通常の値から　エ　ことがある。

	ア	イ	ウ	エ
①	常用対数	酸性	アルカリ性	下がる
②	常用対数	アルカリ性	酸性	下がる
③	常用対数	酸性	アルカリ性	上がる
④	自然対数	酸性	アルカリ性	下がる
⑤	自然対数	アルカリ性	酸性	上がる

【解説】

「pH」は、水素イオン指数とも言い、溶液の酸性・アルカリ性を表す物理量で、pHで表す。

pHは、水素イオンの活量の逆数の常用対数で表される。

$$pH = -\log_{10}[H^+]$$

工場排水の大量流入や管きょ内で汚泥が腐敗すると、有機酸が生成されpH値が低下することがある。

これらのことから、①が適切である。　　　　　　　　　　(解答①)

Ⅲ－35　事業場排水中の処理対象物質と主な処理方法に関する次の組合せのうち、最も不適切なものはどれか。

① シアン ………… アルカリ塩素法
② カドミウム …… 水酸化物凝集沈殿法
③ 水銀 ………… 硫化物凝集沈殿法
④ 油類 ………… 浮上分離法
⑤ フェノール類 … 電解酸化法

【解説】

事業所排水の処理対象物質の主な処理方法を示す。

排水の種類	主な処理方法
高温排水	空冷法、水冷法
酸・アルカリ排水	中和法
BOD 成分含有排水	生物処理法
SS 含有排水	ろ過法、自然沈殿法、凝集沈殿法
シアン含有排水	薬品酸化法
水銀化合物含有排水	キレート交換樹脂法
有機りん含有排水	生物処理法、凝集沈殿法
六価クロム含有排水	薬品還元沈殿法、イオン交換樹脂法、吸着法
ひ素含有排水	凝集沈殿法、吸着法
重金属類含有排水	凝集沈殿法、イオン交換樹脂法
油類含有排水	浮上分離法、吸着法、沈殿法、ろ過法、生物処理法
還元性物質含有排水	凝集沈殿法、ばっ気法、薬品酸化法
フェノール類含有排水	薬品酸化法、生物処理法
ふっ素含有排水	凝集沈殿法
ほう素含有排水	凝集沈殿法、吸着法
トリクロロエチレン等含有排水	吸着法、ばっ気法（排ガス吸着装置付き）

6 平成30年度

　上記以外にシアンの処理法として、代表的な方法として「アルカリ塩素法」がある。カドミウムの処理方法として「凝集沈殿法」「イオン交換法」などがある。水銀の処理は、(1) 硫化物凝集沈殿法、(2) 吸着法（活性炭を使用する場合と、キレート樹脂を使用する場合がある）、(3) 有機水銀化合物処理法などがある。

　⑤のフェノール類には「薬品酸化法」、「生物処理法」が用いられるものであり、「電解酸化法」は、高濃度のシアンの処理方法に用いられる。

　これらのことから、⑤が不適切である。　　　　　　　　　　（解答⑤）

7. 令和元年度試験問題　解答解説

Ⅲ－1　水道管路の更新計画に関する次の記述のうち、最も不適切なものはどれか。

① 管路更新は、老朽化による漏水・破裂の予防、濁水防止、通水能力の回復等を目的として実施されてきた。近年では、需要者サービス向上の観点から、残留塩素濃度の低減化、直結給水の拡大、耐震性の向上等を目的に実施されることもある。

② 管路更新は、管路診断と評価による診断結果を基準として、その他の計画、他企業埋設物との関連、道路占用・道路使用許可などの工事に関する諸条件も考慮し、更新計画を策定する。

③ 管路更新の工法は、「更新工法」と「更生工法」とに大別される。両工法とも、機能の低下した管を新しい管に取り替えて機能を向上させる工法であり、恒久的な対策である。

④ 優先的に更新対象とすべき管種としては、石綿セメント管、鉛管、経年鋳鉄管等がある。

⑤ 管路更新には、多額の費用と長期にわたる工事期間が必要となるため、事業の平準化や効率化を図るためアセットマネジメントの手法も導入し、管路の劣化状況等を基準として、地震対策等を勘案した管路更新計画を策定し、計画的かつ継続的に管路を更新していくことが重要である。

【解説】

水道管路は、必要な水量を輸送し、輸送中に漏水、エネルギー損失、水質劣化が少なく、維持管理が容易で安価に行えること、事故や災害に対して断水リ

スクが少ないことが求められている。このため、管路更新計画は、老朽化対策と併せて、直結給水の拡大、耐震化等の機能の向上を図る必要がある。

①、②、④、⑤は適切である。

③更生工法は新しい管に取り替えるのではなく、特殊なライニング樹脂を既設管内面に被覆する工法であり、新しい管に取り替える工法ではないことから不適切である。　　　　　　　　　　　　　　　　　　　　（解答③）

Ⅲ－2　湖や貯水池は水道水源の一種であるが、その水質により貧栄養湖と富栄養湖に分類される。貧栄養湖と富栄養湖を比較した下表において、下線部（ア）～（カ）のうち不適切なものの数はどれか。なお、下線のない部分の記述は正しいものとして解答すること。

	貧栄養湖	富栄養湖
透明度	5 m以上	5 m以下
pH	(ア) 中性付近	(イ) 中性～弱アルカリ性，夏季表層が強アルカリ性になる場合もある
溶存酸素	(ウ) 全層飽和に近い	(エ) 全層嫌気状態に近い
植物プランクトン	(オ) 貧弱，珪藻が主	(カ) 豊富，夏に藍藻による「水の華」ができる場合がある

①　1　　　②　2　　　③　3　　　④　4　　　⑤　5

【解説】

(1) 貧栄養湖

1) りん、窒素などの栄養塩濃度が低いために、生物生産力の低い湖で、一般に水深が深く、表水層に比べて深水層の容積が大きくなっている。

2) 湖底堆積物には有機物が少なく、堆積層は薄くなっている。

3) 水素イオン濃度（pH）は中性付近で、腐植質、懸濁物質が少ないため透明度は5 m以上と高くなっている。

4) 溶存酸素量は夏の成層期でも底層まで十分にあり、表層と底層間の濃

度差も小さい。

5) 植物プランクトンは珪藻が主であるが量は少ない。動物プランクトンも量は少なく、サヤツナギ、カメノコウワムシ、ケンミジンコがみられる。

6) 水生植物の分布は粗であるが、生育限界深度は深い。底生生物の種類は比較的多く、量もかならずしも少なくはない。

(2) 富栄養湖

1) 窒素、りんなどの栄養塩濃度が高く、生物生産力の大きい湖。一般に、水深が浅く、表水層に比べて深水層の容積は小さくなっている。

2) 湖底堆積物は有機物が多く、堆積層は厚くなっている。

3) 腐植質、懸濁物質が多いため透明度は低く、5 m以下となる。

4) 表層水の水素イオン濃度（pH）はアルカリ性が高く、pH10を超えることもある。

5) 夏期には表層と底層の溶存酸素量は極端に異なり、表層はしばしば過飽和となる。一方、底層の飽和度は低く、ときには貧酸素層を生じる。理由は、この時期に増殖する植物プランクトンの活発な光合成作用によって、表層水には多量の酸素が供給され、底層では有機物が微生物によって分解され、一方的に酸素が消費されることによる。

6) 植物プランクトンの大量発生によって、「水の華（はな）」現象（水面に塊状または薄層状となって浮いている状態になること）を生じる場合が多く、さらに富栄養化が進むと、夏期に藍藻による「アオコ」現象（藍藻が水面に集積し、緑色のペンキを流したような状態になること）が生じる。

7) 動物プランクトンは甲殻類では枝角目が多く、富栄養化の進行に伴って輪虫綱や原生動物が増加する。

8) 自然状態の富栄養湖であれば、沿岸から沖合に水生植物帯が広く形成される。底生生物としてはシジミなどの二枚貝をはじめ、タニシなども生息するが、酸素条件の悪い部分では低酸素に耐性のあるイトミミズ、ユスリカ幼虫などが多くなる。

これらのことから「(エ) 全層嫌気状態に近い」となっているが表層は飽和、下層が嫌気であることから不適切で、他はすべて適切である。　　（解答①）

Ⅲ－3　水道の導水施設に関する次の記述のうち、最も不適切なものはどれか。

① 導水施設の計画導水量は、計画取水量を基準とし、計画取水量は、計画一日最大給水量に20％程度の安全を見込んで決定することを標準とする。

② 導水方式には、始点である取水施設からその終点である浄水場間の標高差、路線沿いの地形、地勢等によって、自然流下式、ポンプ加圧式及び併用式がある。

③ 自然流下式の導水管を設計する際、与えられた始点、終点間の落差を最大限度利用して、流速をできるだけ大きくした方が管径を最小にできる。流速が大きくなると、バルブ操作時の異常な流量変動により圧力が不安定になったり、管内面の摩擦等が生じるので、ダクタイル鋳鉄管、鋼管、硬質塩化ビニル管とも既往の実績を参考として管内平均流速の許容最大限度を3.0 m／s程度とする。

④ ポンプ加圧式の場合、管径を小さくすれば管の布設費は安くなるが、摩擦損失が大となるので、ポンプ揚程が大きくなり、ポンプ設備費が高くなるばかりでなく、将来に渡って電力費がかさみ不経済である。

⑤ 導水管の路線を選定するに当たっては、常に管内の水圧を負圧にならないようにするため、管路の計画位置の標高が管路の始点と終点を結ぶ動水勾配線よりも下になるように計画する。

【解説】

① 計画取水量は、計画一日最大給水量と取水から浄水処理までの損失水量を考慮して定める。損失水量は導水施設の漏水や浄水施設の作業用水などがある。これらの水量は導水施設の状況や浄水処理方法によって異なるため、計画一日最大給水量の10％程度増しとして計画取水量が定められている。20％増しとなっていることから不適切である。

② 路線沿いの地形、地勢が比較的平坦で、かつ、始終点の有効落差が十分な場合は、安定性が高く、管理が容易で、動力費を必要としないことから、

自然流下式となる。

　始点水位より終点水位が高い場合や、有効落差が少なくて自然流下式が不可能な場合にはポンプ加圧式となる。

　始終点の有効落差が十分ではないが、ある程度利用できる場合には併用式となる。

　以上のことから適切である。

③適切である。

④ポンプ加圧式の場合、管径を小さくすれば管の布設費は安くなるが、摩擦損失が大きくなり、ポンプ揚程が大きくなって、ポンプ設備費、電気設備費が高くなる。逆に、管径を大きくすれば管の布設費は高くなるが、摩擦損失が小さくなり、摩擦損失が小さくなり、ポンプ揚程は小さくなって、ポンプ設備費、電力設備費が安くなる。

　一般に、管路関係費とポンプ関係費の和である年間総経費が、計画導水量に対して最も経済的となるように管径を決定する。

　以上のことから適切である。

⑤適切である。　　　　　　　　　　　　　　　　　　　　　（解答①）

Ⅲ－4　沈殿池における粒子の沈降に関する次の記述の、□□□に入る語句の組合せとして、最も適切なものはどれか。

　粒子の沈降速度は、粒子に作用する重力と流体の抵抗力とがちょうど釣合う状態で決まる。粒子が球形であることを仮定すると、ゆっくり水中を沈降する粒子に対して□ア□の式が成立する。このとき粒子の沈降速度は、□イ□に□ウ□し、流体と粒子の密度差に比例する。

	ア	イ	ウ
①	レイノルズ	粒子径の2乗	比例
②	ストークス	粒子径の2乗	比例
③	ストークス	粒子径	比例
④	ストークス	粒子径	反比例
⑤	レイノルズ	粒子径	反比例

【解説】

粒子の沈降速度は、Stokesの法則で表される。

粒子が静止流体中を他の粒子や壁の抵抗を受けないで自由落下するとき、粒子の沈降速度は次式で表される。

$$U_s = \frac{(\rho_p - \rho_f)gD_p^2}{18\mu}$$

ここで、U_s：粒子の進行速度、ρ_p：粒子の密度、ρ_f：流体の密度、
D_p：粒子の径、μ：流体の粘度

式で表されるように、粒子の沈降速度は粒子径の2乗に比例し、流体と粒子の密度の差に比例する。

したがって、浄水場などで形成されるフロックの径は大きくすること、流体（通常水）の密度差を大きくするよう凝集剤の選択など考慮する必要がある。

これらのことから、②が正しい。　　　　　　　　　　　　　　　　（解答②）

Ⅲ－5　水道用ろ材に関する次の表の、[　　　　]に入るろ材の組合せとして、最も適切なものはどれか。

	単位	（ア）	（イ）	（ウ）
有効径	mm	0.7〜1.5	0.45〜0.70	0.30〜0.45
均等係数	UC	1.5以下	1.7以下	2.0以下
密度	g／cm³	1.40〜1.69	2.57〜2.67	2.57〜2.67
最小径	mm	0.5以上	0.3以上	0.18以上

	ア	イ	ウ
①	緩速用ろ過砂	急速用ろ過砂	アンスラサイト
②	アンスラサイト	緩速用ろ過砂	急速用ろ過砂
③	マンガン砂	急速用ろ過砂	緩速用ろ過砂
④	アンスラサイト	マンガン砂	緩速用ろ過砂
⑤	急速用ろ過砂	アンスラサイト	マンガン砂

【解説】

　浄水の処理においてろ過は、原水中の懸濁物質を薬品によって凝集させた後、「粒状の層」に水を通し、ろ材への付着とろ層でのふるい分けによって濁質を除去する操作である。

　除去する濁質によってろ材の種類を使い分ける必要がある。

　「アンスラサイト」は、無煙炭といわれる石炭を粉砕、ふるい分けを行い、ろ材に適した粒度分布としたろ過材である。砂の約半分の密度という特性があり、逆流洗浄を行っても、密度の違いから砂と混じり合うことがないため、ろ過砂の上部に敷き詰めて複層ろ過材として使用されている。密度が $1.40 \sim 1.69$ g/cm^3 と小さいことが特長で、表面洗浄や逆流洗浄時に流出しやすいので運転操作時に注意が必要である。

　「マンガン砂」は、マンガンが含有している原水に塩素を注入し、マンガンを被覆しているろ過材に接触させると、原水中からマンガンを除去することができる。マンガン砂の有効径は、$0.45 \sim 0.70$ mm、均等係数は1.7以下、密度は $2.57 \sim 2.67$ g/cm^3、最大径2.0 mm以下、最小径0.3 mm以上である。

　「急速用ろ過砂」は、有効径 $0.45 \sim 0.70$ mm、均等係数1.7以下、密度 $2.57 \sim 2.67$ g/cm^3、最大径2.0 mm以下、最小径0.3 mm以上である。

　「緩速用ろ過砂」は、有効径 $0.30 \sim 0.45$ mm、均等係数2.0以下、密度は $2.57 \sim 2.67$ g/cm^3、最大径2.0 mm以下、最小径0.18 mm以上である。

　これらのことから、数値を比較し、④が適切である。　　　　　　　（解答④）

Ⅲ－6　我が国の浄水処理における消毒剤に関する次の記述のうち、最も不適切なものはどれか。

① 給水栓水で保持すべき残留塩素濃度は、平常時の場合、遊離残留塩素で0.2 mg／L（結合残留塩素で0.4 mg／L）以上とする。

② 塩素剤は、連続的な注入ができ、また、随時注入を強化できるように、常にある程度の余裕量を貯蔵しておく必要がある。

③ 次亜塩素酸ナトリウム溶液は、「労働安全衛生法施行令」による規制の対象から除外されている。

④　災害など非常対策用の塩素剤としては、取扱い性、化学的安定性か
　　ら次亜塩素酸カルシウムが適している。
⑤　消毒剤の注入設備には、予備設備を設ける必要がある。

【解説】
　給水栓水で保持すべき残留塩素濃度は、平常時の場合は、遊離残留塩素で0.1
mg/L（結合残留塩素では0.4 mg/L）以上、消化器系感染症流行時や広範囲
の断水後給水を開始する時等においては、遊離1.5 mg/L）以上とすることが、
「水道法施行規則」などによって示されている。
　塩素剤は、連続的な注入ができ、また、随時注入を強化できるように、常に
ある程度の余裕量を貯蔵しておく必要がある。次亜塩素酸ナトリウム溶液は、
労働安全衛生法施行令による規制の対象から除外されている。災害など非常対
策用として準備しておくには、取扱い性、化学的安定性から次亜塩素酸カルシ
ウムが良い。注入設備は、最大から最小まで安定して正確に注入できるもので、
かつ予備設備を設けるものとされている。
　これらのことから、遊離残留塩素が0.2 mg/L以上となっている①は不適切
である。　　　　　　　　　　　　　　　　　　　　　　　　　　　（解答①）

Ⅲ－7　水道におけるオゾン処理に関する次の記述のうち、最も不適切な
　ものはどれか。
①　オゾン処理は、既に生成しているトリハロメタンの低減効果がある。
②　オゾン処理によりトリハロメタン前駆物質が増加することがある。
③　オゾン処理と生物活性炭処理を併用すれば、生物学的に難分解性の
　　有機物を易分解性の有機物に分解するため、生物活性炭で有機物を除
　　去してから塩素消毒を行えば、トリハロメタンの生成量を抑制するこ
　　とができる。
④　一般的なオゾンの注入率は0.5～3.0 mg／Lである。
⑤　一般的なオゾン接触時間は10分前後としている場合が多い。

【解説】

オゾンは、さまざまな副生成物を生成するので、オゾン処理は単独では使用できず、粒状活性炭処理を併用しなければならない。オゾン処理は、すでに生成しているトリハロメタンの低減効果はない。

トリハロメタン前駆物質が増加することもあるが、生物活性炭処理を併用すれば、生物学的に難分解性の有機物を易分解性の有機物に分解するため、生物活性炭で有機物を除去してから塩素消毒を行えば、トリハロメタンの生成量を抑制することができる。

一般的に、オゾンの注入率は0.5〜3 mg/Lであり、オゾン接触時間は10分前後としている場合が多い。

これらのことから、すでに生成しているトリハロメタンの低減効果はあるとなっているが、低減効果はないことから①が不適切である。　　　　（解答①）

Ⅲ−8　浄水場の紫外線処理施設に関する次の記述のうち、最も不適切なものはどれか。

① クリプトスポリジウム等の不活化に必要な紫外線照射量（照射強度 [mW／cm^2] ×照射時間 [s]）は10 mJ／cm^{2}とする。

② 紫外線によるクリプトスポリジウムの不活化能力は水温や照射強度に依存せず、紫外線照射量（照射強度 [mW／cm^2] ×照射時間 [s]）に依存することから、水温と照射強度に対する考慮は実質上必要としない。

③ 処理対象とする水の水質は、濁度5度以下であること、色度2度以下であること、紫外線（253.7 nm付近）の透過率が75％を超えること（紫外線吸光度が0.125 abs／10 mm未満であること）を満たす必要がある。

④ 既に耐塩素性病原生物を除去できるろ過施設を導入している浄水施設において、クリプトスポリジウム等の処理の確実性を向上させるため、当該ろ過施設の後段に紫外線処理施設を導入することとしてもよい。

⑤　十分な紫外線が照射されていることを常時確認可能な紫外線強度計
　　を設置しなければならない。

【解説】

　紫外線処理とは、紫外線の光エネルギーを微生物に加えることで、核酸
（DNA）を損傷させて不活化する処理法をいう。クリプトスポリジウム等の不
活化に必要な紫外線照射量（照射強度 $[mW/cm^2]$ ×照射時間 $[s]$）は、常時
$10 mJ/cm^2$ 以上を確保できる設備とする。

　処理対象とする水は、次を満たす水質とする。(1) 濁度は2度以下とする。
(2) 色度は5度以下とする。(3) 紫外線の透過率は75％を超えるものとする。

　紫外線によるクリプトスポリジウムの不活化能力は、水温や照射強度に依存
せず、紫外線照射量（照射強度×照射時間）に依存するので、水温と照射強度
を考慮することは実質上、必要がない。

　紫外線照射装置構成は、紫外線照射槽、ランプ、ランプスリーブ、紫外線強
度計、付属制御盤、自動洗浄装置、温度計（水温計）を基本とする。

　既に耐塩素性病原生物を除去できるろ過設備を導入している浄水設備におい
て、クリプトスポリジウム等の処理の確実性を向上させるため、当該ろ過施設
の後段に紫外線処理施設を導入してもよい。

　これらのことから、濁度と色度の数値が逆となっている③は不適切である。

（解答③）

Ⅲ－9　上水道の給水装置に関する次の（ア）～（エ）の記述について、
　　適切なものの数はどれか。
　（ア）水道事業者は、水の供給を受ける者の給水装置の構造及び材質が、
　　　　政令で定める基準に適合していないときは、供給規定の定めに関わら
　　　　ず、給水契約の申込みを拒み、又は基準に適合させるまでの間給水を
　　　　停止することができる。
　（イ）給水装置の配水管への取付口の位置は、他の給水装置の取付口から
　　　　30cm以上離れていなければならない。

　　（ウ）直結給水における計画使用水量は、給水用具の同時使用の割合等を
　　　　考慮して実態に合った水量を設定する。
　　（エ）給水管の管径は、配水管の計画最大静水圧時において、計画使用水
　　　　量を供給できる大きさとする。
　　①　1　　②　2　　③　3　　④　4　　⑤　0

【解説】

　　（ア）給水装置の構造及び材質は政令で定める基準となっているが、省令が
　　　　正しく不適切である。

　　（イ）適切である。

　　（ウ）適切である。

　　（エ）給水管の管径は、配水管の計画最大静水圧時において、計画使用水量
　　　　を供給できる大きさとするとなっているが、計画最小動水圧時が正しく、
　　　　不適切である。

これらのことから、適切なものの数は2個である。　　　　　　　　（解答②）

Ⅲ－10　給水装置で、逆流による事故を防止する措置に関する次の記述の
　　うち、最も不適切なものはどれか。

　①　給水管には、当該給水装置以外の水管、機械、設備等と直接連結し
　　　ない。

　②　需要者に開閉操作を委ねている小便器洗浄水栓については、給水管
　　　内に負圧が生じたときの事故に備えて、逆流防止弁又はバキューム
　　　ブレーカを取り付ける。

　③　バキュームブレーカは、逆サイホン作用は防止できるが、逆圧によ
　　　る逆流は防止できない。

　④　受水槽、流し、洗面器、その他水を受ける容器に給水する場合には、
　　　給水栓の吐水口と、水を受ける容器の越流面との間に、吐水口の内径
　　　に係わらず常に一定の「吐水口空間」を設ける。

　⑤　用途の異なる管が給水管と近接配管されている場合は、外見上判別

> しがたい場合もあるため、管の外面にその用途が識別できるように表示する。

【解説】

①適切である。

②適切である。

③バキュームブレーカは、負圧になった時点で吸気口から空気を吸引して、負圧を破壊する構造となっているため、逆圧となった場合には逆流防止できないことから適切である。

④吐水口の内径に応じて、吐水口空間が定められていることから不適切である。

⑤誤接合防止のために有効であることから適切である。

（解答④）

Ⅲ−11　上水道の計装設備に関する次の記述の、□□□□に入る語句の組合せとして、最も適切なものはどれか。

　計装は、設備だけでなく、それを生かす　ア　が重要な要素になる。その　ア　が不完全であると十分に機能しない。また、計装設備は、他の土木設備や電気設備のように浄水処理に直接的に必要な機能を　イ　ところに大きな特徴がある。さらに、計装設備は、　ウ　と　エ　との間の会話を行う設備で、運転指令を　ウ　から　エ　に伝えたりするものである。このように、プラント全体に関連し、各施設の運転管理を行っていることから、十分な安全対策が要求され、故障や誤作動に対するバックアップや　オ　の対策が必要である。

	ア	イ	ウ	エ	オ
①	ソフトウェア	有している	人間	プラント	フール・プルーフ
②	既存ハードウェア	有していない	プラント	人間	フール・プルーフ
③	既存ハードウェア	有している	プラント	人間	フール・プルーフ
④	ソフトウェア	有している	コンピュータ	プラント	フェールセーフ
⑤	ソフトウェア	有していない	人間	プラント	フェールセーフ

【解説】

　計装設備の適用範囲は、取水場、浄水場および配水場等個々の施設を対象とした プラント制御と、水源から配水施設までの水道施設全体を総合的に一体化して、運転管理する系統運用制御がある。いずれもハードウェアだけではなく、ソフトウェアも重要であり、ソフトウェアに不備があると、制御が十分に行えないことになる。

　計装設備は、他の土木施設と異なって直接的に浄水処理にはかかわっていないが、制御のために必要な設備であり、人間が各種条件を判断して、プラントの制御を行っている。

　このため、故障や誤作動に対するバックアップや、故障が発生した場合に安全な状態にするため停止させるフェールセーフ対策が必要である。なお、水道施設では水の供給を継続することがより重視されるため、基本的には運転状態をホールドした上で、その後、運転員が運転停止を判断する場合が多い。他の安全対策としては、誤操作により設備や人へ影響を与えないように、間違った手順では動作しないようにするインターロック、人はミスをする前提でミスを行えないようにするフール・プルーフ等がある。

　これらのことから、ア：ソフトウェア、イ：有していない、ウ：人間、エ：プラント、オ：フェールセーフとなり、⑤が適切である。　　　　　（解答⑤）

Ⅲ−12　配水量に関する次の記述のうち、最も不適切なものはどれか。

① 配水量とは、配水管の始点における流量の合計であり、有効水量と無効水量の和で求められる。

② 有効水量とは、使用上有効と見られる水量であり、有収水量と無収水量の和で求められる。

③ 有収水量とは、当該水量について料金などからの収入がある水量であり、料金徴収の基礎となった水量や他の水道事業に分水した水量が対象になる。

④ 無効水量のうち、漏水量とは、配水本支管から水道メーターを経た私有地内の給水管で発生する漏水の水量のことである。

⑤　無収水量とは、当該水量について収入がない水量であり、水道メーター不感水量や管洗浄用水などの局内事業用水量が対象になる。

【解説】

各用語の内容は次のとおり。

(1) 配水量　　有効水量と無効水量の合計

(2) 有効水量　給水量のうち、漏水、その他損失とみられる以外の水量

(3) 有収水量　給水量のうち料金徴収の対象となった水量

(4) 無収水量　給水量のうち料金徴収の対象とならなかった水量

(5) 無効水量　給水量のうち、漏水、その他損失とみられる水量

これらのことから、水道メーター下流給水管は、個人の所有物であるため、漏水量の把握は行っていないことから④が不適切である。　　　　（解答④）

Ⅲ－13　貯水位の異なる2つの貯水池を結ぶ管水路がある。このとき、損失を考慮したベルヌーイの式に関する次の記述のうち、最も適切なものはどれか。ただし、z は位置水頭（基準面からの管中心部の高さ）[m]、P は管中心部の圧力 [Pa]、v は断面平均流速 [m／s]、ρ は流体の密度 [kg／m³]、g は重力加速度 [m／s²] である。

①　位置水頭と速度水頭を足したものを流下方向に連ねた線を動水勾配線という。

②　位置水頭、圧力水頭、速度水頭、損失水頭を足すと常に一定値になる。

③　$P \div (2z)$ を圧力水頭という。

④　$v^2 \div (\rho g)$ を速度水頭という。

⑤　圧力水頭と速度水頭を足したものをピエゾ水頭という。

【解説】

管路における損失水頭を考慮したベルヌーイの式は次式のとおりである。速度水頭・位置水頭・圧力水頭、損失水頭の合計が常に一定となる。

$$\frac{v^2}{2g} \ (\text{速度水頭}) \ + z \ (\text{位置水頭}) \ + \frac{P}{\rho g} \ (\text{圧力水頭}) \ + h_f \ (\text{損失水頭}) \ = 一定$$

位置水頭と圧力水頭を足したものをピエゾ水頭、速度水頭と位置水頭と圧力水頭を足したものを全水頭、位置水頭と圧力水頭を足したものの変化率を動水勾配線、全水頭の変化率をエネルギー線という。

①は位置水頭と速度水頭を足したものとなっているが、位置水頭と圧力水頭を足したものが正しいことから不適切である。

②適切である。

③圧力水頭の式は $P/(\rho g)$ であることから不適切である。

④速度水頭の式は $v^2/(2g)$ であることから不適切である。

⑤ピエゾ水頭は位置水頭と圧力水頭を合計したものであることから不適切である。

（解答②）

Ⅲ−14　ダムの形式に関する次の記述の、　　　　　に入る語句の組合せとして、最も適切なものはどれか。

　　ダム形式は、堤体材料から　ア　と　イ　に分類され、　ア　は、その力学的特性により重力式ダム及び　ウ　に、　イ　は、しゃ水機能を果たす部分の構造により、表面しゃ水型、均一型、ゾーン型に分類される。なお、　イ　は、堤体材料によってアースダムと　エ　に分類される。

	ア	イ	ウ	エ
①	コンクリートダム	フィルダム	ロックフィルダム	アーチ式ダム
②	アーチ式ダム	フィルダム	コンクリートダム	ロックフィルダム
③	フィルダム	コンクリートダム	アーチ式ダム	ロックフィルダム
④	フィルダム	コンクリートダム	ロックフィルダム	アーチ式ダム
⑤	コンクリートダム	フィルダム	アーチ式ダム	ロックフィルダム

185

【解説】

　ダムの型式は、堤体材料からコンクリートダムとフィルダムに分類され、コンクリートダムはその力学的特性から、重力式ダム、アーチ式ダムに、フィルダムは、遮水機能を果たす部分の構造により、表面遮水型、均一型、ゾーン型に分類される。なお、フィルダムは、堤体材料によってアースダムとロックフィルダムに分類される。

　コンクリートダムのうち、重力式ダムは堤体の重量で荷重に対して抵抗するため、基礎岩盤は十分なせん断強度を有する堅硬な岩盤が必要である。アーチ式ダムは堤体周辺の地盤に伝えることによって荷重に抵抗するため、ダムの厚さが薄くでき、重力式ダムに比べてせん断強度に対する制約は少ないが、上部まで岩盤が堅硬であり、アーチ推力に十分対抗できる強度が必要である。

　フィルダムは荷重を広い面積で地盤に伝えるため、基礎の強さの上での制約条件は少ない。

　これらのことからア：コンクリートダム、イ：フィルダム、ウ：アーチ式ダム、エ：ロックフィルダムとなり、⑤が適切である。　　　　　　　（解答⑤）

Ⅲ－15　浄水場の排水処理に関する次の記述のうち、最も不適切なものはどれか。

① 　排水処理とは、沈殿池に堆積したスラッジやろ過池の洗浄排水等の浄水場から出る排水を処理する技術である。

② 　排水処理は、調整、濃縮、脱水及び処分の工程からなり、発生する排水やスラッジの性状や量にあわせて、その全部又は一部をもって構成される。

③ 　排水処理の過程で生じる調整工程の上澄水や脱水工程の脱離液などは、原水として返送、利用することも可能であるが、溶解性物質等が濃縮されるので、水質を検査し、必要に応じて浄水処理に影響しないように処理をする必要がある。

④ 　濃縮施設は、自然沈殿による濃縮を行う施設であり、濃縮の目的は、脱水効率の改善と脱水機容量の減少である。

⑤　一般に、貯水池や湖沼を水源とする場合は、比較的大きい粒子が停滞水域で除去されるため、原水中の濁質は微細粒子が多くなるとともに、藻類等の生物が発生しやすく、有機物が比較的多いためスラッジの濃縮性、脱水性が良い。

【解説】

　浄水場の排水処理は、浄水場処理過程から排出される、沈殿池に堆積したスラッジ、ろ過池の洗浄排水及び洗砂排水等を適切に固液分離することにより、離脱液と脱水ケーキに分ける施設である。

　排水処理は、調整、濃縮、脱水乾燥及び処分のすべてまたは一部をもって構成されている。

　調整工程の上澄水や脱水工程の脱離液などは、原水として返送、利用することは可能であるが、溶解性物質等が濃縮されている場合があるので水質を検査して、浄水処理に影響しないよう処理する必要がある。濃縮工程は、通常沈降濃縮方法をとっており、濃縮の目的は脱水効率の改善と脱水機容量の減少である。一般的に、貯水池や湖沼を水源とする場合は比較的大きい粒子が除去されるため、原水中の微粒子が多くなり、藻類等の生物が発生しやすく、有機物が比較的多くなるため、スラッジの濃縮性、脱水性が悪くなることが多い。

　これらのことから、スラッジの濃縮性、脱水性が良いとなっているが、悪くなることが多いことから⑤は不適切である。　　　　　　　　　（解答⑤）

7
令和元年度

Ⅲ－16　次の水道の水質基準項目のうち、基準値が最も低い（数値として小さい）ものはどれか。
①　ヒ素及びその化合物
②　クロロホルム
③　ジェオスミン
④　水銀及びその化合物
⑤　ベンゼン

【解説】

　水質基準項目は、51項目が定められている。それぞれに基準値が定められているので、一度は目を通しておく必要がある。ヒ素及びその化合物の基準値は0.01 mg/L以下、クロロホルムは0.06 mg/L以下、ジェオスミンは0.00001 mg/L以下、水銀及びその化合物は0.0005 mg/L以下、ベンゼンは0.01 mg/L以下と定められている。

　したがって、最も小さいものは、③である。

（解答③）

　Ⅲ－17　水源の種類別にみた水質管理に関する次の記述のうち、最も不適切なものはどれか。

①　河川水の水質には、一般に、季節に伴う変化と、各種排水の流入による変化とが認められる。したがって、水源河川の水質を把握するには、少なくとも季節ごとに1回、流域の主要な地点において水質調査を行う必要がある。

②　取水点の上流域に工場、農地やゴルフ場、下水等が存在する場合は、それら工場の製品、原材料、排水経路等や、農薬の種類、使用時間、使用量、下水の流入量等を把握しておくことが、水質管理上有効である。

③　我が国の湖沼、貯水池では、一般に、停滞期と循環期の反復が認められるので、その水質を正確に把握するためには、定点において定期的に深度別の水質調査を行う必要がある。

④　地下水の水質は、変化しやすく、不安定であるのが通例である。したがって、水質に変化が認められても、異常の発生を意味するものではない。

⑤　地下水は、外観的には清浄で変化が認められなくても、硝酸性窒素及び亜硝酸性窒素の経年的な増加、トリクロロエチレン等の有機化学物質による汚染などが生じている場合がある。

【解説】

①、②、③、⑤は適切である。

④地下水の水質は、変化が少なく、安定しているのが通例であり、水質の変化は異常の発生を意味することから、不適切である。　　　（解答④）

Ⅲ－18　下水道の雨水管理計画に関する次の記述のうち、最も不適切なものはどれか。

　①　合流管きょなので、計画雨水量と計画時間最大汚水量とを加えた量を支障なく排水できるよう、管きょの能力を決定した。

　②　管きょの配置と大きさの決定に当たり、下流ほどこう配を緩くし、流速が速くなるよう配慮した。

　③　計画区域内に既存の排水路がある。この系統、能力、構造、将来計画などを考慮したうえで、活用することとした。

　④　ポンプ排水区域を決定するに当たり、放流先の河川の計画外水位を基準に動水こう配線を引き、これが地表面に出る区域とした。

　⑤　浸水常襲地のポンプ場建設に当たり、維持管理を考えて電気室をポンプ棟の最も下の階に設置することとした。

【解説】

①合流管きょにおける流下量のうち、計画時間最大汚水量に比べて、計画雨水量が大きくなる。このため、計画時間最大汚水量に余裕を見込まないことから、適切である。

②下流に行くほど勾配を緩く、流速を速く、断面を大きくしてスムーズに排除を行うことから、適切である。

③計画区域内では、なんらかの既存施設により雨水排除が行われていることから、既存施設の活用状況や将来計画を把握することが必要であることから、適切である。

④動水勾配線が地表面より高くなった場合には浸水区域となる。浸水区域とならないためには、ポンプ排水区域としなければならないことから、適切

である。

⑤ポンプ場の位置は、区域内で最も低い場所となることが多いので、降雨時には浸水に対して機能保持できることが必要である。計画外水位以下とならない位置とすること、あるいは防水性を持った施設としなければならない。特に電気関係機器は絶対浸水しない位置としなければならないことから、不適切である。

（解答⑤）

Ⅲ－19　下水道施設の改築に関する次の記述の下線部のうち、最も不適切なものはどれか。

　改築とは、排水区域の拡張等に起因しない対象施設の①全部又は一部の再建設あるいは取り替えを行うことと定義され、更新と長寿命化対策に分類される。このうち、長寿命化対策は②対象施設の全部の再建設あるいは取り替えを行うことと定義されている。

　今後は施設のストック量が増加することから、③予防保全的な管理により、下水道施設を適正に維持管理するとともに、計画的・段階的に長寿命化を含めた改築を実施していくことが重要である。

　また、改築にあたっては、施設のグレードアップや下水道システムの再編についても積極的に検討する必要がある。その具体例として、④処理区の再編や水処理・汚泥処理機能の集約化等が考えられる。最近では、⑤事業の平準化とライフサイクルコストの最小化を実現することを目的としたストックマネジメントを導入し、持続可能な下水道事業の実施を図ることが求められている。

【解説】

　膨大となった下水道資産を、適正な機能を維持し続けていくためには、各種の状況を把握したうえで、老朽化した施設等の改築を計画的に進める必要がある。改築とは排水区域の変更に起因しない「対象施設」の全部または一部の再建設あるいは取り替えることと定義されている。改築のうち、「対象施設」の全

部の再建設あるいは取り替えを行うことを更新、「対象施設」の一部の再建設あるいは取り替えを行うことを長寿命化対策に分類されている。従来の事後保全管理では、増加した下水道資産に対応できなくなるため、統計的な手法を用いて、事前に事故の発生を予測・防止する予防保全管理により、適正な維持管理、計画的な長寿命化を含めた改築を行っていかなければならない。

　改築は従来の維持管理機能を維持するだけではなく、都市化による流出係数の変化、人口の減少、下水道に対する社会情勢を踏まえて、その役割を果たすためのグレードアップや再編（例として処理区の統合、下水汚泥の共同処理、維持管理業務の共同化、ICT活用による集中管理等）を含めて実施しなければならない。最近の動向としては、同時期に大量に建設された下水道施設が老朽化した場合に、事業量が膨大となることに対応することができないことが予想されるため、新規整備、改築及び維持管理を一体的に捉えて、事業の平準化とライフサイクルコストの最小化を目的としたストックマネジメントを導入し、持続可能な下水道事業とすることが求められている。ストックマネジメントの導入には、膨大なストックのデータベースを構築し、実施可能な個所から段階的導入していくことが望ましいとされている。

　これらのことから、更新の定義であり、一部の再建設あるいは取り替えを行うことが長寿命化対策の定義であることから、②が不適切である。

（解答②）

7　令和元年度

Ⅲ−22　窒素除去法は、主に微生物の硝化反応、脱窒反応を組合せた生物学的方法が用いられる。硝化反応は、硝化細菌によってアンモニア性窒素を硝酸性窒素へと酸化する反応で次式で表すことができる。

$$NH_4^+ + 2O_2 \rightarrow NO_3^- + H_2O + 2H^+$$

　1 gのアンモニア性窒素が硝酸性窒素に酸化されるのに必要な酸素量として、最も近い値はどれか。水素、窒素、酸素の原子量は、それぞれ1、14、16とする。

①　2.29 g　　②　2.86 g　　③　3.43 g　　④　4.57 g　　⑤　4.88 g

【解説】

　生物学的脱窒素法には、硝化工程と脱窒素工程の2つの工程に分けられる。この工程は、アンモニアを亜硝酸と硝酸に酸化するものである。亜硝酸には亜硝酸菌が、硝酸には硝酸菌が関与している。

　　　　亜硝酸による酸化　　　　$NH_4^- + \dfrac{3}{2} O_2 \rightarrow NO_2^- + H_2O + 2H^+$

　　　　硝酸菌による酸化　　　　$NO_2 + \dfrac{1}{2} O_2 \rightarrow NO_3^-$

　　　　全体反応　　　　　　　　$NH_4 + 2O_2 + H_2O + 2H^+$

　この問題は、$NH_4^+ - N$、すなわち、アンモニアの（N）に着目して考える。

　1gのアンモニア性窒素（N）の硝化にどれだけの酸素（O_2）が必要であるかを考える。

　　　　　$N : 2O_2 = 14 : 2 \times 16 \times 2$

　　　　　$14 : 64 = 1 : x$

　　　　　$x = 64 \div 14 = 4.57$

（解答④）

Ⅲ－23　循環式硝化脱窒法において、流入水量1,200 m^3／日、返送汚泥量600 m^3／日、反応タンク内の循環水量1,200 m^3／日のとき、反応タンク内での硝化脱窒反応による窒素除去率の値はどれか。

　　　ただし、最初沈殿池流出水中の窒素が好気タンク内で全て硝化され、無酸素タンクへ循環返送された硝酸性窒素と亜硝酸性窒素が全て脱窒されるものとする。

　　① 50%　　② 60%　　③ 70%　　④ 80%　　⑤ 90%

【解説】

　循環式硝化脱窒法における窒素除去率は、次の式によって算出する。

　窒素除去率は、最初沈殿池流出水中の窒素が好気タンク内ですべて硝化され、無酸素タンクへ循環返送された$NO_x - N$（$NO_2^- + NO_3^-$）$- N$がすべて脱窒されるとした場合、

$$E_n = \frac{R}{1 + R}$$

ここに、R：循環水量比

$$R = \frac{Q_r + Q_c}{Q_{in}}$$

ここに、Q_r：返送汚泥量 $[\text{m}^3/\text{d}]$
　　　　Q_c：循環水量 $[\text{m}^3/\text{d}]$
　　　　Q_{in}：流入水量 $[\text{m}^3/\text{d}]$

まず、循環水量比を計算する。

$$R = \frac{600 + 1,200}{1,200} = 1.5$$

次に、窒素除去率 E_n を計算する。

$$E_n = \frac{1.5}{1 + 1.5} = 0.6$$

すなわち、窒素除去率は60％である。　　　　　　　　　　　　　　　　（解答②）

Ⅲ－24　下水の高度処理に関する次の記述のうち、最も不適切なものはどれか。

① 回分式活性汚泥法は1サイクル中に嫌気・無酸素・好気などの条件を任意に設定できるため、硝化脱窒及び生物学的リン除去を図ることもできる。

② 循環式硝化脱窒法において後段の好気タンクから前段の無酸素タンクに硝化液を返送するのは、無酸素タンクにおいて、流入水中の有機物を有効に利用しながら脱窒するためである。

③ 嫌気無酸素好気法は、窒素とリンを同時に処理できる処理方式であり、好気タンクから嫌気タンクへ硝化液を循環させるプロセスである。

④ 標準活性汚泥法の処理場であっても反応タンク前段のエアレーション量を少なくすることで擬似的な嫌気条件を形成させて生物学的リン除去を図ることもできる。

⑤　固定化担体は主に、従属栄養細菌より増殖速度が遅い硝化細菌を好
　気タンク内に高濃度に保持する目的で利用される。

【解説】

　回分式活性汚泥法は、1サイクル中に嫌気・無酸素・好気の条件を自由に設
定できるので、運転条件の設定によっては、負荷条件に応じて生物学的な窒素
除去あるいは生物学的なりん除去を図ることもできる。循環式硝化脱窒法は、
反応タンク前段に無酸素タンク、後段に好気タンクを設置し、硝化液を循環ポ
ンプや返送汚泥ポンプなどによって好気タンクから無酸素タンクへと返送する
ことにより窒素の除去を行うプロセスである。これは無酸素タンクにおいて、
流入水中の有機物を有効に利用しながら脱窒するためである。嫌気無酸素好気
法は、反応タンクを嫌気タンク、無酸素（脱窒）タンク、好気（硝化）タンク
の順に配置し、流入水と返送汚泥を嫌気タンクに流入させる一方、硝化液を循
環ポンプによって好気タンクから無酸素タンクへ循環させるプロセスである。
標準活性汚泥法であっても、運転方法の改善で、高度処理を行っている。すな
わち、既設の反応槽に隔壁を設けて、反応槽後段に空気を十分に吹き込むこと
で硝化を促進し、生じた硝酸の一部を循環ポンプにより反応槽前段に戻す。反
応槽前段では送風量を絞ることで、高度処理の無酸素槽と同様な状態を作り出
し、窒素の削減を図る。また、反応槽前段で送風量を絞ることで、高度処理の
嫌気槽と同様な状態を作り出し、反応槽後段では好気槽の微生物と同じ働きに
より、りんの削減を図る。

　担体添加活性汚泥法は、活性汚泥と一緒に流動する担体に窒素除去に関与す
る微生物（硝化細菌）を高密度に保持することにより、通常の活性汚泥法の処
理時間で窒素の除去を可能にした技術である。

　これらのことから、好気タンクから嫌気タンクへ硝化液を循環させるとなっ
ているが、好気タンクから無酸素タンクに循環させることが正しく、③が不適
切である。　　　　　　　　　　　　　　　　　　　　　　　　　（解答③）

Ⅲ−25　膜分離活性汚泥法の特徴に関する次の記述のうち、最も不適切な
ものはどれか。

①　活性汚泥法の反応タンクにろ過膜を浸漬して、活性汚泥混合液から
直接ろ過水を得る処理方式である。

②　ろ過膜下部からエアレーションを行うことで気液混合流により膜面
を洗浄し、膜の閉塞を防止している。

③　反応タンク内MLSS濃度を高く保持できるため短時間で良好な処理
ができ、ろ過膜を用いるため処理水中にSSは検出されず、透視度が
高く清澄な処理水が得られる。

④　SRTが長いため、標準活性汚泥法と比較して余剰汚泥発生量は多く
なる。

⑤　最初沈殿池、最終沈殿池、消毒施設は必要としないため、必要敷地
面積を小さくできる。

【解説】

　膜分離活性汚泥法は、活性汚泥法の反応タンクにろ過膜を浸漬して、活性汚
泥混合液から直接ろ過水を得る方法である。ろ過膜下部からエアレーションを
行って気液混合液によって膜面を洗浄することで膜の閉塞を防止している。反
応タンクのMLSS濃度が高いため、余剰汚泥は反応タンクから直接引き抜いて
脱水することが可能で、処理水にSSが含まれず、有機物の除去は従来の活性
汚泥法と比較して良好である。SRTが長いため、処理過程で硝化反応が起こり
やすく、余剰汚泥発生量は少ない

　膜分離活性汚泥法のプロセス構成上の特徴に、最初沈殿池、最終沈殿池、消
毒施設は必要ないので、設置面積を小さくできる。

　これらのことから、余剰汚泥発生量が多くなるとなっているが、少なくなる
ことが正しく、④が不適切である。　　　　　　　　　　　　　　　（解答④）

Ⅲ－26　下水道施設の土木構造物の標準的な耐震計算法の組合せとして、
　　最も不適切なものはどれか。

　　①　反応タンク　　　　　　　　　　　　　震度法

　　②　地下管廊　　　　　　　　　　　　　　応答変位法

　　③　地下埋設水槽　　　　　　　　　　　　応答変位法

　　④　導水きょ　　　　　　　　　　　　　　応答変位法

　　⑤　汚泥焼却炉コンクリート基礎　　　　　震度法

【解説】

　下水道施設の処理場・ポンプ場における耐震計算方法は、地上構造物（水槽
構造物、版状構造物）は震度法、地中構造物（管路施設、地中埋設線状構造
物）は応答変位法となっている。③は水槽構造物であることから震度法で計算
するため不適切である。　　　　　　　　　　　　　　　　　　（解答③）

Ⅲ－27　下水処理水の消毒に関する次の記述のうち、最も不適切なものは
　　どれか。

　　①　オゾン消毒に用いる反応タンクは、耐腐食性及び安全性を考慮して
　　　コンクリート製又はステンレス製の開放構造とする。

　　②　紫外線による消毒効果は、紫外線照射量に比例し、紫外線照射量は、
　　　紫外線照射強度と照射時間との積で求められる。

　　③　塩素消毒施設の接触タンクにおける接触時間は、塩素注入後、計画
　　　下水量に対して15分以上とることを標準とする。

　　④　水質汚濁防止法等で処理場から公共用水域に排出される放流水中の
　　　大腸菌群数は、3,000個／cm^{3}以下と定められている。

　　⑤　消毒には、一般的に次亜塩素酸ナトリウム等の塩素剤を用いるが、
　　　水産資源保護等の観点から紫外線消毒、オゾン消毒の採用例も増えて
　　　いる。

【解説】

　処理水中に残存する細菌は、ほとんどの場合人体に無害であるが、消毒は放流水の衛生的な安全性を高める目的で行うものである。

　オゾン消毒施設は、反応タンク内で処理水にオゾンを接触させることにより、処理水を消毒するものである。オゾン反応設備は、水深4〜6 m、反応時間10〜20分程度を確保できる容量とする。反応タンクは、耐腐食性及び安全性を考慮してコンクリート製またはステンレス製の密閉構造とし、未反応のオゾンの外部漏えいを防ぐとともに、内部の腐食対策についても考慮する必要がある。

　紫外線は、X線と可視光線との間の波長域の電磁波である。紫外線による消毒効果は、紫外線照射量に比例し、紫外線照射量は、紫外線照射強度［W/m^2］と照射時間［秒］との積で求められる。

　塩素は、フッ素、臭素及びヨウ素と同様にハロゲン属に属し、強い酸化力を有し、細菌に対して強力な消毒作用がある。塩素消毒施設は、接触タンク、注入装置及び薬品貯蔵設備により構成される。接触タンクにおける接触時間は、塩素注入後、15分以上とることを標準とする。

　水質汚濁防止法等で、処理場から公共用水域に排出される放流水中の大腸菌群数は、3,000個／cm^3以下と定められている。

　消毒には、一般的に経済性を考慮して次亜塩素酸ナトリウム、液化塩素、塩素化イソシアヌル酸などの塩素剤を用いているが、水産資源確保の観点から紫外線消毒、オゾン消毒の採用例も増えている。

　これらのことから、開放構造となっているが、密閉構造が正しく、①が不適切である。　　　　　　　　　　　　　　　　　　　　　　　　　　（解答①）

　Ⅲ－28　圧送式下水道輸送システムに関する次の記述のうち、最も不適切なものはどれか。

　①　起伏が多く処理区が連続していない場合等に採用を検討する。

　②　中継ポンプ場等の維持管理と動力費が必要である。

　③　地形条件により自然流下方式より建設費が安価となることがある。

　④　対応可能な地形条件が限られている。

⑤　圧力管路には内圧が作用するため、水撃圧を含めた設計水圧に対して十分耐える構造及び材質とする。

【解説】

対象となる区域が次のような特性がある場合には、比較検討を行い、決定する。

(1) 他の処理区や処理場に長距離輸送する場合や低地の汚水を自然流下で集めたのちに高地の処理場に送る場合。

(2) 輸送距離が長くなる場合。

(3) 河川横断等で埋設深さが変化する場合。（伏越し、上越しなどで横断）

(4) 起伏が多く、処理区が連続していない場合や過疎地を通過する場合。

(5) 地質条件により深い埋設が困難な場合。

(6) 道路状況（幅員、交通量等）や地下埋設物により制約を受ける場合。

システムの特徴は次のとおりである。

(1) 管材

内圧が作用するため、水撃圧を含めた設計水圧に対して十分耐えうる構造および材質とする。

(2) 埋設深度

浅層埋設で土工事費が安価となる。

(3) 地形条件等

広範囲な地形条件に対応できる。

(4) 建設コスト

地形条件によっては自然流下方式より建設費が安価となることがある。

(5) 維持管理コスト

ポンプ場が必要となるため、自然流下方式に比べて動力を必要とするため、維持管理費が高くなる。

これらのことから、対応可能な地形条件が限られているとなっているが、広範囲な地形条件に対応できることから④が不適切である。　　　　（解答④）

Ⅲ－29　下水道のポンプに関する次の記述のうち、最も不適切なものはどれか。

① スクリューポンプは、構造が簡単で開放形であり、保守、点検及び自動運転が容易なため、高揚程のポンプ場及び小規模なポンプ場に使われている。

② 渦巻ポンプは、効率の良い範囲が広く、計画吐出量よりも少量域で運転する場合、所要の動力は少なくてすむ。

③ 斜流ポンプは、吐出量の変化に対して軸動力の変動も少ないので、雨水排水等の水位の変動が大きい場合に適している。

④ 渦巻斜流ポンプは、渦巻ポンプに比べて羽根車の羽根枚数が少ないので異物による閉そくが少ない。

⑤ 軸流ポンプは、回転数を高くすることができるため、斜流ポンプより小型となり、全揚程が5m以下のときは経済的に有利である。

【解説】

各ポンプの特徴は次のとおりである。

①スクリューポンプ

スクリュー形の羽根を溶接した中空軸が上部軸受および下部水中軸受によって支持され、水平に対して約30度傾斜したU字トラフの中で回転することによって、揚水する容積形のポンプである。

吸込み水位が基準吸込み水位より高い場合は、吐出量は一定で、効率および軸動力もほぼ一定であるが、基準吸込み水位から低くなると吐出量、効率および軸動力は急激に低下する。他の一般的なポンプに比べて形状が大きくなるが、構造が簡単で開放形であるため、保守・点検および自動運転が容易なため、低揚程のポンプ場および小規模なポンプ場に使用されている。

②渦巻ポンプ

効率の良い範囲が広く、計画吐出量よりも少量域で運転する場合、所要の動力は少なくてすむ。また、吸込み性能にも優れ、キャビテーションに

対して安全である。

③斜流ポンプ

　締め切り運転が可能であり、揚程の変化に対して吐出量の変動が少なく、また、吐出量の変化に対して軸動力の変動も少ないので、雨水排水等の水位の変動が大きい場合に適している。

④渦巻斜流ポンプ

　斜流ポンプと異なり、案内羽根車がなく、渦巻きポンプに比べて羽根車の羽根枚数が少ないので、異物による閉そくが少ない。また、立軸型の槽外形とすれば、主要部分が水中にある立軸斜流ポンプに比べ、腐食が少なく、維持管理が容易である。

⑤　軸流ポンプ

　締め切り運転が不可能で、吸込み性能が低く、効率の良い範囲が狭いが、回転数を高くすることができるため、斜流ポンプより小型となり、全揚程5m以下のときは経済的に有利である。なお、揚程が規定揚程の140％以上となった場合、騒音および振動が発生し、軸動力が急激に増大するので、水位変動が著しい場合はこの点に留意する。

　これらのことから、スクリューポンプは高揚程のポンプ場に使用されているとなっているが、低揚程のポンプ場に使用されていることが正しく、①が不適切である。　　　　　　　　　　　　　　　　　　　　　　　　　（解答①）

Ⅲ-30　汚泥処理の方法に関する次の記述の、[　　　]に入る語句の組合せとして、最も適切なものはどれか。

　汚泥処理の方法は、汚泥の有効利用、処分方法及び水処理に適したプロセスの組合せを採用しなければならない。また、汚泥は[　ア　]等を勘案して処理の集約化、共同化により、[　イ　]に努めるとともに、安定化及び[　ウ　]を図る必要がある。

　汚泥の処理に当たっては、汚泥の有効利用のほか、省エネルギー、余熱利用、消化ガスの利用等を考慮するとともに、[　エ　]する場合には、[　オ　]類や温室効果ガスの発生を可能な限り抑制するなど、地球環境

に配慮した施設とする。

	ア	イ	ウ	エ	オ
①	経済性	効率化	省力化	乾燥	重金属
②	経済性	効率化	減量化	焼却	ダイオキシン
③	経済性	合理化	減量化	乾燥	ダイオキシン
④	容易性	合理化	減量化	焼却	重金属
⑤	容易性	合理化	省力化	乾燥	重金属

【解説】

　汚泥処分の方法としては、初期においては海洋処分や天日乾燥後の農地還元が中心であった。汚泥量の増加、都市化の進展、環境意識の高まりなどから、より効率的に汚泥を処理し、減量化を進めるための方法である機械脱水、焼却、溶融などの技術の採用が進んできた。また、小規模な施設では発生する汚泥量が少ないため、経済性を考慮して、集約化、共同化により処理の効率化、安定化、減量化を図らなければならない。

　汚泥を焼却する場合には、ダイオキシン類や温室効果ガスの発生を抑制するなど地球環境に配慮した施設とする。このため、焼却炉でダイオキシン類を抑制するためには、炉の頂部の温度を850℃以上にする対策が採用されている。

　これらのことから、②の組合せが適切である。　　　　　　　　　（解答②）

Ⅲ－31　送泥管に関する次の記述のうち、最も不適切なものはどれか。

①　送泥管は地震や管路途中での不測の事態への備えのため、2条以上布設し互換性を持たせることが望ましい。送泥管を1条とする場合は、貯留量に余裕のある汚泥貯留タンクを設けるなどして地震や事故等に備えることが必要である。

②　送泥管は、内圧及び外圧に対して安全であり、水密で施工性及び経済性を考慮して管種を選定するものとする。

③　送泥管の管内流速及び管径は、計画汚泥量、輸送時間、汚泥濃度等を考慮して定めるが、標準的な管内流速は、固形物の沈積による閉そ

　　くを避けるため、1.0～1.5 m／秒とする。

　④　地中配管の場合は、埋戻し土圧、路面荷重、地盤の不同沈下、地震
　　等による外力に対しても安全なものとする。

　⑤　長距離の場合、送泥管の凹部にはガスがたまって汚泥の流れを阻害
　　するので、下水道用空気弁を設置する。また、凸部には汚泥が沈殿し
　　て閉そくする恐れがあるので、泥吐き管を設置する。

【解説】

　送泥管は地震や管路途中での不測の事態への備えのため、2条以上布設し、互換性を持たせることが望ましい。送泥管を1条とする場合は、貯留量に余裕のある汚泥貯留タンクを設けるなどにより地震や事故等に備えることが必要である。送泥管は内圧及び外圧に対して安全であり、水密で施工性及び経済性を考慮して管種を選定するものとする。管材は、一般に内面エポキシ樹脂粉体塗装またはモルタルライニングを施したダクタイル鋳鉄管やポリエチレン管・硬質塩ビ管などが使われ、施工場所によってはステンレス管を用いる場合もある。送泥管の標準的な管内流速は1.0～1.5 m/秒とし、管径は管内で閉塞がないように、150 mm以上が望ましい。地中配管の場合は、埋戻し土圧、路面荷重、地盤の不同沈下、地震などによる外圧に対しても安全なものとする。長距離輸送の場合、輸送距離、輸送時間、送泥量、経済性、送泥管の布設状況等を考慮して判断する。管路が長い場合、凸部ではガスがたまって汚泥の流れを阻害し、凹部では、汚泥が沈殿して閉塞する恐れがある。そのため、配管の方法は、動水勾配以下に配管し、できる限り直線とし、急激な曲がりを避ける。

　これらのことから、凸部と凹部の記載が逆となっていることから⑤が不適切である。　　　　　　　　　　　　　　　　　　　　　　　　　　　（解答⑤）

Ⅲ－32　下水汚泥の返流水に関する次の記述のうち、最も不適切なものはどれか。

　①　個々の処理場から発生する汚泥分のみを処理する処理場では、一般的には返流水が水処理施設に悪影響を与えることは少ない。

② 他の処理場から汚泥を受け入れている場合、嫌気性消化を行っている場合等では、返流水のBOD、SS、COD、窒素及びりん負荷量が高くなるので、返流負荷を減少させる方法として、返流水の単独処理を行うことがある。

③ 生物学的りん除去による高度処理を行っている場合、返流水へのりんの再放出を防止するため、水処理系外に引抜かれた高濃度のりんを含有する余剰汚泥を好気的状態のまま処理するシステムが望ましい。

④ 返流水からのりん除去法として、$MgCl_2$を添加しりん酸マグネシウムアンモニウムの顆粒としてりんを取り出すMAP法がある。

⑤ 汚泥の各処理過程で生じる濃縮分離液、消化脱離液、脱水ろ液などを総称して返流水といい、一般的には汚泥処理施設に戻して処理する。

【解説】

個々の処理場から発生する汚泥分のみを処理する処理場では、汚泥処理から発生する返流水負荷を考慮して水処理施設を設計するため、一般的に返流水が水処理施設に悪影響を与えることは少ない。

他の処理場から汚泥を受け入れている場合、嫌気性消化を行っている場合などでは、返流水のBOD、SS、COD、窒素及びりん負荷量が高くなるので、単独で返流水を処理することや、何らかの前処理を行い、水処理施設に戻すことを検討する。嫌気好気活性汚泥法によるりん除去の高度処理を行っている場合、返流水へのりんの再放出を防止するため、水処理系外に引き抜かれた高濃度のりんを含む余剰汚泥を好気的状態のまま処理するシステムが望ましい。

汚泥の各処理過程で生じる濃縮分離液、硝化脱離液、脱水ろ液などを総称して返流水といい、一般的には水処理施設に戻して処理される。

返流水からのりん除去法として、$MgCl_2$を添加して、りん酸マグネシウムアンモニウム顆粒としてりんを取り出すMAP法がある。

これらのことから、汚泥処理施設ではなく、水処理施設が正しいことから、⑤が不適切である。 （解答⑤）

Ⅲ−33　下水道における水質試験項目に関する次の記述のうち、最も不適
切なものはどれか。

① 大腸菌群は、グラム陽性の短桿菌で乳糖を分解してアルカリとガス
を発生する通性嫌気性の細菌群をいう。

② 透視度は、流入下水、処理水等の透明の程度を表すもので、透視度
が高いほど、透明の程度が高いことを意味する。

③ pHは、水中の水素イオン濃度の逆数の常用対数で表される。

④ DO（溶存酸素）は、水中に溶解している分子状の酸素をいう。

⑤ SSは、流人下水、処理水等を一定規格のろ紙（孔径1 μm）でろ過
したとき、ろ紙の上に残留する物質のことをいい、水中に懸濁する物
質を意味する。

【解説】

　大腸菌群は、グラム陰性の短桿菌で通性嫌気性菌に属し、環境中に存在する
細菌（バクテリア）の主要な種の一つである。グラム染色とは、主として細菌
類を色素によって染色する方法の一つで、細菌を分類する基準の一つである。
グラムは人名（デンマーク）である。

　グラム染色によって、紫色に染まるものをグラム陽性菌（乳酸菌、ビフィズ
ス菌など）、染まらないものをグラム陰性菌（大腸菌、サルモネラ菌など）と
いう。

　透視度は、検水の透きとおり度合を示すもので、一般的に値が高いほど濁り
が少ないきれいな水であるといえる。pHは、溶液中の水素イオン濃度 $[H^+]$ を
示す尺度で、通常水素指数pHで表され、pH $= -\log_{10}[H^+]$ と定義されている。
DOは、水中に溶存している酸素ガスをいう。SSは浮遊物質量で、粒径2 mm
以下の不溶解性粒子状物質のことで、粘土鉱物に由来する微粒子や、動物プラ
ンクトン及びその死骸、下水や工場排水などに由来する有機物や金属の沈殿な
どが含まれる。

　これらのことから、グラム陽性の①が不適切である。　　　　　（解答①）

Ⅲ－34　ポンプ場及び処理場に設けられる自家発電設備に関する次の記述のうち、最も不適切なものはどれか。

① 自家発電設備の運転は、自動制御方式を標準とする。また、自家発電設備を2基以上設ける場合は、並列運転が可能な設備を標準とする。

② 常用発電設備に消化ガス発電設備やコージェネレーション設備を導入することで省エネルギー化を図ることができる。

③ 稼働時間の長い汚水ポンプを電動機で稼働させる場合は、契約電力の節減等を考慮してピークカットを図るため、常用の自家発電設備とすることが望ましい。

④ 自家発電設備の容量を定めるに当たっての発電機出力は、定常的に必要な容量のほかに、電動機の始動時の瞬時容量及び瞬間許容電圧降下等を考慮し決定する。

⑤ 内燃機関としては、一般にディーゼル機関及びガスタービンが使われる。ディーゼル機関は、熱効率が高く、始動時間が短く、取扱が比較的容易なことなどから多く使用されている。

【解説】

自家発電設備には、非常用自家発電設備と常用発電設備がある。非常用発電設備は、電力会社からの電力供給支障時に必要最小限の電力を確保するために使用する。これに対して常用発電設備は電力のピークカットを目的とする場合や消化ガス発電設備等により常時使用する場合の発電設備であり、電力会社からの電力と並列運転を行うこともある。また、常用発電設備に消化ガス発電設備やコージェネレーション設備を導入することによって省エネルギー化を図ることができる。

自家発電設備は次の条件を考慮するものとする。

(1) 発電機は、ブラシレス励磁方式による三相同期発電機を標準とする。

(2) 発電機原動機は、ディーゼル機関またはガスタービンとし、地域性、運転時間および維持管理体制を考慮して決定する。ディーゼル機関は熱効率が高く、始動時間が短く、取り扱いが比較的容易であることから多用され

ている。これに対して、ガスタービンは下水道用としての歴史は浅いが、小型、軽量で、冷却水が不要のため、採用例が増加している。

(3) 自家発電設備の運転は、自動制御方式を標準とする。また、自家発電設備を2基以上設ける場合は、並列運転可能な設備を標準とする。

(4) 自家発電設備には、運転および監視に必要な装置を設ける。

(5) 敷地境界線において、騒音レベルが規制値以下となるように消音装置を考慮する。

(6) 自家発電機の容量は排水、揚水能力の確保および最小限度の処理機能を維持でき、さらに、ポンプ場、処理場の保安上必要な機能を確保できる容量とする。容量を定めるに当たっての発電機出力は、定常的に必要な容量のほかに、電動機始動時の瞬時容量およびその瞬間許容電圧降下等考慮して決定する。

これらのことから、稼働時間の長い汚水ポンプの場合、汚水量の変動が少ないため、ピークカットのメリットが少ない。このため、電力会社から電力供給を受けたほうが経済的であることから、③が不適切である。　　　　　(解答③)

Ⅲ−35 多目的利用を目的とした処理水再利用施設に関する次の記述のうち、最も不適切なものはどれか。

① 急速ろ過法は、砂等の粒状層に一定流速で水を通し、主としてろ材への付着やろ層でのふるい分けによって流入水中の浮遊物質を除去する方法であり、そのろ過速度は、一般に120〜240 m／dである。

② 生物膜ろ過は、嫌気状態のろ層に原水を通水させることで、ろ材の表面に生物膜が形成され、この生物膜によって原水中の無機分の捕捉が行われる。

③ 活性炭吸着法は、活性炭の吸着作用を利用して下水中の有機物、色度、臭気成分等を除去する方法であり、活性炭は多くの微細孔を持つ多孔質構造で、重量当たりの表面積が極めて大きく、この微細孔が吸着能力を持っている。

④ オゾン酸化法は、強い酸化力を利用して、二次処理水中に残存する

有機物の分解、大腸菌群や一般細菌の殺菌、ウイルスの不活性化、脱色、脱臭等を行う。

⑤　凝集沈殿法は、二次処理水のSSや有機物除去を目的として適用されるプロセスであり、適正な凝集剤の注入を行えば処理水の全りん濃度は0.5 mg／Lが期待できる。

【解説】

急速ろ過の直接的な効果はSS（浮遊性物質）濃度の低下であるが、BODや各種の成分（窒素、りん等）のうちSSに含まれる部分の除去も期待できる。ろ過速度は120〜240 m／日が標準である。

生物膜ろ過法は、好気性状態でろ材の表面に微生物を付着させてこれに汚水の汚濁物質を除去させる方法で生物処理とろ過を同時に行える方法である。汚濁物質は、原生動物、細菌類など有機物である。

活性炭吸着法は、活性炭の吸着作用を利用し、下水中の主として有機物を除去する方法である。活性炭が有機物等を吸着できるのは、無数の細孔を持つ構造に起因している。

オゾン酸化法は、オゾンの高い酸化力を利用して活性汚泥中の細胞壁を破壊して生物分解性を促進し、余剰汚泥を減容化する働きもある。さらに、大腸菌、一般細菌などの不活性や、脱色、脱臭にも有効である。

凝集沈殿法は、りんを含んだ排水などの処理に応用されている。硫酸バンドやPACあるいは塩化第二鉄などの鉄塩などの凝集剤を注入して処理を行うことにより、処理水のりん濃度が0.5 mg/Lが期待できる。

これらのことから、嫌気状態と無機分となっているが、好気状態と有機分が正しく、②が不適切である。　　　　　　　　　　　　　　　　（解答②）

8. 令和元年度試験問題（再試験） 解答解説

Ⅲ－1　次の河川水を水源とする取水施設の特徴に関する次の記述のうち、適切なものはいくつあるか。

（ア）取水門は、流況、河床、取水位が安定していれば工事及び維持管理も比較的容易で安定した取水が可能であるが、渇水時、洪水時、氷結時には、取水量の確保措置及び調整が必要である。

（イ）取水塔は、大量取水の場合経済的であることが特徴であり、流況の安定している河川で大量に取水する場合に特に優れている。取水堰に比較して、一般的に経済的である。

（ウ）取水管渠は、流況が不安定で水位の変動が多い河川にも適し、施設は地盤以下に築造するので流水の阻害や治水、舟運等に支障がない。

（エ）取水堰は、安定した取水と沈砂効果が大きいことが特徴であり、開発が進んでいる河川等における大量取水の場合に適しているが、河川の流況が不安定な場合には適していない。

①　0　　②　1　　③　2　　④　3　　⑤　4

【解説】

　（ア）適切である。河川の流況を直接受けるので取水量は不安定となるが、河川の流況が安定している場合や、小規模な施設で管理が行き届いている場合には取水量は安定している。

　（イ）適切である。比較的安定した取水が可能である。

　（ウ）取水管渠は、流況が安定し水位の変動が少ない河川に適し、施設は地盤以下に築造するので、流水の阻害や治水、舟運等に支障がない。問題では流況が不安定で水位の変動が多い河川に適しているとなっているこ

とから、不適切である。

（エ）取水堰は、安定した取水と沈砂効果が大きいことが特徴であり、開発が進んでいる河川等で、大量取水の場合、河川の流況が不安定な場合等に適している。問題では、河川の流況が不安定な場合には適していないとなっていることから、不適切である。

したがって、（ア）と（イ）が適切である。　　　　　　　　　　（解答③）

Ⅲ－2　上水道の計画に関する次の記述のうち、最も不適切なものはどれか。

①　計画給水量の算定に用いられる負荷率は、1日最大給水量に対する1日平均給水量の割合をパーセントで表したもので、一般的に小規模の都市ほど高くなり、都市の規模が大きくなるにつれて低くなる傾向がある。

②　計画有効率は、今後の給・配水整備計画などを反映させ設定することとするが、漏水防止対策の将来計画など諸条件に配慮して可能な限り高い目標値とすることが望ましい。

③　水需要予測に当たっては、節水や水の循環利用等の水需要に影響を与える要因や、地下水利用の動向等にも配慮することが必要である。

④　用途別使用水量とは、使用水量を用途別に分類したもので、生活用水量、業務・営業用水量及び工場用水量などである。

⑤　目標とする配水管の最小動水圧は150 kPa以上、最大静水圧は740 kPa以下を基本とする。

【解説】

①負荷率は1日最大給水量に対する1日平均給水量の割合をパーセンテージで表したもので、都市の規模が大きくなると給水量の変動が少なく、負荷率は高くなることから不適切である。

②適切である。95％程度の将来目標とすることが望ましいとされている。

③適切である。

④適切である。用途別使用水量としては、生活用水、業務・営業用水、工場用水、その他である。

⑤適切である。2階建て建築物への直結給水を可能とするために最小動水圧、管材の許容静水圧によって最大静水圧が決定されている。

(解答①)

Ⅲ－3　浄水処理における沈殿池の設計に関する次の記述のうち、最も不適切なものはどれか。

①　水平流式の傾斜板等の沈降装置を設置する場合、装置の傾斜角は45°を標準とする。

②　横流式の沈殿池の形状は長方形とし、沈殿部の長さは幅の3～8倍を標準とする。

③　高速凝集沈殿池における表面負荷率は、横流式の沈殿池よりも大きく設定することが標準的である。

④　横流式の沈殿池には排泥に便利なように、排泥口に向かってこう配をつける。

⑤　横流式の沈殿池の有効水深は3～4m程度とし、堆泥深さとして30cmを見込む。

【解説】

①傾斜板（管）式沈殿池は、沈殿池内に傾斜板等の沈降装置を標準傾斜角60°で挿入して、一種の多階層式沈殿池を構成し除去を高めようとしたものであり、沈降装置には波型、平板（複数段）、正方形、六角形等の形式のものがある。

②横流式沈殿池は、池内の偏流を防ぎ、池の容量をできるだけ有効に活用するために、平面形状は長方形とし、沈殿部の長さは幅の3～8倍を標準として、水流は一端から他端へ流れるようにする。長方形の池においても、長さに比べて幅が大き過ぎると、池内の水流が均等性を欠いて停滞部が多くなり、偏流や短絡流を生じ、処理効率を減少させる。

③高速凝集沈殿池の表面負荷率は、40〜60 mm/min であり、横流式沈殿池の表面負荷率は、単層式沈殿池は、15〜30 mm/min とし、多階層式沈殿池では15〜25 mm/min としている。

④排泥口に向かって池底に1/200〜1/300程度のこう配をつけることが望ましい。排泥口は、堆泥量が多く掻き寄せに都合の良い場所に位置に設ける。また、掻き寄せ距離が長い場合は途中にも設ける。

⑤有効水深とは、横流式沈殿池ではフロックが沈降するとき、フロック間の沈降速度の差によって衝突、凝集が行われ、さらに大きな沈降速度の粒子となって沈降していく。これを凝集性沈降といい、単一粒子の沈降を取り扱った表面負荷率の考え方では説明しきれない現象、すなわち除去率に池の水深が影響し、水深が深いほうが徐濁効果も高いという結果が表れてくる。しかし、あまり深くなると経済的ではなくなるため、有効水深は3〜4m程度とし、堆泥深さとして30 cm を見込む。

①装置の傾斜角は60°が正しいことから、不適切である。

②〜⑤適切である。

(解答①)

Ⅲ－4　我が国におけるオゾン処理を用いた高度浄水処理方法について、適用可能な処理フローの組合せとして、最も適切なものはどれか。

（ア）凝集沈殿 → オゾン処理 → 粒状活性炭処理 → 砂ろ過 → 塩素処理 → 浄水池・配水池

（イ）凝集沈殿 → 砂ろ過 → オゾン処理 → 粒状活性炭処理 → 塩素処理 → 浄水池・配水池

（ウ）凝集沈殿 → 砂ろ過 → 粒状活性炭処理 → オゾン処理 → 塩素処理 → 浄水池・配水池

（エ）凝集沈殿 → 粒状活性炭処理 → 砂ろ過 → オゾン処理 → 塩素処理 → 浄水池・配水池

①　ア、エ　　②　ア、イ　　③　ウ、エ　　④　イ、ウ　　⑤　イ、エ

【解説】

オゾン処理は、塩素より酸化力が強いオゾンを用いて、異臭味及び色度の除去、消毒副生成物低減を目的として行われる。オゾン注入は、原水（前オゾン）、沈殿水（中オゾン）、ろ過水（後オゾン）に行われる場合がある。沈殿水かろ過水のどちらにオゾンを注入するかについては、原水における処理対象物質、水温、pH、オゾン処理副生成物前駆物質、アンモニア態窒素、マンガン濃度、粒状活性炭処理も含めた浄水処理フローの処理特性、粒状活性炭処理から流出微生物対策及び維持管理技術を踏まえて実証実験により決定することが好ましい。

（ウ）の粒状活性炭処理の後にオゾンを添加することは処理効果が期待できず不適切である。

（エ）のフローは、粒状活性炭処理の位置が砂ろ過の前にあることは不適切であるとともに、オゾン処理の前にあることも不適切である。

したがって、（ア）と（イ）が適用可能なフローである。

これらのことから②が適切である。　　　　　　　　　　　　　　　（解答②）

Ⅲ－5　水道のろ過に関する次の記述のうち、最も適切なものはどれか。

①　均等係数とは、砂の粒度加積曲線（粒径累積曲線）において70％通過径と20％通過径の比をいう。また、急速ろ過池用のろ過砂の均等係数は、1.7以上である。

②　多層ろ過池は、細粒砂を上層、粗粒砂を下層に用いることによって、ろ過機能を向上させるもので、ろ過速度は300 m／日以上が可能である。

③　緩速ろ過は、砂層表面における付着及び、ふるい分け作用のみによって、水中の不純物質を捕捉、抑留する浄化方法で、ろ過速度は10 m／日程度である。

④　直接ろ過法（マイクロフロック法）は、凝集過程で微細なフロックを作り、沈殿池を通さずに直接ろ過池でろ過する方式であり、原水水質が良好で長期に安定している場合に採用される。

⑤ 自然平衡型ろ過池は、流入水量と流出水量とが自然に平衡する方式のものであるが、配管等の構造が複雑で、ろ過のスロースタート、洗浄のスローダウンが難しい。

【解説】

急速ろ過池に用いる「ろ過砂」について一定の決まりがある。砂の有効径（砂の粒度加積曲線上での10％通過径をいう）は、0.45〜0.70 mmが一般的である。小さな径のろ過砂を用いるとフロックの阻止率が高まり、表面ろ過の傾向が強くなる。また、大きな径のろ過砂を用いると内部ろ過の傾向が増す。

①均等係数の定義が不適切である。ろ過池に用いる砂には「均等係数が1.70以下であること」と決められている。砂の粒度加積曲線で60％通過径と10％通過径の比を「均等係数」という。自然に存在する砂の均等係数は、おおむね1.5〜3.0の範囲にある。このように幅広い粒子径を持つ砂をろ過池に用いると、逆流洗浄中に上層の砂と下層の砂が混じって洗浄されるが、洗浄停止時に、粗い径のものほど沈降速度が速いので下部に集まり、細かい砂は上部に集まる。このため、ろ過における濁質の阻止率は高くなるが閉塞しやすく、十分なろ過持続時間を維持できなくなる。

②ろ過速度が不適切である。多層ろ過池とは、密度および粒度の異なる複数のろ材を用いて、水流方向に粒度から細粒の構造となる逆粒度ろ層を構成し、砂単層のろ過池に比べて、ろ層全体を有効に使うことでろ過機能をより合理的、効果的に発揮させることを目的としたろ過地である。ろ過速度は240 m／日以下が一般的である。

③ろ過速度が不適切である。緩速ろ過法は、砂層表面や砂層に増殖した微生物群によって、水中の浮遊物質や溶解性物質を捕捉、酸化分解する作用に依存した浄化方法である。ろ過速度は、4.0〜5.0 m／日を標準としている。

④適切である。マイクロフロック法は直接ろ過ともいう。これは、低水温・低濁度原水を対象として少量の凝集剤を注入、混和した後、フロック形成と沈殿処理を経ないでろ過を行うものである。

⑤ろ過のスロースタート、逆洗のスローダウンが難しいことが不適切である。自然平衡型ろ過池とは、流水量と流出水量とが自然に平衡する方式のもの

をいう。自然平衡形ろ過池は、自己逆流洗浄型、逆流洗浄タンク保有型に大別することができ、同じ形式の中にも異なる機種がある。配管などの機構が単純で、運転管理が容易であり、ろ過のスロースタート、逆洗のスローダウンが自然に達成される。

（解答④）

Ⅲ－6　水道で消毒に用いる塩素剤に関する次の記述のうち、最も適切なものはどれか。

①　次亜塩素酸ナトリウムは、有効塩素濃度が12%以上の淡黄色の液体で、アルカリ性が強い。

②　塩素ガスは空気より軽く、刺激臭のガスである。

③　液化塩素中の有効塩素は、約50%である。

④　水道で使用される次亜塩素酸ナトリウムの食塩分は4%より高いことが望ましい。

⑤　次亜塩素酸カルシウムは、粉末、顆粒及び錠剤があり、有効塩素濃度は60%未満で保存性が良い。

【解説】

　水道水は、病原生物に汚染されず衛生的に安全でなくてはならない。沈殿とろ過では水中の病原生物を完全に除去することは不可能である。浄水施設には浄水方法の方式を問わず、施設の大小にかかわらず、必ず消毒設備を設けなければならない。消毒方法は「水道法施行規則」により給水栓水で保持すべき残留塩素濃度が規定されており、「水の消毒には塩素によるものとする」とされているため、塩素剤以外の使用は認められていない。塩素剤には、次亜塩素酸ナトリウム、液化塩素及び次亜塩素酸カルシウム（高度さらし粉を含む）がある。

　①次亜塩素酸ナトリウムは淡黄色の液体で、アルカリ性が強い。市販の次亜塩素酸ナトリウムの有効塩素濃度は、5～12%であり、水道用次亜塩素酸ナトリウムの有効塩素は12%以上と決められている。

　②塩素ガスは、分子量が71であり、空気（分子量29）より重い気体である。

③液化塩素の有効塩素は99.4%である。

④水道で使用される次亜塩素酸ナトリウムの食塩分は4%以下が望ましい。

⑤災害など非常対策用として準備しておくには、取扱性、化学的安定性から次亜塩素酸カルシウムが好ましい。また、有効塩素濃度は60%以上で保存性が良い。

これらのことから①が適切である。　　　　　　　　　　　　（解答①）

Ⅲ－8　膜ろ過法を浄水処理として採用する利点に関する次の（ア）〜（エ）の記述の正誤の組合せとして、最も適切なものはどれか。

（ア）膜の特性に応じて原水中の懸濁物質、コロイド、細菌類、クリプトスポリジウム等の一定以上の大きさの不純物を除去することができる。

（イ）定期点検や膜の薬品洗浄、膜の交換等が不要であり、かつ、自動運転が容易であるため、日常的な運転及び維持管理における省力化を図ることができる。

（ウ）凝集剤の使用が不要、又は、使用量が少なくてすむ。

（エ）砂ろ過等の従来法と比較して敷地面積が少なくてすむ。

	ア	イ	ウ	エ
①	誤	正	正	正
②	正	正	誤	正
③	正	誤	正	正
④	正	正	正	誤
⑤	正	正	正	正

【解説】

　膜ろ過とは、膜をろ材として水を通し、原水中の不純物質を分離除去して清澄なろ過水を得る浄水処理方法である。浄水処理に使用される膜ろ過は、精密ろ過と限外ろ過で、除去対象物質は懸濁物質を主体とする不溶解性物質である。浄水処理における「膜ろ過処理」は、19世紀後半にドイツでその原理が発見され、MFレベルの膜が開発された。20世紀前半には医薬品製造現場の無菌化

などで成果を収めている。1960年代になるとアメリカでUF膜が市販化、1987年には米国キーストン浄水場で用いられた。フランス系企業で膜処理技術を導入したのが水道界で広がるきっかけになったという説もある。このように浄水処理における「膜ろ過」技術は、広く採用されるようになっている。その長所と短所をまとめると次のようになる。

【長所】

　原理的な特徴として他の固液分離システムが確率的処理に対して、膜ろ過は絶対処理である。設計上の特徴として、一般的に省スペース、省工期である。維持管理では日常運転が自動化しやすく技術的な調整が不要で、薬品も原則的に不要である。

【短所】

　導入当初は初期費用が高価である傾向であった。現在でも装置の費用だけみれば、他の方法より高価であるといえる。また適合する原水水質の幅が比較的狭く、前処理や実証実験が必要な場合がある。さらに膜モジュールの交換が必要であるので交換作業に関するスペースなどを考慮する必要がある。

（ア）、（ウ）、（エ）は、正である。

（イ）膜ろ過法は、定期点検や膜の薬品洗浄、膜の交換等が必要で、誤りである。

これらのことから③の組合せが適切である。　　　　　　　　　　（解答③）

Ⅲ－9　配水管の施工方法に関する次の記述のうち、最も不適切なものはどれか。

①　推進工法は、軌道、河川、幹線道路等の横断に適用されることが多く、施工延長50〜100 m前後が一般的であるが、土質条件や工法によっては長距離施工も可能である。

②　シールド工法は、内径1,000 mm以上で施工延長500〜1,000 mを標準とするが、蛇行修正は容易ではない。

③　不断水工法を採用するときは、試験掘りなどにより既設管の管種、

外形、真円度、穿孔機の設置スペース等を確認する。

④　既設管内布設工法には、道路の掘削をできるだけ少なくし、既設管路を利用して既設管の改良又は更新を行う既設管内挿入工法や既設管内巻込工法等がある。

⑤　既設管路更生工法は、管内に沈積又は結節して大きくなった錆こぶによって機能が低下した管路を、種々の機材を使用して通水能力の回復及び赤水発生防止を図るものであり、鋳鉄管又は鋼管等を対象とする。

【解説】

①推進工法は、軌道、河川、幹線道路等の横断に適用されることが多く、施工延長が短いために、短距離に対応した推進工法が選定されることが多い。また、土質条件や工法によっては長距離施工も可能であることから、適切である。

②シールド工法は曲線施工が可能であるため、蛇行修正は容易であることから、不適切である。

③適切である。

④適切である。既設管内挿入工法は、既設管の中に既製品の新設管を挿入する工法であり、既設管内巻込工法は、既設管の中に、巻込み鋼管を引き込んで溶接組立を行う工法である。

⑤適切である。施工可能延長は曲管が多くなるにつれて短くなる。

（解答②）

Ⅲ－11　浄水施設の計装計画に関する次の記述のうち、最も不適切なものはどれか。

①　計装計画に当たっては、目的とする効果をあらかじめ明確に絞り込むか、優先順位を考慮して計画を行うことが必要である。

②　計装の効果に対する評価は、計装計画を決める重要な要素となるため、計装計画に当たっては、事業体の責任者も含めて組織全体のコン

センサスを得ておく必要がある。

③ 計装設備は技術革新の激しい分野の設備であり、機器のライフサイクルも短いので、計装技術の社会的動向や製造を中止した機器の部品の供給体制の事前調査が必要である。

④ 計装設備には十分な安全対策が要求され、故障や誤動作に対するバックアップやフェールセーフの対策が必要である。

⑤ 安定した浄水処理をするために、計装計画は施設の改造等に対し、容易に変更してはならない。

【解説】

①、②、③、④は適切である。

⑤安定した浄水処理を行うためには、施設の改造等に併せて、計装計画を変更する必要があることから、不適切である。　　　　　　　　（解答⑤）

Ⅲ－12　次の水道の水質基準項目のうち、健康に関する項目として基準値が設定されているものはどれか。

① フェノール類

② 亜鉛およびその化合物

③ 塩化物イオン

④ 硝酸態窒素および亜硝酸態窒素

⑤ 陰イオン界面活性剤

【解説】

水質基準項目は、人の健康を保護する観点から設定された項目（健康に関する項目：31項目）と生活利用上障害が生ずるおそれの有無の観点から設定された項目（水道水が有すべき性状に関する項目：20項目）で構成されている。「水質基準項目」に51項目、水質管理目標設定項目に27項目、要検討項目に46項目が設定されている。平成26年4月1日から「亜硝酸態窒素」が水質管理目標設定項目から移行されている。このように項目の見直しが行われる場合が

あるので、最新の情報を監視していく必要がある。

　以下の項目は性状に関する項目である。フェノール類は原水中に存在すると、塩素と反応して特有の不快感を与える。亜鉛及びその化合物が水道水中に多量に含まれると白く色を付けたり、渋みを付けたりする。塩化物イオンは水中に溶解している塩化物の塩素分のことで、水中で分解されたり、沈殿したりすることなく水中にとどまっている。陰イオン界面活性剤は、水溶液中でイオン解離しアニオン部分が界面活性を示す物質である。

　①～③、⑤は、水道水が有すべき性状に関する項目である。

　④硝酸態窒素および亜硝酸態窒素は健康に関する項目である。

　これらのことから④が適切である。　　　　　　　　　　（解答④）

Ⅲ－13　配水池構造形式の特徴を示す下表において、[　　　]に入る語句の組合せとして、最も適切なものはどれか。

構造名	特徴
[ア] 構造	・梁、柱構造、又はフラットスラブ構造が主である。 ・剛性は高いが壁厚が大きくなるため自重は最も重くなる。 ・耐食性を高めるために内部防水の管理が必要である。
[イ] 構造	・一体構造で比較的剛性がある。 ・一般的に円筒型で地上式が主である。 ・容量的には小規模、中規模のものが多い。
[ウ] 構造	・溶接による一体構造で、高い耐震性能と水密性能が得られる。 ・工場で製作加工された部材を現場で溶接接合する構造である。 ・内外面ともに防食塗装が必要である。
[エ] 構造	・両面溶接式、片面溶接式（パネルタイプ）及びボルト組立式がある。 ・建設費は高価であるが、防食塗装が不要であるため、ライフサイクルコストとしての比較も必要である。 ・容量的には小規模から中規模であり、最大1万 m^3 程度である。

　なお、下選択肢において、PC構造：プレストレストコンクリート構造、RC構造：鉄筋コンクリート構造、SS構造：一般構造鋼板製構造、SUS矩形構造：ステンレス鋼板製構造のことをそれぞれ指す。

	ア	イ	ウ	エ
①	PC	RC	SS	SUS矩形
②	RC	PC	SS	SUS矩形
③	SS	PC	SUS	RC
④	SUS	RC	SS	PC
⑤	RC	SS	SUS矩形	PC

【解説】

配水池の構造形式の特徴は次のとおりである。

1) 鉄筋コンクリート構造の形状は長方形が一般的であるが、地形、規模等を考慮して、円形その他の形状とすることもある。池の構造は、柱梁構造またはフラットスラブ構造が一般的である。剛性を確保するために、他の構造形式に比べて壁厚が厚くなり自重は最も重くなる。内部は塩素ガスによる浸食のおそれがあるため、エポキシ樹脂塗料などの塗布により、漏水防止の機能を兼ねるとともに、防食を行う。

2) プレストレスコンクリート構造の形状は力学特性から円筒形が一般に用いられており、側壁の鉛直方向にPC鋼棒、水平方向にPC鋼線を用いてプレストレスをかける必要があるため、地上式が主体である。プレストレスをかけることにより一体化され、鉄筋コンクリート構造に比べて壁厚は薄くなる。容量的には小規模、中規模のものが多い。

3) 一般構造用鋼板製の形状は力学特性から円筒形で、底版は平板、屋根はドーム形が一般的で、工場製作された部材を溶接継手によって組立を行う。このため、一体構造となって高い耐震性と水密性が確保できる。鋼板製であることから、腐食を防ぐために、内面にはエポキシ樹脂塗料などの耐塩素塗装、外面には耐候性塗装を行う必要がある。

4) ステンレス鋼板構造の形状は円形や矩形があり、組立方法には両面溶接式、片面溶接式（パネルタイプ）及びボルトがある。問題では3種類の組立方法があることから形状は矩形となる。ステンレスであるため建設費は高価であるが、防食塗装を必要としないメンテナンスフリーであることから、ライフサイクルコストが安価となる場合に採用されている。また、建

設費が高価であることから、容量的には小規模、中規模となっている。

配水池の構造形式の特徴から、ア：RC、イ：PC、ウ：SS、エ：SUS矩形である。　　　　　　　　　　　　　　　　　　　　　　　　　　（解答②）

Ⅲ−15　浄水発生土の取扱いに関する次の記述のうち、最も不適切なものはどれか。

①　放射性物質を含む浄水発生土については、他の原材料との混合・希釈等を考慮し、市場に流通する前にクリアランスレベル（10μSv／年）以下になるものは利用できる。

②　浄水発生土を農園芸用土として利用する場合、アルミニウムやマンガンの量が多くなると植物の生育に影響を及ぼすことがある。

③　浄水発生土を土地改良又は宅地造成に利用する場合、粒度調整等が必要となる。

④　浄水発生土をセメント原料とする場合、浄水発生土の含水率及び塩素イオンなどの不純物濃度の低い値が要求される。

⑤　排水処理施設から発生する浄水発生土が有価物として取引（売却）される場合であっても、産業廃棄物としての取扱いを受ける。

【解説】

　排水処理施設から発生する浄水発生土は、「廃棄物の処理及び清掃に関する法律」の第2条で「汚泥」に該当し、産業廃棄物の取扱いを受けるため、法律に沿った処分を行う。ただし、有償で取引（売却）される浄水発生土は除外される。浄水場ケーキの処分地の確保が困難なこと、規則が厳しいこと等から処分地問題を解決する方法として有効利用を進める必要がある。具体的には、農業利用、土地造成資料利用、セメントの原料利用、埋戻し材利用、園芸用土利用などがある。また、浄水発生土の有効利用を計画する場合、浄水発生土の量・質、有効利用用途、需要先と量、製造方法、流通方法、経済性が問題となり、事前に十分検討する必要がある。具体的な検討項目として、排水処理の実態把握、浄水発生土の性状調査、市場調査、有効利用用途の選定、品質実証実

験、製品化試験、実装置化の検討、流通方法の検討、経済性の検討、再資源化の適合性評価、関係行政機関と調整などがある。

①～④適切である。

⑤不適切である。有償で取引（売却）される浄水発生土は除外される。

（解答⑤）

> Ⅲ－16　水道施設の備えるべき耐震性能と水道施設の重要度分類について、次の記述のうち、最も不適切なものはどれか。
>
> ①　水道施設の耐震性能については、水道施設の重要度と地震動レベルに応じた備えるべき耐震性能が明確化されている。
>
> ②　レベル1地震動とは、施設の供用期間中に発生する可能性（確率）が高い地震動である。
>
> ③　水道施設の重要度分類において「重要な水道施設」とは、取水施設、貯水施設、導水施設、送水施設及び配水施設である。
>
> ④　レベル2地震動とは過去から将来にわたって当該地点で考えられる最大規模の強さを有する地震動である。
>
> ⑤　重要な水道施設が備えるべき耐震性能は、地震動のレベル毎に、健全な機能を損なわないこと、又は、生ずる損傷が軽微であって、機能に重大な影響を及ぼさないこととされている。

【解説】

水道施設の備えるべき耐震性能は次のとおりである。

1. 設計地震動
   1) レベル1地震動

      施設の供用中に発生する可能性の高いもの
   2) レベル2地震動

      最大規模の強さを有するもの
2. 水道施設の重要度はランクA1、ランクA2及びランクBの3種類に区分する。

3. 水道施設の耐震性能

1) 耐震性能1

地震によって健全な機能を損なわない性能

2) 耐震性能2

地震によって生じる損傷が軽微であって、地震後に必要とする修復が軽微なものにとどまり、機能に重大な影響を及ぼさない性能

3) 耐震性能3

地震によって生じる損傷が軽微であって、地震後に修復を必要とするが、機能に重大な影響を及ぼさない性能

4. 水道施設は、重要度のランクと設計地震動のレベルに応じて、耐震性能を確保する。

1) ランクA1の水道施設は、レベル1地震動に対して耐震性能1、レベル2地震動に対して耐震性能2を確保する。

2) ランクA2の水道施設は、レベル1地震動に対して耐震性能1、レベル2地震動に対して耐震性能3を確保する。

3) ランクBの水道施設は、レベル1地震動に対して原則として耐震性能2を確保する。ただし、構造的な損傷が一部あるが、断面修復等によって機能回復が図れる施設は耐震性能3を確保する。

5. 重要な水道施設の定義は次のとおりである。

(1) 取水施設、貯水施設、導水施設、浄水施設及び送水施設

(2) 配水施設のうち、破損した場合に重大な二次被害を生じるおそれが高いもの

(3) 配水施設のうち、(2) の施設以外の施設であって、次に掲げるもの

1) 配水本管（配水管のうち、給水管の分岐のないものをいう。以下同じ）

2) 配水本管に接続するポンプ場

3) 配水本管に接続する配水池等（配水池及び配水のために容量を調整する設備をいう。以下同じ。）

4) 配水本管を有しない水道における最大容量を有する配水池等

6. 水道施設の重要度区分

（1）ランクA1の水道施設は重要な水道施設のうち、ランクA2の水道施設以外の水道施設

（2）ランクA2の水道施設は重要な水道施設のうち、代替施設があり、破損した場合に重大な二次被害を生じるおそれが低い水道施設

（3）ランクBの水道施設はランクA1、ランクA2以外の水道施設

これらのことから、③では重要な水道施設として、配水施設となっているが、配水施設には小口径の配水管も含まれていることから、不適切である。

(解答③)

Ⅲ-17　地下水の取水に関する次の記述の、□□□に入る語句の組合せとして、最も適切なものはどれか。

地下水は ア と イ の二つの形態で存在する。

ア は ウ と エ に区分される。 ウ は地下の最浅部にある砂や礫等の地層中に含まれており、降水量の変動によって水位が上下し、水量自体も増減する。

また、地上から汚染を受けやすい。 ウ の取水施設としては、 オ が一般的に用いられる。

エ は、帯水層が難透水性の地層によって挟まれており、状況によって地上に自噴することもある。水温は年間を通してほぼ一定であり、一般に水質は良好である。 エ の取水施設としては、 カ が用いられる。

	ア	イ	ウ	エ	オ	カ
①	地層水	裂か水	被圧地下水	不圧地下水	深井戸	浅井戸
②	裂か水	地層水	不圧地下水	被圧地下水	浅井戸	深井戸
③	裂か水	地層水	被圧地下水	不圧地下水	深井戸	浅井戸
④	地層水	裂か水	不圧地下水	被圧地下水	浅井戸	深井戸
⑤	裂か水	地層水	被圧地下水	不圧地下水	浅井戸	深井戸

【解説】

地下水は、地層水と裂か水の二つの形態で存在する。水で飽和されている間隙が土粒子の間隙である場合を地層水（空隙水）といい、間隙が岩石の割れ目、裂け目及び空隙などである場合を裂か水という。

地層水は、不圧地下水と被圧地下水に区分される。不圧地下水は地下の浅い部分にある砂、礫等の地層に含まれている地下水である。被圧地下水は、帯水層が難透水層に挟まれているため、圧力を有し、状況によっては自噴する。各地下水の特徴は次表のとおりである。

表　地下水の特徴

条件	不圧地下水（伏流水）	被圧地下水
深さ	浅い	深い
水位の変動	降雨等により変動	安定
地表からの汚染	影響を受けやすい	ほとんど影響を受けない
取水施設種別	浅井戸、集水埋きょ	深井戸

これらのことよりア：地層水、イ：裂か水、ウ：不圧地下水、エ：被圧地下水、オ：浅井戸、カ：深井戸となり④が適切である。　　　　　　　（解答④）

Ⅲ－18　下水道の雨水管理計画に関する次の記述のうち、最も不適切なものはどれか。

① 浸水被害の発生について、計画を上回る降雨の増加や都市化の進展に伴う雨水流出量の増大などの課題に加え、くぼ地などの地形、既存施設の能力、施設操作状況等の課題における要因分析を行う。

② 計画外水位は、河川においては河川計画で定める計画高水位とする。ただし、下水道と河川の計画降雨規模が大きく異なる場合、下水道の計画降雨に相当する計画高水位を設定することも考えられる。

③ 計画降雨は、命を守り、壊滅的な被害を回避する観点から、想定最大規模降雨を原則とし、浸水の発生を防止することを目標とする。

④ 管きょの断面は、自由水面を確保しつつ、計画雨水量を支障なく排

8
令和元年度
（再）

225

水できるよう決定する。また、管路施設は自然流下を原則とするため、地形に順応するとともに損失水頭が最小となるよう配置する。

⑤　管路施設が圧力状態になると、マンホールにおいて水位上昇が生じ、水位が地表高を超えた場合にはマンホールからのいっ水が生じて内水氾濫を起こす危険性があるため、耐圧ふたの使用やマンホールふたの飛散防止などの対策を行う。

【解説】

①適切である。地形や既存ストックについて、要因分析を行うことにより、効果的な整備を行うことができる。

②適切である。一級河川等の大河川の計画降雨規模が、下水道の計画降雨規模と大きく異なっていることが多い。

③不適切である。想定最大規模降雨での浸水を、下水道施設で防止することは困難である。

④適切である。管路施設は地表こう配に合わせて、自然流下とすることが原則である。

⑤適切である。管路施設の流下能力以上の流入があった場合には、管路施設は圧力状態となるため、マンホールふたの飛散防止対策が必要となる。

(解答③)

Ⅲ−19　下水道の計画汚水量に関する次の記述のうち、最も不適切なものはどれか。

①　計画1日平均汚水量は、計画年次における年間の発生汚水量の合計を365日で除したものであり、使用料収入の予測等に用いる。

②　計画1日最大汚水量は、計画年次における年間最大汚水量発生日の発生汚水量であり、ポンプ場の設計に用いる。

③　計画時間最大汚水量は、計画1日最大汚水量発生日におけるピーク時1時間汚水量の24時間換算値［m³／日］であり、管きょ等の設計に用いる。

④ 圧力式下水道、真空式下水道システムにおける計画汚水量の算定に
当たっては、原則として地下水量を考慮しない。

⑤ 合流式下水道における雨天時計画汚水量は、晴天時計画時間最大汚
水量に遮集雨水量を加えたものである。

【解説】

計画汚水量とは、下水道施設計画・設計の基本条件で計画1日平均汚水量、
計画1日最大汚水量、計画時間最大汚水量の3種類の汚水量を算定する

各内容は次のとおり。

①計画1日平均汚水量は、計画年次における年間の発生汚水量の合計を365
日で除したもので、使用料収入等の予測等に用いる。算定に当たっては、
供用開始以降の実績値の推移や現状を踏まえつつ、計画区域内の生活汚水、
営業汚水、工場排水、観光汚水、畜産排水等その他の排水、地下水等の各
汚水量区分のうち、必要なものを積み上げ、地域の特性に応じて、将来の
汚水量を予測・決定する。

②計画1日最大汚水量は、計画年次において1日に発生する最大の汚水量で
あり、処理場等の施設設計に用いる。

③計画時間最大汚水量は、計画1日最大汚水量発生日において、ピーク時1時
間汚水量の24時間換算値［m^3／日］であり、管きょ、ポンプ場、処理場内
のポンプ施設、導水きょ等の設計に用いる。

④どちらの方式も圧力があるため、地下水が流入することがないことから、
原則として地下水量を考慮しない。

⑤合流式下水道の雨天時計画汚水量は、晴天時計画時間最大汚水量に遮集雨
水量を加えたものである。

計画1日最大汚水量は、ポンプ場の設計ではなく、処理場の施設設計に用い
ることから②が不適切である。 （解答②）

227

Ⅲ−20　下水道における計画汚濁負荷量及び計画流入水質に関する次の記述のうち、最も不適切なものはどれか。

① 計画汚濁負荷量は、生活汚水、営業汚水、工場排水、観光汚水、その他の汚水の汚濁負荷量の合計値とする。

② 計画流入水質は、計画汚濁負荷量を計画1日最大汚水量で除した値とする。

③ 生活汚水の汚濁負荷量は、1人1日当たりの汚濁負荷量に計画人口を乗じて求める。

④ 下水道に受け入れる工場排水の汚濁負荷量は、排出負荷量が大きいと予測されるものについて、実績値を得ることが難しい場合、業種別の出荷額当たりの汚濁負荷量原単位に基づき推定する。

⑤ 観光汚水の汚濁負荷量は、日帰りと宿泊に分け、各々の原単位から推定する。

【解説】

　計画汚濁負荷量は、生活汚水、営業汚水、工場排水、観光汚水等の汚濁負荷量の合計値、計画流入水質は計画汚濁負荷量を計画1日平均汚水量で除した値。各内容は次のとおり。

(1) 対象とする水質項目

　　計画放流水質を定めている項目に加えて、放流水水質の技術基準を踏まえて、その他の項目についても対象とする。

(2) 生活汚水の汚濁負荷量

　　1人1日当たりの汚濁負荷量に計画人口を乗じて求める。

(3) 営業汚水の汚濁負荷量

　　業務の種類、汚水の特徴を考慮して決定する。

(4) 工場排水の汚濁負荷量

　　排水負荷量が大きいと予想される場合には実測することが望ましいが、困難な場合には、業種別の出荷額当たりの汚濁負荷量原単位により推定する。

(5) 観光汚水の汚濁負荷量

　　日帰り客と宿泊客に分け、各々の原単位から推定する。

(6) その他の汚濁負荷量

　　温泉排水、畜産排水、分離液等の返送水、雨水滞水池に貯留した返送水等を必要に応じて推定する。

　計画流入水質は計画汚濁負荷量を計画1日最大汚水量で除した値となっているが、計画1日平均汚水量で除した値が正しく、②が不適切である。（解答②）

Ⅲ－21　下水道施設のストックマネジメントに関する次の記述において、最も不適切なものはどれか。

①　改築とは、更新又は長寿命化対策により、所定の耐用年数を新たに確保するものであり、このうち更新は、既存の施設の一部を活かしながら部分的に新しくすることである。

②　修繕とは、老朽化した施設又は故障もしくは損傷した施設を対象として、当該施設の所定の耐用年数内において機能を維持させるために行われるものである。

③　維持とは、処理場施設等の運転、下水道施設の保守、点検、調査、清掃等下水道の機能を保持するための事実行為で工事を伴わないものである。

④　予防保全とは、施設・設備の寿命を予測し、異状や故障に至る前に対策を実施する管理方法で、状態監視保全と時間計画保全がある。

⑤　ライフサイクルコストとは、施設・設備における新規整備、維持、修繕、改築等を含めた生涯費用の総計である。

【解説】

①不適切である。改築とは、更新または長寿命化対策により、所定の耐用年数を確保するものであり、更新は既存の施設を新たに取替えること、長寿命化対策は既存の施設の一部を生かしながら部分的に新しくすることである。問題では更新について、長寿命化対策の内容となっている。

②適切である。

③適切である。

④適切である。状態監視保全は、施設・設備の劣化状況や動作確認を行い、その状態に応じて対策を行う管理方法。時間計画保全は施設・設備の特性に応じて定めた周期（目標耐用年数）により、対策を行う管理方法。

⑤適切である。

（解答①）

Ⅲ－22　ある下水処理場の反応タンクに流入する下水の流量は 10,000 m³／日、BOD は 150 mg／L である。反応タンクの容積は 5,000 m³、MLSS は 1,500 mg／L であるとき、BOD－SS 負荷［kg－BOD／（kg－MLSS・日）］の値として、最も適切なものはどれか。

① 0.2　　② 0.3　　③ 0.4　　④ 0.5　　⑤ 0.6

【解説】

BOD－SS 負荷は、次式で計算する。

$$\text{BOD－SS負荷}\ [\text{kg/MLSS・kg・日}] = \frac{C \times Q}{V \times \text{MLSS}}$$

　C：反応タンク流入の BOD 濃度［mg/L］　　設問値：150 mg/L

　Q：反応タンク流入水量［m³／日］　　設問値：10,000 m³／日

　V：反応タンク容量［m³］　　設問値：5,000 m³

　MLSS：反応タンク MLSS 濃度［mg/L］　　設問値：1,500 mg/L

本式に与えられた数値を代入する。

$$\text{BOD－SS負荷} = \frac{150 \times 10,000}{5,000 \times 1,500} = 0.2$$

（解答①）

Ⅲ－23　活性汚泥の沈降に関する次の記述の下線部のうち、最も不適切なものはどれか。

活性汚泥の沈降・圧密性を示す指標として SVI（① 汚泥容量指標 ）がある。SVI は反応タンク混合液を ② 30分間静置 したときの、③ 1 mg の活性汚泥が占める容積を mL 数で表し、④ MLSS 濃度と SV から計算される。

標準活性汚泥法において、正常な活性汚泥の SVI は 100 ～ 200 程度であるが、SVI が通常の値よりも著しく ⑤ 上昇 することを、一般にバルキングと呼んでいる。

【解説】

活性汚泥の沈降性を示す指標として SVI（汚泥容量指標）がある。活性汚泥混合液を 1 L のメスシリンダーに入れ、30 分間静置した後の沈殿した汚泥容量を％で表したものが SV（活性汚泥沈殿率）であり、このときの 1 g の MLSS が占める容量を示したものが SVI である。SVI が小さいほど沈降性、濃縮性がよい。正常な活性汚泥の SVI は、100 ～ 200 程度である。一般に SVI が 300 以上に達した場合をバルキングという。

SVI は次の式で計算される。

$$\text{SVI [mL/g]} = \text{SV [\%]} \times 10{,}000 \,/\, \text{MLSS [mg/L]}$$

①～②、④～⑤は適切である。

③は、1 g であることから不適切である。　　　　　　　　　　　（解答③）

Ⅲ－24　下水処理場への流入下水の水量及び水質に関する次の記述の下線部のうち、最も不適切なものはどれか。

処理場に流入する水量及び水質の変動の程度は、処理区域の ① 規模等 によって異なる。処理区域が ② 大きい 場合は、処理区域の住民の生活パターンが直接に流入下水に現れるため、流入水量及び水質の時間変動が大きく、水処理機能を ③ 低下 させることがある。このため、流入下水の水量及び BOD、SS 等の水質の時間変動について、十分に調査する。

流入下水の水量及び水質の均等化を図りたい場合は、④ 汚水調整池

等 を必要に応じて設ける。

　　なお、工場排水の流入が予想される処理場では、水処理に悪影響を及
ぼさないよう計画処理区域内を調査し、事前に ⑤ 除害施設 の設置指
導等の対策を講じる必要がある。

【解説】

　計画流入水質は、処理場に流入する下水の水質で、計画汚濁負荷量を計画1
日平均汚水量で除した値である。算出した流入水質は、地域特性や処理規模等
を踏まえ、最寄りの既設処理場における実績流入水質と比較するなど、実態と
の検証を図ることも重要である。計画策定後は、定期的に点検を実施し、計画
値と実態との間に乖離が生じている場合には、整合性を図るよう計画の見直し
を行う。なお、供用開始から数年が経過し、十分なデータが蓄積されている処
理場については、過年度の流入実績の推移や季節変動等を勘案しつつ、将来の
流入水質を予測し、計画流入水質を定める。

　排水区域から流れ込む汚水や雨水を一時的に貯めることで、汚水の水処理施
設に対する負担を均一化する汚水調整池や下流の施設の負担を減らす雨水調整
池がある。

　除害施設とは、下水排除基準に適合させるために汚水を処理する施設である。

　①、③～⑤は適切である。

　②設問は、処理区域が小さい場合の説明であることから不適切である。

　　　　　　　　　　　　　　　　　　　　　　　　　　　　（解答②）

Ⅲ－25　ステップ流入式多段硝化脱窒法に関する次の記述のうち、最も不
　　適切なものはどれか。

　　①　完全混合型の無酸素タンク及び好気タンクを組合せたユニットを
　　　　2～3段直列に配置した処理方式である。

　　②　各段におけるMLSS当たりの負荷を均一にすることにより、窒素除
　　　　去の効率化や維持管理の簡便化を図った処理方式である。

　　③　ステップ流入の段数を増加させることは、循環式硝化脱窒法におけ

る硝化液循環比を増大させることに相当する。

④　流入水をステップ流入させることで、反応タンク全体での平均MLSS濃度が高くなるため、反応タンク容量も大きくなる。

⑤　反応タンク段数を増加させることで理論的には窒素除去率を高くできるが、その効果は段数が多くなるほど小さくなる。

【解説】

完全混合型の無酸素タンク及び好気タンクの組み合わせたユニットを2～3段直列に配置し、流入水または最初沈殿池流出水をそれぞれの無酸素タンクに均等にステップ流入させて、各段におけるMLSS当たりの負荷を均一にすることにより、窒素除去の効率化や維持管理の簡便化を図った生物学的な窒素除去法である。平均的な流入水の場合は、反応タンクの流入水に対してT−N除去率は、年平均で2段67％、3段で78％、4段で83％が期待できる。

①～③、⑤は適切である。

④反応タンクの容量を縮小することができることから不適切である。

(解答④)

Ⅲ−26　下水道施設の電気室及び自家発電機室に関する次の記述のうち、最も不適切なものはどれか。

①　電気室は、機器の搬出入、据付け、保守点検、増設、改築に必要な広さとする。

②　電気室は、換気ダクト等を考慮してその階高を定める。

③　電気室には、機器の発熱による室温上昇防止等のため、設置する機器の発熱量に見合う換気設備等を設ける。

④　自家発電機室は、湿気が少なく、浸水等のおそれがない位置とし、被災時にも機能するよう電気室とできるだけ離れた位置に設けることが望ましい。

⑤　自家発電機室は、騒音防止対策として音源対策及び伝播防止対策を行う。

【解説】

1. 電気室は以下の内容を考慮して計画を行う。改築に際しては、これらに加え、維持管理情報等を踏まえて計画を行うことが望ましい。

   (1) 電気室の広さ

   　　機器の搬出入、据付け、保守点検、増設、改築に必要な広さとする。

   (2) 電気室の階高

   　　換気ダクト等を考慮して、階高を定める。

   (3) 電気室の位置

   　　浸水のおそれがなく、じんあいや腐食性ガス等の影響がない位置とし、監視室及び自家発電室と近接した位置に設けることが望ましい。また、電気室の位置は経済性や負荷の分布状況を考慮して、できるだけ負荷の中心近くに設置する。

   (4) 換気設備

   　　機器の発熱による室温上昇防止等のため、設置する機器の発熱量に見合う換気設備等を設ける。

   (5) 電気室の構造

   　　建築基準法、消防法、電気事業法、その他関係法令によって規制を受けるものについては、法令に基づいた構造とし、関連設備を設ける。また、取扱者以外の者が立ち入らないような構造とし、危険の表示や出入口の施錠を行う。

   (6) 機器の配置

   　　配線経路、機能性、操作性、改築時の切替え手順を考慮する。

   (7) 床の荷重強度

   　　移設や仮設時の耐荷重等を含めて、設置する機器の重量を考慮して設定する。

2. 自家発電気機室は以下の内容を考慮して計画を行う。改築に際しては、これらに加え、維持管理情報等を踏まえて計画を行うことが望ましい。

   (1) 自家発電機室の広さ

   　　機器の搬出入、据付け、保守点検、増設、改築に必要な広さとする。

   (2) 自家発電機室の階高

発電機及び内燃機関の高さに消音器、給排気ダクト等を考慮して、階高を定める。

(3) 自家発電機室の位置

湿気が少なく、浸水のおそれがない位置とし、電気室に近接した位置に設けることが望ましい。

(4) 給排気設備、換気設備

内燃機関燃料の燃焼用空気の確保及び機器の発熱による室温上昇防止等のため、十分な給排気設備、換気設備を設ける。

(5) 基礎、床荷重

運転荷重及び振動に対して十分安全なものとする。

(6) 騒音防止対策

音源対策及び伝播防止対策を行う。

(7) 自家発電機室の構造

建築基準法、消防法、その他関係法令によって規制を受けるものについては、法令に基づいた構造とし、関連設備を設ける。

(8) 機器の配置

運転操作、保守点検、改築時の切替えが容易にできるように考慮する。

(9) 床の荷重強度

移設や仮設時の耐荷重等を含めて、設置する機器の重量を考慮して設定する。

自家発電機室は電気室とできるだけ離れた位置とすることが望ましいとなっているが、できるだけ近接した位置とすることが望ましいが正しいことから、④が不適切である。 (解答④)

Ⅲ-27 下水道管きょにおける流速及びこう配に関する次の記述のうち、最も不適切なものはどれか。

① 流速は、一般に下流に行くに従い漸増させ、こう配は、下流に行くに従いしだいに緩くなるようにする。

② 管内における最大流速は、自然流下の場合、圧送式の場合ともに、

原則として3.0 m／秒程度とする。

③　汚水の圧送式の場合、管内流速は、沈殿物が堆積しないよう、原則
として最小流速を0.6 m／秒とする。

④　雨水管きょにあっては、沈殿物が堆積しないよう、計画下水量に対
し原則として最小流速を0.8 m／秒とする。

⑤　合流管きょにあっては、沈殿物が堆積しないよう、計画下水量に対
し原則として最小流速を0.6 m／秒とする。

【解説】

　流速は排除方式により異なり、次のとおりである。計画下水量を確実に流下
させるために、流速は下流に行くに従い漸増させ、管径は下流に行くに従い大
きくなることから、こう配は下流に行くに従い緩くしなければならない。

（1）汚水管きょ

　　計画下水量に対して、原則、最小流速0.6 m/s、最大流速3.0 m/s

（2）雨水管きょ及び合流管きょ

　　計画下水量に対して、原則、最小流速0.8 m/s、最大流速3.0 m/s

（3）圧送式

　　計画下水量に対して、原則、最小流速0.6 m/s、最大流速3.0 m/s

合流管きょで、最小流速が0.6 m/sとなっているが0.8 m/sが正しいことか
ら、⑤は不適切である。　　　　　　　　　　　　　　　　　　　（解答⑤）

Ⅲ－28　下水道管きょの改築は、更生工法と布設替工法に分類される。更
生工法に分類される工法として、次のうち、最も不適切なものはどれか。

①　反転工法　　②　形成工法　　③　さや管工法

④　製管工法　　⑤　改築推進工法

【解説】

　更生工法は構造形式と工法による分類があり、次図に示す。

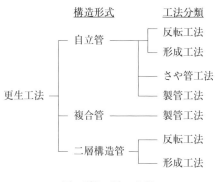

図　更生工法の分類

(1) 構造形式による分類

1) 自立管

更生材単独で自立できるだけの強度を発揮させ、新管と同等以上の耐荷性能および耐久性を有する構造。

2) 複合管

既設管の残存強度を評価し、既設管きょと更生材が構造的に一体として新管と同等以上の耐荷性能および耐久性能を有する構造

3) 二層構造管

残存強度を有する既設管きょに、樹脂等の更生材を設置し、二層構造として新管と同等以上の耐荷性能および耐久性能を有する構造

(2) 工法による分類

1) 製管工法

既設管きょ内に硬質塩化ビニル材等を嵌合させながら製管し、既設管きょとの間隙にモルタルなどを充填することで管を構築する。流下量が少量であれば、下水を流下させながらの施工が可能である。

2) 反転工法

反転工法は、熱または光等で硬化する樹脂（熱硬化性樹脂）を含浸させた材料を既設マンホールから既設管渠内に反転加圧させながら挿入し、既設管きょ内で加圧状態のまま樹脂が硬化することで管を構築する。反転挿入には、水圧または空気圧等によるものがあり、硬化方法も温水、蒸気、温水と蒸気の併用、光などがある。

　3）形成工法

　　形成工法は、熱硬化性樹脂を含浸させたライナーや熱可塑性樹脂ライ
　ナーを既設管きょ内に引込み、水圧または空気圧等で拡張・圧着させた
　あとに硬化させることで、管を構築する。形成工法には、更生材を管内
　径まで加圧拡張したまま温水、蒸気、光等で既設管きょに圧着硬化また
　は加圧拡張したまま冷却硬化する工法がある。

　4）さや管工法

　　管工法は、既設管きょより小さな管径で製作された管きょ（新管）を
　牽引挿入し、間隙に充填材を注入することで管を構築する。更生管が工
　場製品であり、仕上がり後の信頼性が高い。断面形状が維持されており、
　物理的に管きょが挿入できる程度の破損であれば施工可能である。

更生工法に含まれない既設管を推進工法用推進機で破砕、除去あるいは排除
して新設管を推進する改築推進工法であることから、⑤が不適切である。

（解答⑤）

Ⅲ－29　下水道のポンプ場に関する次の記述のうち、最も不適切なものは
どれか。

　①　汚水ポンプの計画吸込水位は、原則として流入管きょの時間最大汚
　　水量が流入する際の水位から求める。

　②　雨水ポンプの計画吸込水位は、原則として流入管きょの計画下水量
　　が流入する際の水位から求める。

　③　雨水ポンプ場の計画排水位は、計画外水位を考慮して定める。

　④　中継ポンプ場の計画揚水位は、下流の下水管きょに接続する吐出管
　　端部の計画水位とする。

　⑤　処理場内ポンプ場の計画揚水位は、原則として、処理水を排水先に
　　自然流下で流すことができる水位とする。

【解説】

　1. 計画吸込水位

流入管きょの水位からポンプ井に至るまでの損失水頭を差し引いて決定する。

(1) 汚水ポンプ

原則として流入管きょの日平均汚水量が流入する際の水位から求める。

(2) 雨水ポンプ

原則として流入管きょの計画下水量が流入する際の水位から求める。

2. 計画排水位、揚水位

次の各項を考慮して定める。改築に際しては、これらに加え維持管理情報等を踏まえ、適切な計画排水位や揚水位を定めることが望ましい。

(1) 雨水ポンプ場

計画排水位は。計画外水位を考慮して定める。

(2) 中継ポンプ場

計画揚水位は、下流の下水管きょに接続する吐出管端部の計画水位とする。

(3) 処理場内ポンプ場

計画揚水位は、原則として、処理水を排水先に自然流下で流すことができる位置とする。

汚水ポンプの計画吸込水位は、流入管きょの時間最大汚水量が流入する際の水位から求めるとなっているが、日平均汚水量が流入する際の水位から求めることが正しいことから、①が不適切である。　　　　　　　　（解答①）

8

令和元年度（再）

Ⅲ－30　下水汚泥の消化方式に関する次の記述の、　　　　　に入る語句の組合せとして、最も適切なものはどれか。

汚泥消化方式には一段消化と二段消化がある。一段消化では、汚泥消化タンクで　ア　を行わず　イ　のみを行うため、脱離液が発生しない。そのため、二段消化に比べ、システム全体の固形物回収率が　ウ　なり、水処理施設の負荷が軽減されるという特徴がある。また、汚泥消化タンクへの投入汚泥濃度が　エ　ため投入汚泥量を少なくできる。

	ア	イ	ウ	エ
①	固液分離	生物反応	低く	高い
②	固液分離	生物反応	高く	低い
③	固液分離	生物反応	高く	高い
④	生物反応	固液分離	高く	高い
⑤	生物反応	固液分離	低く	低い

【解説】

　消化には、好気性消化と嫌気性消化の2方式があり、両者とも微生物による汚泥中の有機物の分解・安定化を主目的としている。消化方式は、一段消化または二段消化とする。一段消化は、汚泥消化タンクで固液分離を行わないで生物反応のみを行う方式である。二段消化は、一次タンクにおいて生物反応を行い、次いで二次タンクで固液分離を行う方式である。一段消化では汚泥消化タンクで固液分離を行わないで生物反応のみを行うため、脱離液が発生しない。そのため、一段消化の場合は固液分離が脱水設備のみで行われ、二次タンクで固液分離を行った後脱水を行う二段消化に比べ、システム全体の固形物回収率が高くなり、その結果、水処理施設の負荷が軽減されるという特徴がある。また、汚泥消化タンクへの投入汚泥濃度が高いと投入汚泥量を少なくでき、タンクの容積が小さくなるとともに、加温に必要な熱量も少なくなる等の利点がある。二段消化は従来多く採用されてきたが、最近では汚泥性状の変化等により二次タンク内での濃縮性が期待できない場合に、二次タンクも一次タンクと同様の生物反応タンクとして使用し、一段消化として運転することも行われている。

　これらのことから、③が適切である。　　　　　　　　　　　　（解答③）

Ⅲ−31　下水汚泥の濃縮に関する次の記述のうち、最も不適切なものはどれか。

　①　汚泥の濃縮方法は、機械濃縮、重力濃縮などがある。各濃縮方法とも、濃縮効果は汚泥性状の影響を受けるため、効率的な汚泥濃縮を行

うには投入汚泥の性状把握を含めた適切な水質管理が必要となる。

② 浮上濃縮は、汚泥に気泡を付着させて見掛け比重を水よりも小さくし浮上分離濃縮する方法である。重力濃縮で処理しにくい汚泥でも固形物濃度3〜4%に濃縮させることが可能となる。

③ ベルト式ろ過濃縮は、汚泥に凝集剤を添加し、走行するベルト上で重力ろ過、濃縮を行う方法である。重力濃縮で処理しにくい汚泥でも固形物濃度3〜4%に濃縮させることが可能となる。

④ 遠心濃縮は、重力の数100〜3000倍の遠心力によって汚泥固形物の沈降速度を速め強制的に汚泥を圧密する方式で、重力濃縮で処理しにくい汚泥でも固形物濃度3〜4%に濃縮させることが可能となる。

⑤ 重力濃縮は、重力の場において汚泥粒子と水との比重差を利用して自然沈降させ圧密濃縮を行うものである。比重差の小さい（有機分が高い）汚泥、また最初沈殿池汚泥のように圧密しにくい汚泥では濃縮効果が低下する。

【解説】

　下水汚泥を濃縮するためには、適切なタンク内の汚泥滞留時間が必要である。汚泥濃縮の果たす役割は、水処理施設で発生した低濃度の汚泥を濃縮し、その後に続く汚泥消化や汚泥脱水を効果的に機能させることである。濃縮する汚泥には、最初沈殿池で発生する最初沈殿池汚泥（生汚泥）と最終沈殿池で発生する余剰汚泥とがある。

　汚泥の濃縮が不十分なときは、あとの汚泥処理の効率低下を招くばかりでなく、懸濁物を多量に含んだ分離液が水処理施設に戻り、処理水の水質悪化の原因になることがある。このため、重力濃縮しにくい余剰汚泥は機械濃縮（遠心濃縮、浮上濃縮等）を行うケースが増加している。特に濃縮汚泥の含水率が98%以上となった場合には、生汚泥と余剰汚泥を各々別に濃縮する分離濃縮について検討することが必要である。近年下水汚泥中の有機物割合が増加しており、重力濃縮タンクにおける濃縮濃度が上昇しない例が増えている。また、汚泥を濃縮するためには、適正なタンク内の滞留時間が必要であり、適正な汚泥層の厚さが必要になる。タンク内の汚泥の滞留時間が長すぎると、夏期に腐敗

して汚泥が浮上することがあるので一般的に滞留時間は12時間程度としている。

①～④は適切である。

⑤最初沈殿池汚泥ではなく最終沈殿池汚泥であることから不適切である。

(解答⑤)

Ⅲ－32 汚泥脱水設備とその原理の組合せのうち、最も不適切なものはどれか。

① 圧入式スクリュープレス脱水機・・・・・・圧搾力とせん断力
② 多重板型スクリュープレス脱水機・・・・・圧搾力
③ ベルトプレス脱水機・・・・・・・・・・圧縮力とせん断力
④ 遠心脱水機・・・・・・・・・・・・・・・遠心力
⑤ 回転加圧脱水機・・・・・・・・・・・・・圧縮力

【解説】

一般的に濃縮汚泥または消化汚泥に含まれる水分は96～98%で、これを含水率80%程度に脱水すると、液状から汚泥状となり、容積が1/5～1/10程度に減少して取扱いが容易になる。圧入式スクリュープレス脱水機の脱水原理は、濃縮汚泥を連続回転する円筒状のスクリーンと円錐状スクリュー軸との間に投入し圧搾脱水する。多重板型スクリュープレス脱水機の脱水原理は、凝集汚泥を固定板と可動板とを組み合わせた外胴とスクリュー軸によりろ過、圧縮、排水させて脱水する。ベルトプレス脱水機の脱水原理は、濃縮汚泥を連続走行するろ布で重力ろ過後、2本のロール間に挟み込み圧縮脱水する。遠心脱水機の脱水原理は、濃縮汚泥を高速に回転する円筒ボウル内へ投入し遠心力によって固液分離し脱水する。回転加圧脱水機の脱水原理は、濃縮汚泥を連続回転する円盤フィルタ2枚とスペーサの間に投入し圧搾脱水する。

①～④は適切である。

⑤圧搾脱水であることから不適切である。

(解答⑤)

III−33 下水道における水質試験項目に関する次の記述のうち、最も不適切なものはどれか。

① 水温は、水中の生物等の消長及びDOに関与する。また、飽和DO濃度は、水温の低下に伴って高くなる。

② 蒸発残留物を600℃で強熱して灰化したときに、残った物質を強熱残留物という。一般に強熱残留物は無機物を示す。

③ アルカリ度は水中又は汚泥中に含まれる炭酸塩、炭酸水素塩又は水酸化物などのアルカリ分を、これに対応する炭酸カルシウム（$CaCO_3$）のmg／Lで表したものである。アルカリ度は、硝化反応により生成され、脱窒反応により消費される。

④ 水中の塩化物イオンは、主に塩化ナトリウム（食塩）に由来し、生活排水及びし尿に多く含まれる。一般的な流入下水の塩化物イオン濃度は50〜100 mg／Lで、海水、工場等の排水が混入すると、塩化物イオン濃度が増加する。

⑤ 有機性窒素は、アミノ酸、たん白質及びその他様々な有機化合物に含まれている窒素分を意味する。水中の有機性窒素は、処理が進むにつれ加水分解、酸化され、アンモニア性窒素、亜硝酸性窒素、硝酸性窒素へと変化する。

【解説】

水質試験項目について、その定義と分析方法の理解が必要である。

水温の関与については、硝化反応を維持できる水温とASRTの関係式は次のとおりである。

$$ASRT = 20.65 \exp（-0.0639T） \qquad T：水温$$

DOとは、水中の溶存酸素量濃度であり、試料1リットル当たりの酸素のmg数で表す。

蒸発残留物（TS：Total solids）は、試料を105℃±5℃で水分を蒸発および乾燥させたときに残った物質重量で試料全体の重量との百分率（％）で表す。強熱減量（VTS：Volatile Total Solids）は、蒸発残留物を600℃で強熱したと

きに揮散する物質量を重量比で表す。「アルカリ度」は、水中に含まれる炭酸水素塩、炭酸塩または水酸化物のアルカリ分の量を炭酸カルシウムの濃度で表したものである。硝化反応において消費され、脱窒反応で生成される。全窒素は無機性窒素と有機性窒素に大別される。有機性窒素は人間などの生活廃棄物などに含まれるアミノ酸やタンパク質などに含まれる含窒素有機化合物をいう。無機性窒素はアンモニア性窒素、亜硝酸性窒素、硝酸性窒素が含まれる。微生物の働きにより有機性窒素からアンモニア性窒素、亜硝酸性窒素に分解され、硝化菌がアンモニアを酸化することにより硝酸性窒素になる過程を踏んでいく。

①〜②、④〜⑤は適切である。

③硝化反応において消費され、脱窒反応で生成されることから不適切である。

(解答③)

Ⅲ-34 活性炭吸着法による下水道施設の脱臭に関する次の記述の ☐ に入る語句の組合せとして、最も適切なものはどれか。

活性炭吸着法は、悪臭物質を活性炭に通し、 ア によって除去する方法である。

活性炭は比較的効果が高いが、圧力損失が イ 。また、ガス中のミストやダスト除去対策が必要となり、場合によっては湿潤対策が必要となる。

通常の活性炭にアルカリ性成分、酸性成分、中性成分を添着させた活性炭がある。それぞれアルカリ性成分添着炭は ウ 、メチルメルカプタン等の エ に、酸性成分添着炭はアンモニア、トルメチルアミン等の オ に有効である。

	ア	イ	ウ	エ	オ
①	酸化作用	大きい	硫化水素	塩基性ガス	酸性ガス
②	酸化作用	小さい	二硫化メチル	塩基性ガス	酸性ガス
③	物理化学的吸着	大きい	二硫化メチル	酸性ガス	塩基性ガス
④	物理化学的吸着	大きい	硫化水素	酸性ガス	塩基性ガス
⑤	物理化学的吸着	小さい	二硫化メチル	塩基性ガス	酸性ガス

【解説】

　活性炭吸着法は、悪臭物質を活性炭に通し、物理化学的吸着によって除去する方法である。

　活性炭は比較的効果は高いが、圧力損失が大きい。また、一定期間使用すると再生もしくは交換する必要がある。さらに、ガス中のミストやダスト除去対策が必要となり、場合によっては湿潤対策が必要となる。稀薄な臭気に適しているので主に脱臭の仕上げに用いる。高濃度臭気を処理する場合には活性炭の交換が頻繁になるため前処理が必要である。

　なお、設問中の中性成分添着炭は、硫化メチル、二硫化メチル等の中性ガスに有効である。活性炭吸着塔は、空塔速度0.3 m/s以下、接触時間を1.2 s以上とし、カートリッジ式の吸着塔を原則とする。

　これらのことから④が適切である。　　　　　　　　　　　　　（解答④）

Ⅲ－35　事業場排水中の処理対象物質と主な処理方法に関する次の組合せのうち、最も不適切なものはどれか。

① りん　　　　　　　　　　　　— 生物学的処理法
② 農薬類　　　　　　　　　　　— エアレーション法
③ よう素消費量の高い排水　　　— 薬品酸化法
④ クロム　　　　　　　　　　　— 薬品還元法（連続式）
⑤ ひ素　　　　　　　　　　　　— 金属水酸化物共沈法

【解説】

　事業場排水は、生活排水とは異なり排水に含まれる成分も多岐にわたっている。これらの事業所に対しては「水質汚濁防止法」、「水質汚濁防止法施行令」によって細かく規制されている。事業場排水に含まれる物質の処理は、その種類と含有量によって最も効果的な方法を選定しなければならない。

①高度にりんを除去する手法として、反応タンクに凝集剤を添加する施設が下水道法施行令で示されている。凝集剤は、アルミニウム塩や鉄塩等である。生物学的処理法、物理化学的処理法が用いられている。

②農薬類は、活性炭吸着法が用いられている。製品ごとに処理を考えなければならない。有機りん系農薬には、活性炭吸着法が用いられている。

③よう素消費量とは、排水中の還元性物質が消費するよう素の量のことをいう。よう素の処理法には、ばっ気等による酸化法や薬品酸化法が用いられている。

④クロム（特に六価クロム）は、酸性でもアルカリ性でも沈殿物を生成しないので、アルカリ性で沈殿する三価クロムに還元する方法が用いられている。薬品還元法（連続法）、電解還元法、イオン交換樹脂法、水酸化物凝集沈殿法が用いられている。

⑤ひ素は、水酸化鉄により吸着共沈する方法が用いられている。金属水酸化物共沈法、鉄粉法、フェライト法が用いられている。

①、③〜⑤は適切である。

②はエアレーション法が不適切である。 （解答②）

9. 令和 2 年度試験問題　解答解説

Ⅲ－2　地下水に関する次の記述のうち、最も不適切なものはどれか。

① 浅井戸の水質は深井戸に比べて地表の影響を受けやすく、特に人家の近在する場合は汚水の浸入による汚染が発生することがある。

② 地下水中には、地質によっては、鉄、マンガン、ヒ素、フッ素などが溶解してくることがある。

③ トリクロロエチレンのような揮発性物質は、地下水に混入しても容易に大気中に揮散する。

④ 伏流水は、浅井戸と異なり、河川が増水したときには河川の濁度がそのまま現れる可能性がある。

⑤ 地中ダムは、地下の帯水層に不透水性の壁を設けることによって、地下水の流れを遮断し、ダム上流側の帯水層内の、砂、れき層の空隙に水を貯留するものである。

【解説】

①適切である。浅井戸は、地下の浅い部分にある砂、礫等の地層に含まれている地下水である不圧地下水を取水するための施設である。地下の浅い部分にあるため、地表の影響を受けやすい。

②適切である。主として溶解性の無機質と地下に生息する生物を含有する。これは地質その他の環境によるもので、無機質としてはカルシウムやマグネシウムの重炭酸塩、塩化物及び硫酸塩などが溶解しており、鉄やマンガンなども溶解している場合が多く、生物としては鉄細菌（バクテリア）や硫黄細菌などが検出されることがある。

③不適切である。トリクロロエチレンのような揮発性物質は、地下水に混入

9 令和 2 年度

した場合、除去は容易ではない。

④適切である。伏流水は、河川水（湖沼水）が河床（湖沼床）またはその付近に潜流している不圧地下水の一種である。このため、河川や湖沼の濁度がそのまま現れる可能性がある。

⑤適切である。地下水利用者への影響等についての調査が必要である。

（解答③）

Ⅲ－3　水道の貯水施設に関する次の記述のうち、最も不適切なものはどれか。

①　貯水施設を形態から分類すると、ダム、湖沼、遊水池、河口堰、溜池、地下ダムなどになる。また、使用目的により分類すると、専ら水道用のために建設される専用貯水施設と洪水調節、発電、灌漑、工業用水道などの水道以外の用途と共同で建設される多目的貯水施設とがある。

②　ダムの型式は、堤体材料からコンクリートダムとフィルダムに分類される。一般にフィルダムはコンクリートダムに比べ、ダムから受ける荷重をより広い地盤に伝えるので、基礎の強さからの制約条件は少ない。

③　コンクリートダムはその力学的特性により重力式ダム、アーチ式ダムに分類される。アーチ式ダムは、主としてアーチ作用により水圧などの大部分の荷重をダム両岸の基礎岩盤に伝達し、ダム内部の力は大部分が圧縮力となるため、コンクリートの特徴である強い圧縮強度を利用でき、その結果堤体の体積は重力式ダムに比べて小さくなる。

④　ダムの洪水吐きは、設計洪水流量を処理する規模、型式、配置を有し、施設の安全が図られるものである必要があり、コンクリートダムの場合は、洪水越流による安全上の問題が、フィルダムの場合に比べはるかに大きいことから、原則として、ダム堤体とは別に洪水吐きを設ける。

⑤　水質が必ずしも良好とはいえない地点にやむを得ず貯水施設を設置

> しなければならない場合には、貯水施設周辺からの流入汚濁負荷量に
> 対する監視を行うとともに、貯水池内の曝気循環設備や選択取水設備
> の整備等を進めることが必要である。

【解説】

①適切である。専用貯水施設は水道事業者が建設・管理を行うため、水量、水質の管理が主体的に行える利点がある。これに対して多目的貯水施設における水道水源開発の場合は、他の目的が先行する場合があるため、アロケーション、取水計画、構造、管理等について水道事業者の意向を反映する必要がある。

②適切である。フィルダムは浸透流による堤体崩壊を防ぐために、しゃ水機能が必要であり、しゃ水機能を果たす部分の構造により、表面しゃ水型、均一型、ゾーン型に分類される。

③適切である。基礎岩盤に荷重を伝達するため、基礎岩盤はアーチ推力に十分抵抗できる強度が必要で、ダムの厚さが薄くなるため、基盤の透水性に対する条件は厳しくなる。

④不適切である。コンクリートダムは洪水吐きをダム堤体内に設け、フィルダムは洪水越流による安全上の問題がコンクリートダムに比べるとはるかに大きいことから、原則として、ダム堤体とは別に洪水吐きを設けることが原則となっている。問題はコンクリートダムとフィルダムが逆となっている。

⑤適切である。　　　　　　　　　　　　　　　　　　　　（解答④）

Ⅲ-4　上水道の着水井に関する次の記述のうち、最も不適切なものはどれか。

①　着水井は、水面変動の吸収、円滑な導水を目的として導水渠の構造の変化点などに設けられるもので、著しい渦流又は偏流が生じない構造とする。

②　複数の系統から原水の流入がある場合や、ろ過池洗浄排水の返送が

　　　ある場合には、これらが均等に混合できるような配管にし、越流設備
　　　を設置する。

③　放流先がない場合は、越流管又は越流堰は設けず、流入量を適正に
　　　制御するための流量計、水位計及び遮断用を兼ねた流量調整弁を設け
　　　る。

④　越流管の管径や越流堰の幅は、流入量の1/5以上を排水できるもの
　　　とし、その位置は高水位に設ける。

⑤　着水井は、計画最大浄水量が達成できる範囲内で、耐震性、経済性
　　　など維持管理面を考慮して過大とならないようにする。

【解説】

①導水渠の構造の変化点などに設けられるものは接合井であり、着水井では
　ないことから、不適切である。

②適切である。

③適切である。ただし、着水井のあふれを防止するため、流量調整用バルブ
　の設置位置は着水井の上流側とする。

④適切である。

⑤適切である。　　　　　　　　　　　　　　　　　　　　　（解答①）

Ⅲ−5　浄水処理の凝集に関する次の記述のうち、最も不適切なものはど
　れか。

①　凝集剤の注入率は、原水の水質状況や沈殿池、ろ過池等の施設の違
　　　いによっても異なることから、注入率の決定に当たっては、処理する
　　　原水を用いてジャーテストを行うのが基本である。

②　pH調整剤であるアルカリ剤には、水道用水酸化ナトリウム、水道用
　　　水酸化カルシウム、水道用炭酸ナトリウムがあり、アルカリ度が不足
　　　する場合に使用される。

③　フロック形成池の滞留時間は、計画浄水量の50分程度を標準とする。

④　凝集に影響を与える要因には、撹拌、pH値、アルカリ度、水温等

がある。これらが複雑に作用し、凝集剤の注入率に大きく影響する。

⑤　混和池には、凝集剤を注入した後、直ちに急速な攪拌を与え凝集剤を原水中に均一に拡散させることのできる適切な混和装置を設ける。

【解説】

水道水源である、河川水、湖沼水の多くは濁っている。この濁りの尺度を「濁度」という。水道水質基準では、濁度を「2 度」以下にしなければならないと定められている。濁り成分の中で、大きな粒子はすぐに沈むが、細かい粒子は「マイナスの電荷」を持っているので、お互いに反発し合って分散している。そこでプラスの電荷を持つアルミニウムや鉄などの金属系の凝集剤を用いて、電気的に中和して反発力をなくす操作を行う。これを「凝集反応」または「凝集処理」という。反発力がなくなった濁り成分が寄り集まってかたまりを作る。このように凝集した濁り成分は、「架橋作用」によって大きく重くなるので、ゆっくりと沈んでいく。一般的な浄水場では、凝集剤を素早く水中に分散させる「急速混和池」とフロック形成を助ける「緩速混和池」が設けられている。また、急速混和池で形成した細かいフロックをそのままろ過する「マイクロフロック法」という処理方法もある。

凝集反応は水温が高いほどフロックの成長が良好である。原水の水温変化が大きい場合や、寒冷地の浄水場では「ジャーテスト」などで凝集剤の種類や添加量を細かく調整する必要がある。

浄水処理に用いる凝集剤として、硫酸バンドのpHは3.0以上、ポリ塩化アルミニウムのpHは3.5～5.0である。これらの凝集剤を添加すると原水のpHは低下する。pHが適正凝集以下に低下する場合は、アルカリ剤として水酸化カルシウム（消石灰）や炭酸ナトリウム（ソーダ灰）を添加することがある。また、湖沼や貯水池などを水源とする場合は、生物の光合成作用により水中の炭酸ガスが減少して原水のpHを上昇させる。この場合は酸剤として、硫酸、塩酸、二酸化炭素が用いられる。

浄水処理に用いられる高分子凝集剤は、厚生労働省令により、浄水中のアクリルアミドモノマーの基準値が0.00005 mg/L以下に限って使用できる。

アルカリ度は適切な凝集を行うために必要な因子である。凝集反応により水

中のアルカリ分と反応して減少するため、アルカリ剤を凝集剤の使用量に応じてアルカリ剤を補給する必要がある。

①～②、④～⑤は適切である。

③フロック形成池の滞留時間は、計画浄水量の20～40分間を標準とすることから不適切である。 　　　　　　　　　　　　　　　　　　　　　　　（解答③）

Ⅲ－6　上水道の沈殿池に関する次の記述のうち、最も不適切なものはどれか。

①　沈殿池での除去率を向上させるには、池の沈降面積を大きくする、フロックの沈降速度を大きくする、又は流量を小さくする。

②　池の沈降面積を大きくするために、中間床を2床入れると除去率は2倍になる。

③　表面負荷率よりも沈降速度が大きな粒子は除去率100％となる。

④　沈殿池における偏流による除去率の減少を防ぐためには、流入部や流出部に整流壁を設ける、池の水面に覆蓋を設ける、などの方法がある。

⑤　横流式沈殿池では、凝集性沈降により水深の大きい方が除濁効果が高いとされるが、建設費の増加や水流の安定性という観点から、有効水深は3～4m程度である。

【解説】

　表面負荷率 V_0 は、沈殿池に流入する流量 Q、沈殿池の沈降面積を A とすると、

$$V_0 = Q / A$$

で求められる。沈殿効率は V_0 とフロックの持つ沈降速度 V が等しくなれば、理想沈殿池では除去率100％となる。つまり、フロックの持つ沈降速度 V が表面負荷率 V_0 より小さくなるほど沈殿効率は低下（粒子の沈降速度が $V < V_0$ であると、粒子は沈降せずに沈殿地からキャリーオーバー（流出））することから、沈殿効率を向上（粒子の沈降速度が $V > V_0$ であると、粒子の除去率は100％を越える）させるには、

・池の沈降面積 A を大きくする

・フロックの沈降速度 V を大きくする

・流量 Q を小さくする

　水流の安定化には、池を細長くして流れに直線性を与えることが大切である。実験結果並びに実績から、沈殿部の長さは幅の3～8倍として、中間整流壁を設ける場合は3～5倍程度とするものが多い。横流式沈殿池の形式には、単層式、多階層式（2階層、3階層）、傾斜板式等（水平流、上向流）がある。横流式沈殿池では有効水深を3～4 m程度が良い。水深を浅くし過ぎると、風や気温等の影響を大きく受ける。

　①、③～⑤は、適切である。

　②中間床を2床入れると除去率は3倍であることから不適切である。

（解答②）

Ⅲ－7　浄水処理の砂ろ過に関する次の記述のうち、最も不適切なものはどれか。

① 砂ろ過には急速ろ過方式と緩速ろ過方式があり、緩速ろ過方式は、一般に原水水質が良好で濁度も低く安定している場合に採用され、急速ろ過方式は、緩速ろ過方式では対応できない原水水質の場合などに採用される。

② ろ過砂の粒度加積曲線上の通過率50％の粒径を有効径という。

③ ろ過速度は、緩速ろ過方式の場合3～5 m／日程度、急速ろ過方式の場合120～150 m／日程度が一般的である。

④ ろ過砂の粒度加積曲線上の通過率60％と10％の粒径の比を均等係数という。

⑤ 緩速ろ過方式は、急速ろ過方式に比べ、広い面積が必要であるとともに、砂の削り取りのための作業が必要である。

【解説】

　浄水場のろ過施設には「緩速ろ過方式」と「急速ろ過方式」がある。「緩速

ろ過方式」は、細かな砂の層を1日4～5mのごく遅い速度でろ過する方式である。この方式では、砂層の表面に微生物の膜ができ、この働きで濁り、細菌、有機物、異臭味などが除去され、美味しい水を作ることができるといわれている。ただし、緩速ろ過方式は広いろ過面積を必要とするので、設置場所に制限がある。しかし、経済の発展により水道水の需要が急増したこと、水道普及率が伸びたことで「急速ろ過方式」が採用されるようになった。

　「急速ろ過方式」のろ過速度は、120～150 m/日を標準とするよう定められている。ろ過砂の径については、「砂を小粒より大粒にふるいわけして粒度加積曲線を描き、その10%を通過する砂粒の径を「有効径」と名付けた。有効径は0.45～0.70 mmが一般的である。また、Hazenは砂の組成状態および均一度合を表すため、「粒度加積曲線の60%通過する砂粒径と10%を通過する砂粒径の比（60%径：10%径）を均等係数と名づけた。ろ過池に用いる「有効径は0.45～0.70 mmの範囲にあること」「均等係数は1.70以下とすること」と定められている。（水道施設基準解説）

　①、③～⑤は適切である。

　②水道で慣用的に用いられてきた有効径は、砂ろ粒度加積曲線上での10%通過径をいうことから不適切である。　　　　　　　　　　　（解答②）

　Ⅲ－8　上水道の活性炭処理に関する次の記述のうち、最も不適切なものはどれか。

　①　応急的あるいは短期間使用の場合は、粒状活性炭が適し、年間連続あるいは比較的長期間使用の場合は、粉末活性炭が経済的に有利とされている。

　②　粉末活性炭の接触時間は、少なくとも20分以上とし、処理効果を十分得るためには1時間程度が望ましい。

　③　粉末活性炭は可燃性であり、貯蔵量によって消防法における指定可燃物となる。

　④　空間速度（SV：Space Velocity）は、粒状活性炭層を通過する1時間当たりの処理水量を粒状活性炭の容量で除した値で表される。

⑤　水道では、植物系、石炭系及び石油系を原料とする粒状活性炭が使われている。

【解説】

　活性炭は、水中に溶解している有機物の除去能力が大きく、薬品処理の場合と異なり、処理水に反応生成物を残さない特徴がある。一般に疎水性が強く、分子量が大きい物質ほど活性炭に吸着しやすい。浄水処理における活性炭処理は、凝集、沈殿、砂ろ過という通常の処理では除去できない異臭味原因物質、陰イオン界面活性剤、フェノール類、トリハロメタン及びその前駆物質、トリクロロエチレン等の低沸点有機塩素化合物、農薬などの微量有機物質、一時的に混入する化学物質などに適用される。

　設問①の比較内容を下図に記載する。

粉末活性炭処理と粒状活性炭処理の利害得失

項目	粉末活性炭	粒状活性炭
①処理施設	○既設の施設を用いて処理できる	△ろ過槽を作る必要がある
②短期間の場合	○必要量だけ購入すれば良いから経済的	△不経済である
③長期間の場合	△経済性が悪い 　再生できない	○層厚を厚くできる 　再生使用するから経済的となる
④生物の繁殖	○使い捨てだから繁殖しない	△原生動物を繁殖するおそれがある
⑤廃棄	△灰を含む黒色スラッジは公害の原因となる	○再生使用するので問題ない 　廃棄しない
⑥漏出による黒水のトラブル	△特に冬期に起こりやすい	○ほとんど心配がない
⑦層厚管理	△注入作業を伴う	○特に問題はない

注）○は有利、△は不利

出典：『水道施設設計指針』、2012 年版。表 5.13.2

①設問は、粒状活性炭と粉末活性炭の記載が逆であることから不適切である。
②〜⑤は適切である。　　　　　　　　　　　　　　　　　　　（解答①）

Ⅲ－9　上水道の膜ろ過に関する次の記述のうち、最も不適切なものはどれか。

① 浄水処理に主に使用されている膜ろ過は精密ろ過と限外ろ過であり、除去対象物質は、懸濁物質を主体とする不溶解性物質である。

② 膜ろ過の回収率は、膜ろ過設備への供給水量に対し、膜ろ過水のうち物理洗浄水量等を差し引いた量の比を％で示したもので、一般的な目標値は90％以上である。

③ 膜の劣化には、圧力によるクリープ変形や損傷などの物理的劣化、加水分解、酸化などの化学的劣化、微生物により資化される生物的劣化など、膜自身の不可逆的な変質が生じたことによる性能変化で、性能回復はできない。

④ 有機膜モジュールを膜ろ過設備に装着したまま運転を長期間休止する場合には、微生物の繁殖等による膜の汚染を防ぐため、乾燥状態とするか、酸又はアルカリ溶液等を封入する。

⑤ 薬品洗浄に使用する薬品のうち塩酸、シュウ酸、クエン酸には食品添加物の規格が、また水酸化ナトリウム、硫酸、次亜塩素酸ナトリウムには日本水道協会と食品添加物の規格がある。

【解説】

膜ろ過とは、膜をろ材として水を通し、原水中の不純物質を分離除去して清澄なろ過水を得る浄水処理方法である。浄水処理に使用される膜ろ過は、精密ろ過と限外ろ過で、除去対象物質は懸濁物質を主体とする不溶解性物質である。

膜処理はおよそ次の4種類に分類される。

表　膜処理の分類

略称	名称	原理	機能
MF	精密ろ過	10～200 nm 程度以上の粒子を分離する	濁質除去
UF	限外ろ過	数～数十 nm 程度以上の粒子を分離する	濁質除去
NF	ナノろ過	1 nm 程度以上の粒子をふるい分ける	溶解性物質を除去
RO	逆浸透	浸透圧を超える圧力をかけることによる分離	イオンの分離

有機膜は、その材質により親水性、疎水性の別があるほか、耐熱性や耐薬品性も異なる。なお、膜材質がセルロース系のものは、微生物の侵食により劣化するおそれがあるため、塩素注入による微生物抑制が必要となる。無機膜は有機膜に比較して耐熱性や耐薬品性がよく、物理的強度もあるが衝撃に弱い。膜の薬品洗浄には、アルカリ、酸、酸化剤、有機酸、洗剤などのさまざまな薬品が使用されるので、膜の耐薬品性について十分調査する。膜モジュールを保管する場合、凍結などに注意するほか、指定された保存液封入を行ったり、微生物による繁殖等による膜の汚染を防ぐため、乾燥状態にするか、酸またはアルカリ溶液を封入する。

①～③、⑤適切である。

④無機膜モジュールの説明であることから、不適切である。特に差支えがない限り、次亜塩素酸ナトリウム溶液を封入して保管する。　　（解答④）

Ⅲ－10　上水道の薬品注入に関する次の記述のうち、最も不適切なものはどれか。

① 注入設備は、原則として二系統化を行い、予備設備を設ける。

② 自然流下方式や定圧槽方式では、電磁流量計等と合わせて流量制御する。

③ ポンプのストローク長や回転速度、駆動間隔等を変更して流量調整する計量ポンプ方式は、機器構成が単純で、直接注入が用いられる。

④ 注入機と注入点の距離が長い場合や混合効果を高める場合に用いられる注入機インジェクタ方式は計量ポンプ方式、調節弁方式と併用、又は単独で用いる。

⑤ 注入量のフィードバック制御は、水質計器（残留塩素計、塩素要求量計等）の測定値から注入量を設定し、偏差が生じる前に、薬品注入量の調節を行う方式である。

【解説】

①～④適切である。

⑤フィードバック制御は、処理水量が変化し、原水水質等も変化するような場合に、処理水の水質（濁度、アルカリ度、pH、残留塩素等）が一定となるように制御する方式である。フィードフォワード制御は対象となる水質計器からの信号をフィードバックし、薬品注入量に補正を加える方式である。設問⑤は、フィードフォワード制御の説明であることから不適切である。

(解答⑤)

Ⅲ−11　水道における配水施設の計画配水量や配水池容量等の算定に関する次の記述の、□□□□に入る語句の組合せとして、最も適切なものはどれか。

計画配水量は、当該配水区域の ア とする。 ア を算定する際の時間係数は一日最大給水量が大きいほど イ 傾向がある。

配水池の受持つ計画給水人口が ウ 以下のものについては、配水池容量の設計に際しては、 エ を加算する。また、配水管の受持つ給水区域内の計画給水人口が オ 以下のものについては、配水管管径の設計において、 エ を加算して検討する。

	ア	イ	ウ	エ	オ
①	計画一日最大給水量	大きくなる	10万人	消火用水量	5万人
②	計画時間最大配水量	大きくなる	10万人	応急給水量	5万人
③	計画時間最大配水量	小さくなる	10万人	応急給水量	10万人
④	計画時間最大配水量	小さくなる	5万人	消火用水量	10万人
⑤	計画一日最大給水量	小さくなる	5万人	消火用水量	10万人

【解説】

計画配水量は、原則として配水区域の計画時間最大配水量とする。計画時間最大配水量は計画一日最大給水量 [m³/d] を24で除して算出した時間平均配水量 [m³/h] に時間係数 K を乗じて算出する。時間係数 K は、実績によれば一日最大給水量が大きいほど小さくなる傾向がある。

消火用水量は以下のとおりとする。

(1) 配水池の受持つ計画給水人口が50,000人以下の場合、原則として、配水池容量の設計にあたって、消火用水量を加算する。

(2) 配水管の受持つ給水区域内の計画給水人口が100,000人以下の場合、原則として、配水管管径の設計において、消火用水量を加算して検討する。

(3) 火災時の消火用水量は、消火栓1栓あたりの放水能力と、同時に開放する消火栓の数から決定する。

これらのことから、ア：計画時間最大配水量、イ：小さくなる、ウ：5万人、エ：消火用水量、オ：10万人であり、④が適切である。　　　　　（解答④）

Ⅲ－12　水道施設のポンプ設備の流量制御及び圧力制御に関する次の記述のうち、最も不適切なものはどれか。

① 運転台数制御は、運転台数の変更によって流量制御を行う。制御方法が簡単で、台数分割による危険分散が図れるが、制御量が段階的になる。

② 回転速度制御は、回転速度の変化に比例して流量が変わることを利用したもので、制御性がよく運転コストも安いが、バルブ開度制御に比較して設備費が高い。この方式は、台数制御と併用されることが一般的である。

③ バルブによる流量制御は、バルブの開度を変化させて、バルブの損失水頭を増減させることにより流量を制御するものである。流量制御の中では最も簡単な方法であり、回転速度制御に比較し設備費も少なくて済むが、運転効率が低く運転コストも高い欠点がある。この方式は、台数制御と併用して使用されることが多い。

④ ポンプの吐出し圧力一定制御は、調節計で設定したポンプの吐出し目標圧力と、実際の吐出し圧力との偏差分だけポンプの回転速度又は制御用バルブの開度を増減し、吐出し圧力を一定にするものである。

⑤ ポンプの末端圧力一定制御は、流量が変化しても管路末端での圧力が一定になるように、ポンプの吐出し圧力を制御するものである。この方式は、管路損失が小さい場合や、需要水量の変動が小さい場合に

適する。

【解説】

　ポンプの制御は、自動運転用機器を用いて、円滑に始動工程や停止工程を進め、必要に応じてポンプの吐出量・吐出圧の調整を行う。ポンプ制御方式の選定には、その施設の規模、信頼性、経済性および運転管理方法等を総合的に検討する。制御方法としては次のとおりである。

　(1)　流量制御

　　1)　運転台数制御

　　　運転台数の変更によって制御を行う。制御方法が簡単で、台数分割により危険分散が図れるが、制御量が段階的で細かな制御ができない。

　　2)　回転速度制御

　　　回転速度の変化に比例して流量が変わることを利用したもので、制御性がよくコストも安いが、バルブ開度制御に比較して設備費が高い。この方式は台数制御が併用されることが一般的。

　　3)　バルブ開度制御

　　　バルブ開度を変化させて、損失水等の増減により流量を制御する。流量制御の中で最も簡単で、回転速度制御に比較して設備費が少ないが、運転効率が低く運転コストが高い欠点がある。この方式は台数制御と併用されることが多い。

　(2)　圧力制御

　　ポンプ回転速度制御とバルブ開度制御があるが、共に台数制御と併用するのが一般的。

　　1)　吐き出し圧力一定制御

　　　調節計で設定したポンプの吐き出し目標圧力と実際の吐き出し圧力との偏差分だけポンプの回転速度または制御用バルブの開度を増減し、吐き出し圧力を一定にする。

　　2)　末端圧力一定制御

　　　流量が変化しても管路末端圧力が一定となるように、ポンプの吐き出し圧力を制御する。この方式は管路損失が大きい場合や需要水量の変動

が大きい場合に適している。

　末端圧力一定制御が需要水量の変動が小さい場合に適しているとなっているが、大きい場合が正しいことから、⑤が不適切である。　　　　　　　（解答⑤）

Ⅲ－13　給水方式に関する次の記述のうち、最も不適切なものはどれか。

① 直結増圧式は、一時に多量の水を使用するものや使用水量の変動が大きい施設・建物等で、配水管の水圧低下を引き起こすおそれがある場合に採用する。

② 直結式は省エネルギーの観点から有効であるが、直結給水の範囲を拡大する場合、給水装置からの逆流防止対策を講じる必要がある。

③ 直結式には、配水管の動水圧により直接給水する直結直圧式と、給水管の途中に増圧給水設備を設置し、圧力を増して直結給水する直結増圧式がある。

④ 受水槽式は、断水時や災害時に水を確保できる長所があるが、定期的な点検や清掃など適正な管理が必要である。

⑤ 受水槽式には、受水槽に受水した水を、ポンプで高置水槽へ圧送し、そこから自然流下で給水する高置水槽式、ポンプにより圧力タンクに貯留し、その内部圧力により給水する圧力水槽式、ポンプで直接給水するポンプ直送式がある。

【解説】

給水方式は下図のように分類される。

図　給水方式

1) 直結直圧式は配水管内の動水圧により直接給水する方式。

2) 直結増圧式は、給水管の途中に増圧給水設備を設置し、配水管の水圧に

影響を与えずに、水圧の不足分を加圧して高位置まで直結給水するものである。このため、配水管の断水時に給水装置側からの逆圧が大きくなることや減圧時にかかる場合があること、給水用具の数が多く使用用途が多岐にわたることから、いっそうの逆流防止対策が必要となる。

3) 受水槽式はいったん受水槽で受水し給水する方式で、受水槽以降で給水圧、給水量を一定に保持することができ、一時的に多量の水を使用できることや、断水時にも水を確保できる長所があるが、受水槽の設置スペースが必要となることや定期的な点検や清掃等の適正な維持管理が必要となる短所がある。

　受水後の給水方法によって、ポンプで揚水して高置水槽へ貯留し、自然流下で給水する高置水槽式、ポンプで圧力水槽に貯え、その内部圧力によって給水する圧力水槽式、ポンプで使用量の変動に応じて台数・回転速度を制御して給水するポンプ直送式がある。

4) 直結・受水槽併用式は一つの建物で直結式、受水槽式の両方の給水方式を併用する方式。

これらのことから一時的に多量の水を使用する場合には受水槽式が適しており、直結増圧式は適していないことから、①が不適切である。　　（解答①）

Ⅲ−15　水路の流量計算に関する次の記述の、 ☐ に入る語句と数値の組合せとして、最も適切なものはどれか。

　　Hazen−Williams公式は ア における流量公式である。この公式によると、摩擦損失水頭は、流量の イ 乗に比例する。

	ア	イ
①	管路	−2
②	開水路	2
③	管路	1.85
④	開水路	1.85
⑤	管路	2

【解説】

ϕ 75 以上の水道管は Hazen−Williams 公式、ϕ 50 以下の水道管は Weston 公式が用いられている。

・ウエストン公式（口径 50 mm 以下の場合）

$$h = 0.0126 + \frac{0.01739 - 0.1087D}{V^{0.5}} \cdot \frac{L}{D} \cdot \frac{V^2}{2g}$$

$$Q = PI \cdot \frac{D^2}{4} \cdot V$$

ここに、h：管の摩擦損失水頭 [m]、
V：管内の平均流速 [m/sec]、
L：管の長さ [m]、
D：管の口径 [m]、
g：重力の加速度 [9.8 m/sec^2]、
Q：流量 [m^3/sec]

・ヘーゼン・ウイリアムス公式（口径 75 mm 以上の場合）

$$h = 10.666 \cdot C^{-1.85} \cdot D^{-4.87} \cdot Q^{1.85} \cdot L$$

$$V = 0.35464 \cdot C \cdot D^{0.63} \cdot I^{0.54}$$

$$Q = 0.27853 \cdot C \cdot D^{2.63} \cdot I^{0.54}$$

ここに、I：動水勾配 = $h / L \times 1000$
C：流速係数
埋設された管路の流速係数の値は、管内面の粗度と管路中の屈曲、分岐部等の数及び通水年数により異なるが、一般に、新管を使用する設計においては、屈曲部損失などを含んだ管路全体として 110、直線部のみの場合は、130 が適当。

なお、開水路には Manning が用いられている。

適切な組合せは管路、流量の 1.85 乗に比例することから③が適切である。

(解答③)

Ⅲ−16　利水と治水の両目的のために用いる我が国の多目的貯水池の水位関係、容量関係の一例を示した下図の、（ア）〜（ウ）に入る語句の組合せとして、最も適切なものはどれか。

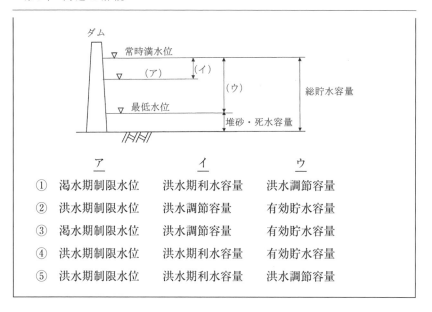

	ア	イ	ウ
①	渇水期制限水位	洪水期利水容量	洪水調節容量
②	洪水期制限水位	洪水調節容量	有効貯水容量
③	渇水期制限水位	洪水調節容量	有効貯水容量
④	洪水期制限水位	洪水期利水容量	有効貯水容量
⑤	洪水期制限水位	洪水期利水容量	洪水調節容量

【解説】

　各用語の定義は次のとおり。

　1）最低水位（LWL）

　　　貯水池の運用計画上の最低の水位。ダムの堆砂容量が水平に堆砂したと
　　きの堆砂上面とするのが一般的で、この場合堆砂位ともいう。発電用のダ
　　ムなどでは、堆砂容量のほかに死水容量を持つものがあり、このような場
　　合は両方を貯めた場合の上面。通常これよりも下には取水口がなく、貯留
　　水は利用できない。

　2）サーチャージ水位（洪水時制限水位）（SWL）

　　　洪水時、一時的に貯水池に貯めることができる最高の水位。

　3）常時満水位（平常時最高貯水位）（NWL）

　　　ダムの目的の一つである利水目的（水道、かんがい、工業用水など）に
　　使用するために、貯水池に貯めることができる最高水位。貯水池の水位は、
　　渇水と洪水の時期以外は常時この水位に保たれる。

　4）総貯水容量

　　　堆砂容量、死水容量、利水容量、洪水調節容量を合計したもの。

　5）有効貯水容量

ダムの総貯水容量から堆砂容量と死水容量を除いた容量。

6）洪水調節容量

常時満水位からサーチャージ水位までの容量。

用語の定義から②が適切である。　　　　　　　　　　　　（解答②）

Ⅲ－17　浄水施設の排水処理に関する次の記述のうち、最も不適切なものはどれか。

① 排水池の容量は、1回のろ過池洗浄排水量以上とし、池数は2池以上とすることが望ましい。

② 計画処理固形物量は、計画浄水量、計画原水濁度及び凝集剤注入率等を基礎として算定する。

③ 機械脱水の方法としては、加圧ろ過、加圧圧搾ろ過、真空ろ過、遠心分離、造粒脱水等がある。

④ 気温が下がる冬期には、一般的にスラッジの脱水性が良くなる。

⑤ 急速ろ過池の洗浄排水や沈澱池から排出されるスラッジは、間欠的に排出されたり、量的、質的に一定しないので、排水処理の濃縮工程以降で一定の処理が行えるよう、浄水処理工程からの懸濁物質濃度を平均化するため排水池や排泥池で一時貯留する。

【解説】

　浄水場の排水処理は、浄水場処理過程から排出される、沈澱池に堆積したスラッジ、ろ過池の洗浄配水及び洗砂排水等を適切に固液分離することにより、離脱液と脱水ケーキに分ける施設である。

　排水処理施設は、調整、濃縮、脱水乾燥及び処分のすべてまたは一部をもって構成されている。

　調整工程の上澄水や脱水工程の脱離液などは、原水として返送、利用することは可能であるが、溶解性物質等が濃縮されている場合があるので水質を検査して、浄水処理に影響しないように処理する必要がある。濃縮工程は、通常沈降濃縮方法をとっており、濃縮の目的は脱水効率の改善と脱水機容量の減少で

ある。一般的に、貯水池や湖沼を水源とする場合は比較的大きい粒子が除去されるため、原水中の微粒子が多くなり、藻類等の生物が発生しやすく、有機物が比較的多くなるため、スラッジの濃縮性、脱水性が悪くなることが多い。

計画処理固形物量は、計画浄水量、計画原水濁度及び凝集剤注入率等を基礎として算定する。浄水処理の排水処理は、浄水処理過程から排出される、沈殿池に蓄積されたスラッジ、ろ過池の洗浄排水及び洗砂排水等を適切に固液分離処理することにより、脱離液と脱水ケーキ（固形物）に分ける。

浄水能力 1 万 m^3/ 日以上の浄水場の沈殿施設及びろ過施設や脱水能力 10 m^3/ 日以上の脱水施設は、「水質汚濁防止法」の「特定施設」に指定されており、同法の排水基準が適用される。

一般的にスラッジの脱水性は、水温が低下する冬期には水の粘度が高くなり脱水性が悪くなるが、スラッジを蒸気などで加温することで脱水性を向上させる方法がある。

①～③、⑤は適切である。

④気温が下がる冬期には水の粘度は高くなり、一般的にスラッジの脱水性が悪くなることから不適切である。脱水性を向上させるためには、スラッジを蒸気等で加温する方法がある。　　　　　　　　　　　　　　（解答④）

Ⅲ－18　水質に関する次の記述の下線部のうち、最も不適切なものはどれか。

平成 24 年 5 月に ① 利根川水系 で発生した大規模な断水を伴う水道水質事故は、水質基準項目である ② ホルムアルデヒド の基準超過が問題となった。その原因物質である ③ ヘキサメチレンジアミン は、水道法に基づく水質基準の項目でも、環境基本法に基づく水質汚濁に係る環境基準の項目でも、あるいは水質汚濁防止法に基づく有害物質や指定物質（当時）にも該当していなかったが、④ 浄水処理 により水質基準項目となっている有害物質を生成する物質であった。このような事故の再発を防止するためには、浄水処理により副生成物として水質基準項目等を生成するような物質等を特定するとともに、それらの物質の水

道水源への流入を防止する対策等を促すことが必要である。そのため水質基準、水質管理目標設定項目及び要検討項目とは別の位置付けとして、平成27年3月に ⑤ 浄水処理対応困難物質 が設定された。

【解説】

平成24年5月、利根川水系で発生した水質事故を契機に、浄水処理対応困難物質が設定されるようになった。その事故の原因物質は、ホルムアルデヒド自体ではなく、消毒用の塩素剤と反応してホルムアルデヒドを生成するヘキサメチレンテトラミン（「HMT」という）という化学物質であった。厚生労働省は平成27年3月、利根川水系で発生した水質事故の再発防止上の観点から、事故等により原水の場合は通常の浄水処理では対応が困難な物質の対応について、通常の浄水処理により水質基準項目を高い比率で生成する物質を「浄水処理対応困難物質」として位置付けることにした。

これらのことから、③が不適切である。　　　　　　　　　　　（解答③）

Ⅲ−19　下水道の雨水管理計画に関する次の記述のうち、最も不適切なものはどれか。

① 計画降雨に採用する確率年は、5〜10年を標準とし、浸水の発生を防止することを目標とする。

② 計画区域内の計画降雨は、事業の連続性等を考慮し、同一のものを設定することを原則とする。

③ 最大計画雨水流出量の算定は、原則として合理式を用いるものとする。

④ 流達時間は、流入時間と流下時間の和であり、流入時間は最小単位排水区の斜面距離、勾配及び粗度係数によって変化する。

⑤ ポンプ場における雨水ポンプの容量は、計画降雨に対する計画雨水量を支障なく排除できるよう計画する。雨水貯留管として計画された場合を除き、管きょ内の貯留効果は考慮しない。

【解説】

①適切である。計画降雨に採用する確率年は、5～10年が標準となっているが、上位計画やBCPを考慮するとともに、降雨実績や浸水被害実績等の情報、事業の実現性等を検討し、必要に応じて確率年を見直すことができる。

②不適切である。計画区域が広く、降雨実績が異なる場合には計画降雨は異なる。

③適切である。合理式が用いられている。

④適切である。

⑤適切である。

(解答②)

Ⅲ－20 下水道の計画目標及び計画区域に関する次の記述のうち、最も不適切なものはどれか。

① 下水道計画の目標年次は、基準年次からおおむね20～30年の範囲で定め、計画段階から人口減少を適切に考慮した整備・管理を進めていくことが不可欠となっている。

② 下水道施設の設計に当たり、流入水量の減少が予測される場合には、施設能力と水量の推移に応じた適切な年次を施設計画のための中間年次として設定するとともに、適宜、下水道計画の見直しを行う。

③ 排除方式として合流式下水道を採用している区域では、汚水の処理を行うべき区域と、雨水による浸水の防除を図るべき区域は同一に定める。

④ 一般的に、1つの処理場が受け持つ処理区域を処理区といい、その処理区の1つの汚水幹線が受け持つ区域を処理分区という。

⑤ 処理区域の分割に当たっては、地形的条件、経済性、処理場用地確保の見込み、投資効果、水質環境基準への影響度合い等を比較して決定する。

【解説】

①適切である。管きょ、処理場等の土木構造物は標準的な耐用年数が約 50 年と長期にわたること、また、段階的整備が可能な処理施設に比べて、管きょの場合は下水量の増加に合わせて段階的に能力を増大させることが困難であることから、施設の能力は長期にわたる予測に基づく計画が必要である。このため、下水道計画の目標年次は、基準年次から概ね 20 ～ 30 年の範囲で、計画策定者が定めることとなっている。

②適切である。人口減少に伴う流入水量の減少が想定される場合には、目標年次の計画値のみを対象として、管きょや処理場の計画を検討することは、効率的な下水道事業運営の観点から適切ではない。このため、目標年次に至る中間年次での計画諸元を的確に予測し、その予測値に対応する施設計画を検討する必要がある。

③不適切である。下水道を整備する対象区域で、汚水を終末処理場で処理する処理区域と浸水の防除を図る区域に分けて決定する。

④適切である。処理区域は 1 つの処理場が受け持つ範囲であり、処理分区は 1 つの汚水幹線が受け持つ範囲である。

⑤適切である。

これらのことから、汚水処理区域と浸水防除区域は分けて設定するため、③は不適切である。　　　　　　　　　　　　　　　　　　　　　（解答③）

Ⅲ－21　下水の排除方式に関する次の記述のうち、最も不適切なものはどれか。

① 下水の排除方式は、雨天時の水環境の保全等を考慮し、原則として分流式とする。

② 合流式は、降雨時に処理能力以上の水量が処理場に流入することを防ぐため、雨水吐から希釈された下水の一部を河川等に直接放流する構造となっている。

③ 分流式であっても、雨水管の汚水管への誤接合や汚水管の老朽化等により、雨天時における汚水管への雨水浸入が避けがたい場合があり、

　　これらをいかに少なくするかを考慮することが必要である。

④　分流式でも降雨初期において、かなり汚濁された路面排水が雨水管きょを経て直接公共用水域に放流されることがある。

⑤　分流式の汚水管きょは小口径であることが多いため、合流式に比べて管きょの勾配が緩くなり埋設深が浅くなる場合がある。

【解説】

①適切である。昭和30年代までの下水道は、大都市を中心として、浸水防除と下水道の普及促進を目的としていたため、雨水と汚水を同時に収集できる合流式下水道の整備が積極的に図られていた。しかし、昭和45年水質汚濁防止法等の公害関係法の整備により、環境汚染に対する規制が強化された。その結果、公共用水域の環境基準を達成するために、未処理下水の河川等への流入を防ぐために、分流式下水道の整備が原則となっている。

②適切である。

③適切である。不明水と言われているものであり、水処理に負荷がかかるため、できるだけ少なくすることが望ましい。

④適切である。分流式下水道の雨水は、原則、直接公共用水域に放流されるため、降雨初期にはかなり汚濁された雨水が放流される。

⑤不適切である。小口径であるため、管きょの勾配が急となり、埋設深が深くなる場合がある。　　　　　　　　　　　　　　　　　　　　　（解答⑤）

Ⅲ－22　雨水流出抑制に関する次の記述のうち、最も不適切なものはどれか。

①　雨水貯留には、公園貯留、各戸貯留、雨水調整池、雨水貯留管等がある。

②　上流域の開発により下流域の管きょやポンプの排水能力が不足しているが、用地の制約等から管きょやポンプ場の増強が困難な場合、雨水貯留施設の効果を雨水管理計画に見込み、管きょやポンプの規模を縮小する。

③　オンサイト貯留とは、降雨地点で雨水を一時的に貯留することにより雨水の流出を抑制するものである。

④　雨水浸透施設の設置に当たっては、地域特性を考慮し、必要に応じて浸透適地マップを作成して、浸透適地の把握を行うことが望ましい。

⑤　雨水貯留施設に貯留した雨水は、その有効利用のため、できるだけ長時間貯留しておくことが望ましい。

【解説】

　雨水流出抑制対策は、総流出量及びピーク流出量の削減を目的として、雨水浸透および雨水貯留並びに土地利用計画管理に分類される。雨水貯留は降雨地点で雨水を貯留するオンサイト貯留と、降雨を集めて貯留するオフサイト貯留がある。

　浸透施設は土質の浸透能力によって、設置できるかどうかが決定されるため、粘土などの浸透能力の低い土質では、流出抑制効果は少ないことから、浸透適地の把握を行うことが必要である。施設としては透水性舗装、浸透ます等があり、単位当たり（浸透ます1個当たり等）の雨水流出抑制量はわずかであるため、広範囲に施設を設置しなければ効果が期待できない。また、広範囲に施設を設置するためには長い期間を必要とする。

　オンサイト貯留としては、公園貯留、学校貯留、各戸貯留等があり、浸透施設と同様に雨水流出抑制量はわずかで、広範囲に施設を設置しなければ効果が期待できず、長い期間を必要とする。

　オフサイト貯留としては、雨水調整池、貯留管等があり、雨水抑制量が大きく、短期間での効果が期待できる。大規模な施設となることが多く、建設用地が確保できる場合には雨水調整池、建設用地が確保できない場合には、公道内に貯留管となる例が多い。

　雨水流出抑止対策は、地域の実情に合わせて、浸透と貯留が組み合わされて実施されている。

①適切である。

②適切である。十分な雨水排除施設の設置が困難である場合には、雨水貯留施設の設置により、雨水排除施設の規模を縮小する計画を検討する。

③適切である。

④適切である。浸透適地の把握が必要であることから、マップの作成は必要である。

⑤不適切である。ピーク流出量の削減が目的であることから、ピークカット後は速やかに排水することで、雨水貯留施設の能力を回復させることが望ましい。 (解答⑤)

Ⅲ−23　ある下水処理場の反応タンクに流入する下水の流量は9,000 m³/d、BODは200 mg/Lである。反応タンクの容積が6,000 m³であるとき、BOD容積負荷 [kgBOD/(m³・d)] の値として、最も適切なものはどれか。

① 0.2　② 0.3　③ 0.4　④ 0.5　⑤ 0.6

【解説】

BOD容積負荷は、ばっ気槽1 m³当たり1日に流入するkg-BOD数で、単位は [kg-BOD/(m³/日)] である。

BOD容積負荷は、次式で算出する。

$$\text{BOD容積負荷} = \frac{Q \times C_f \times 10^{-3}}{V} = \frac{9,000 \times 200 \times 0.001}{6,000}$$

Q：下水流量 [m³/日]、C_f：BOD [mg/L]、V：反応タンク容積 [m³]

本式に各数値を入力すると、BOD容積負荷は0.3となる。 (解答②)

Ⅲ−24　標準活性汚泥法による下水処理において、汚泥返送比が0.25、返送汚泥の浮遊物質濃度が8,000 mg/Lであるとき、反応タンク内の設定MLSS濃度として、最も適切なものはどれか。ただし、反応タンクに流入する浮遊物質濃度は考慮しなくてよい。

① 1,200 mg/L　② 1,400 mg/L　③ 1,600 mg/L

④ 1,800 mg/L　⑤ 2,000 mg/L

【解説】

標準活性汚泥法において、反応タンク内のMLSS濃度は、一般的に、1,500～2,000 mg/Lの範囲で運転されている。MLSS濃度は、低すぎると処理が安定せず、高いと必要酸素量が増え、不経済となる。

ある返送汚泥の浮遊物質濃度で汚泥返送比が維持できている場合は、反応タンク内のMLSS濃度は、次の式で求められる、

$$X = R_\gamma \times (X_\gamma - X)$$

ここで、R_γ：汚泥返送比　　　　　　　　　値：0.25
　　　　X：MLSS濃度［mg/L］
　　　　X_γ：返送汚泥のSS濃度［mg/L］　　値：8,000 mg/L

この式に、与えられた数値を代入して、X_γを求める。

$$X = 0.25\,(8,000 - X) = 1,600\ \text{mg/L}$$

（解答③）

Ⅲ－25　高度処理オキシデーションディッチ法に関する次の記述の下線部のうち、最も不適切なものはどれか。

高度処理オキシデーションディッチ法は、オキシデーションディッチ法の反応タンクを用いて、① 硝化細菌 を系内保持するために必要とされる ② ASRT が一定となるよう、計画1日最大汚水量流入時に③ 好気時間：無酸素時間＝1：1 となる容量を持ち、流入負荷量に応じた ④ 汚泥引き抜き量及び好気時間 を調整することによって安定した⑤ 窒素除去及びりん除去 を行う下水処理方法である。

【解説】

高度処理オキシデーションディッチ法は、オキシデーションディッチ法の反応タンクを用いて、硝化細菌を系内保持するために必要とされるASRT（活性汚泥が空気に触れている時間）が一定となるよう、計画1日最大汚水量流入時に、好気時間：無酸素時間＝1：1となる容量を持ち、流入負荷量に応じた汚泥引き抜き量及び好気時間を調整することによって安定した有機物除去及び窒素

除去を行う下水処理方法である。

これらのことから、高度処理オキシデーションディッチ法は、りん除去は行わないので⑤が不適切である。 （解答⑤）

Ⅲ－26 嫌気無酸素好気法に関する次の記述のうち、最も不適切なものはどれか。

① 嫌気タンクと無酸素タンクの阻流壁は、開口部面積をできるだけ大きくした方が処理に有利である。

② 硝化細菌の系内保持のために必要なSRT又はASRTを長く保つ必要があるため、りん除去は嫌気好気法よりは悪くなる。

③ 雨水によるDOの持込みや有機物濃度の低下、返送汚泥による硝酸態窒素の嫌気タンクへの持込みにより、りん放出が不十分となる場合がある。

④ 放流水のりん濃度をより安定に確保する必要がある場合には、補完的設備として凝集剤添加等の物理化学的なりん除去プロセスの併用が必要となる場合が多い。

⑤ 流入水中の有機物は嫌気タンクにおけるりん除去に利用されるので、最初沈殿池での必要以上の除去はりん除去に対してマイナスとなる。

【解説】

嫌気無酸素好気法は、反応タンクを嫌気タンク、無酸素（脱窒）タンク、好気（硝化）タンクの順に配置し、流入水と返送汚泥を嫌気タンクに流入させる一方、硝化液を循環ポンプによって好気タンクから無酸素タンクへ循環させるプロセスである。

反応タンクは、嫌気タンク（りん放出）→無酸素タンク（脱窒）→好気タンク（硝化・りん摂取）の流れで行われる。

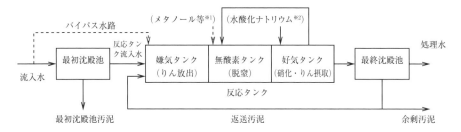

※1　流入水中の水素供与体が不足する場合、必要に応じてメタノール等添加
※2　硝化の促進等により反応タンク内の pH が低下した場合、必要に応じて水酸化ナトリウム等添加

出典:『下水道施設計画・設計指針と解説』(後編)、2019 年版。図 6.7.96

　本法は、生物学的りん除去プロセスと生物学的窒素除去プロセスを組み合わせた処理法で、活性汚泥微生物によるりんの過剰摂取現象及び硝化脱窒反応を利用するものである。

　好気タンクでは、流入するアンモニア性窒素が亜硝酸性窒素、もしくは硝酸性窒素に酸化され、無酸素タンクでは、脱窒細菌により硝酸性窒素や亜硝酸性窒素は窒素ガスに還元される。一般的に本法では硝化細菌の系内保持のために必要な SRT(固形物滞留時間)または ASRT(好気的固形物滞留時間)を長く保つ必要がある。水温がりん除去に及ぼす影響は少ないが、雨水が流入する場合はりん除去性能が低下することが多い。本法の最終的なりん除去量は、余剰汚泥量と余剰汚泥のりん含有率より定まる。これらを支配する因子としては、流入下水中の有機物/りん比(BOD / T–P)や SRT、BOD–SS 負荷など互いに不可分なプロセス制御因子に影響される。

　平均的な流入水の場合、反応タンク流入水に対する T–N 除去率は 60〜70% 程度であるのに対して、本法の TP 除去率は 70〜80% 程度が期待できる。本法の MLSS 濃度は、2,000〜3,000 mg/L を標準とする。BOD–SS 負荷は標準活性汚泥法より小さく、HRT は 16〜20 時間である。

① は嫌気タンクではりん放出、無酸素タンクにて脱窒を行い、好気タンクにて硝化およびりん摂取が行われている。各タンクの阻流壁の開口部面積が大きいことにより、汚水が混合され無酸素タンク還元反応の除去プロセスが進まなくなる。よって不適切である。

② 〜 ⑤ は適切である。　　　　　　　　　　　　　　　　　　(解答①)

275

Ⅲ－27　下水道の標準活性汚泥法の最終沈殿池に関する次の記述のうち、最も不適切なものはどれか。

① 池の形状は長方形、正方形又は円形とする。長方形池では、幅と長さとの比は1：3以上とし、池数は、原則として2池以上とする。

② 排泥のために汚泥掻寄せ機を設ける。この場合の池底勾配は、長方形池の場合1/100～2/100とし、汚泥ホッパの勾配は、60度以上とする。

③ 水面積負荷は、計画1日最大汚水量に対して、20～30 m³/(m²・d)を標準とする。

④ 池の有効水深は、2.5～4.0 mを標準とする。

⑤ 流出設備は、越流ぜきとし、せきの越流負荷は、250 m³/(m・d)を標準とする。

【解説】

①適切である。形状及び池数は次のとおり。

　1) 形状

　　　長方形、正方形または円形とし、形状に応じて、流れの方向は平行流または放射流とする。

　2) 形状による寸法

　　　長方形では、幅と長さとの比は1：3以上とし、円形または正方形では直径または一辺の長さと深さの比を6：1～12：1程度とする。長方形は汚泥掻寄せ機に応じて定める。

　3) 池数

　　　原則として2池以上とし、非常時や改築等の機能停止期間を踏まえた機能確保のための代替施設の設置を考慮する。

②適切である。構造は次のとおり。

　1) 構造

　　　堅固で耐久力を有する水密なコンクリート造り等とし、浮力に対して安全な構造とする。

2）汚泥掻寄せ機の設置

　排泥のために汚泥掻寄せ機を設置する。

3）汚泥掻寄せ機の池底勾配

　円形及び正方形の場合、5/100 ～ 10/100、長方形の場合、1/100 ～ 2/100 とする。なお、汚泥ホッパの勾配は、60 度以上とする。

③適切である。

④適切である。

⑤不適切である。せきの越流負荷が間違っている。流出設備は次のとおり。

1）流出設備は越流ぜきとする。

2）せきの越流負荷は、150 m^3/(m・d) を標準とする。

3）越流せき及びトラフには、必要に応じて防藻対策を考慮する。

（解答⑤）

Ⅲ－28　下水道の開削・推進工法用の管きょの種類に関する次の記述のうち、最も不適切なものはどれか。

①　鉄筋コンクリート管は、剛性管でたわみや変形が生じにくいが、重量は比較的重く、酸により腐食しやすい。

②　硬質塩化ビニル管は、可とう性管で、耐食性に優れており、重量が軽く、管切断など加工性がよい。また、管体強度はコンクリート管、金属管に比べ小さい。

③　ダクタイル鋳鉄管は、剛性管で、管体強度が大きく、靭性に富み、衝撃に強く、耐久性があるが、内外の防食面に損傷を受けると腐食しやすい。

④　強化プラスチック複合管は、可とう性管で、管体強度が大きく、耐食性に優れている。また、重量が軽く施工性がよい。

⑤　ポリエチレン管は、可とう性管で、収縮性があり、耐摩耗性、耐食性に優れており、重量が軽く、管切断など加工性がよい。また、管体強度は金属管に比べ小さい。

【解説】

管きょの種類に応じた特徴は次のとおり。

(1) 鉄筋コンクリート管
- ・剛性管でたわみや変形が生じにくい
- ・重量は比較的重い
- ・酸により腐食しやすい

(2) 硬質塩化ビニル管
- ・可とう性管
- ・管体強度はコンクリート管、金属管に比べて小さい
- ・重量は軽く、管切断などの加工性が良い
- ・耐食性に優れている
- ・低温時には耐衝撃性が低下する
- ・熱・紫外線に弱い
- ・ガソリン、灯油などの有機溶剤により軟化する

(3) ダクタイル鋳鉄管
- ・可とう性管
- ・管体強度が大きく、靭性に富み、衝撃に強く、耐久性がある
- ・離脱防止機能を有する継手があり、大きな地盤変動に対応できる
- ・施工性が良い
- ・重量は比較的重い
- ・内外の防食面に損傷を受けると腐食しやすい

(4) 強化プラスチック複合管
- ・可とう性管
- ・管体強度が大きい
- ・耐食性に優れている
- ・重量が軽く施工性が良い

(5) ポリエチレン管
- ・可とう性管
- ・収縮性があり、耐摩耗性、耐食性に優れている
- ・重量が軽く、管切断など加工性が良い

・管体強度は金属管に比べ小さい

・雨天時や湧水地盤では、融着継手の施工が困難

・熱、紫外線に弱い

・ガソリン、灯油などの有機溶剤による浸透に注意

これらのことから、③でダクタイル鋳鉄管は剛性管となっているが、可とう性管が正しいことから不適切である。　　　　　　　　　　　　（解答③）

Ⅲ－29　下水道の管路の計画・設計に関する次の記述のうち、最も不適切なものはどれか。

①　計画下水量と現況汚水量との差が、下水の流下を阻害するおそれがあるため、汚水管きょについては、必要に応じて計画下水量に対して余裕を見込むこととする。その余裕は、管きょの内径によって異なり、内径700 mm以上1,650 mm未満では、計画下水量の50％以上100％以下を標準とする。

②　合流管きょの設計に用いる計画下水量は、計画雨水量と計画時間最大汚水量を合算した量とする。

③　管きょの断面形状は、円形又はく形を標準とする。

④　雨水管きょ及び合流管きょの最小管径は、300 mmを標準とする。

⑤　マンホールでの管きょの接合箇所において、管きょの内径が変化する場合及び2本の管きょが合流する場合の接合方法は、原則として水面接合又は管頂接合とする。

【解説】

①適切である。汚水管きょの余裕は内径700 mm未満で計画下水量の100％、700 mm以上1,650 mm未満で計画下水量の50％以上100％以下、1,650 mm以上3,000 mm以下で計画下水量の25％以上50％以下を見込むものとする。ただし、地域特性や地域条件が類似している下水道での実績等に基づいて、適正に定める場合または下水量の増加が将来にわたって見込まれない場合にあっては、この限りではない。

雨水管きょ及び合流管きょは、地下水位が高く、見込み以上の地下水の侵入が想定される等の地域特性を考慮する場合には、多少の余裕を見込むことができる。

②適切である。計画下水量において、汚水管きょは計画時間最大汚水量、雨水管きょは計画雨水量、合流管きょは計画雨水量と計画時間最大汚水量を合算した量、遮集管きょは雨天時計画汚水量である。

③適切である。

④300 mmとなっているが250 mmが正しく、不適切である。最小管径は汚水管きょで200 mmを標準とし、ただし、汚水量が少なく、将来も増加が見込まれない場合には100 mmまたは150 mmとすることができる。雨水管きょ及び合流管きょで250 mm、圧送管きょで75 mmを標準とする。

⑤適切である。　　　　　　　　　　　　　　　　　　　　（解答④）

Ⅲ－30　下水道のポンプ場に関する次の記述のうち、最も不適切なものはどれか。

① ポンプ場は、河川や海岸付近の低地に設置する場合が多いため、台風等による高潮や地震時の津波等による護岸や堤防からの溢水、決壊による氾濫等により、浸水することを想定しなければならない。

② 合流式下水道の雨水ポンプ場の設計に用いる計画下水量は、合流管きょの計画下水量から計画時間最大汚水量を差し引いた量とする。

③ 雨水ポンプ場は、できるだけ放流水域に近接して設置し、放流管きょが短いことが望ましい。

④ 中継ポンプ場は、管きょ計画における地表勾配を最大限利用し、可能な限り設置数が少なくなるように、その位置を定める。

⑤ 汚水ポンプ場の設計に用いる計画下水量は、分流式下水道の場合は計画時間最大汚水量、合流式下水道の場合は雨天時計画汚水量とする。

【解説】

①、③、④、⑤は適切である。

②合流管きょの計画下水量から、雨天時計画汚水量（遮水量）を引いた値で
あることから、不適切である。　　　　　　　　　　　　　　　（解答②）

Ⅲ－31　下水汚泥処理における留意事項に関する次の記述のうち、最も不
適切なものはどれか。
① 濃縮では、汚泥性状の変化（季節変動、長距離送泥等）に起因する
と思われる濃縮性の低下が生じていることがある。
② 消化では、効率的に消化を行うため、低濃度の汚泥を消化タンクに
投入することが望ましい。
③ 脱水では、低含水率化、固形物回収率の向上、脱水が困難な消化汚
泥への対応等の課題に対し技術開発が進められ、様々な新技術が導入
されている。
④ 乾燥では、多くのエネルギーを消費するほか、排ガスに高濃度臭気
が含まれている場合がある。
⑤ 焼却では、高温焼却による N_2O の削減と省エネルギー性を兼ね備え
た焼却炉が開発され導入されている。

【解説】

　汚泥処理の方法には、濃縮、消化、脱水、乾燥、焼却、溶融等のプロセスを
種々組み合わせて用いるが、この組合せは、汚泥の有効利用や埋め立て等最終
的な利用・処分を想定してそれに適合した方法とする。脱水に用いる凝集剤は、
遠心脱水機には有機系凝集剤（ポリマー）を、真空脱水機や加圧脱水機では無
機系凝集剤（例えば塩化第二鉄や石灰など）が用いられる。下水汚泥は、窒素
やりんの肥料成分のほか、各種の有機物、無機物で構成されていることから緑
農地への有機物補給資材として利用価値は高い。この場合、下水汚泥中の易分
解性有機物を好気性環境において微生物により分解（発酵）させて、緑農地に
利用可能な形態・性状までに安定化することをいう。

　汚泥消化については、消化タンクの維持管理を適切に行い、効率的に消化を
行うために、高濃度の汚泥を消化タンクに投入することが望ましい。汚泥脱水

は、脱水汚泥含水率を低下させることが重要な課題である。汚泥乾燥は、以前は多段焼却炉が利用されていたが、最近は流動焼却炉の採用が大半を占めている。汚泥溶融は、汚泥の減容化、埋立地での二次公害防止及び利用を目的とした方法で、脱水汚泥を直接溶融する方法と焼却灰を溶融する方法がある。

①、③〜⑤は適切である。

②投入汚泥量は汚泥濃度により変動する。汚泥濃度を高めるほど、投入汚泥量は減少し、必要とする有効容量が少なくすることができることから不適切である。 (解答②)

Ⅲ−32 下水汚泥の重力濃縮タンクに関する次の記述のうち、最も不適切なものはどれか。

① 投入汚泥が通常の濃度の場合、固形物負荷の影響は小さく、水面積負荷が重要となる。

② 汚泥濃縮を効率的に行うため、汚泥かき寄せ機には原則としてピケットフェンスを設ける。

③ 重力濃縮による濃縮汚泥の汚泥濃度は、一般的に2〜4%程度である。

④ 構造は、原則として鉄筋コンクリート造りとし、耐食性を考慮し、防食被覆等を施す。

⑤ 固形物負荷は、60〜90 kg−DS/(m²・d) 程度とする。

【解説】

下水処理における重力濃縮タンクの設計に関する問題である。近年下水汚泥中の有機物割合が増加しており、重力濃縮タンクにおける濃縮濃度が上昇しない例が増えている。また、汚泥を濃縮するためには、適正なタンク内の滞留時間が必要であり、汚泥層の厚さが必要になる。タンク内の汚泥の滞留時間が長すぎると、夏期に腐敗して汚泥が浮上することがあるので一般的に滞留時間は12時間程度としている

なお、汚泥処分の方法としては、初期においては海洋処分や天日乾燥後の農

地還元が中心であったが、汚泥量増加、都市化の進展、環境意識の高まりなどから、より効率的に汚泥を減容化する手法として、機械脱水、焼却、溶融などの技術の採用が進んできた。汚泥濃縮方法としては、遠心濃縮、常圧浮上濃縮、ベルト式ろ過濃縮などの機械濃縮がある。

①投入汚泥が通常の濃度の場合、水面積負荷の影響は小さく、固形物負荷が重要となるから不適切である。

②〜⑤は適切である。　　　　　　　　　　　　　　　　　　　　（解答①）

Ⅲ−33　下水汚泥の汚泥消化に関する次の記述のうち、最も不適切なものはどれか。

① 消化方式は、一段消化又は二段消化とする。

② 消化汚泥量は、投入汚泥中の有機分、汚泥の消化率及び汚泥の含水率によって定める。

③ 嫌気性消化は、嫌気的状態に保たれた汚泥消化タンク内で、有機物を嫌気性微生物の働きで低分子化、液化及びガス化する処理法である。

④ 汚泥を汚泥消化タンクで消化温度に応じて適当な消化日数をとると、投入汚泥中の有機物は液化及びガス化により 20 〜 30 ％減少する。

⑤ 嫌気性消化の副産物として生成する消化ガスは、脱硫後、汚泥消化タンクの加温や汚泥焼却炉の補助熱源として利活用されるほか、消化ガス発電等に利活用されている。

【解説】

　汚泥の消化には、好気性硝化と嫌気性消化がある。両者とも微生物による汚泥中の有機物の分解・安定化を目的としている。嫌気性消化は、嫌気的状態に保たれた汚泥消化タンク内で、有機物を嫌気性微生物の働きによって低分子化、液化及びガス化する処理法である。汚泥中の有機物は、酸性発酵期（第 1 期）、酸性減衰期（第 2 期）及びアルカリ性発酵期（第 3 期）を経て分解される。嫌気性消化の副産物として生成されるメタンを主成分とした消化ガスは、脱硫後消化タンクの加温や焼却炉の補助燃料として利用されるほか、消化ガス発電へ

9
令和
2
年度

の利用も実施されている。

　消化方式は、一段消化または二段消化とする。一段消化は、汚泥消化タンクで固液分離を行わないで生物反応のみを行う方式である。二段消化は、一次タンクにおいて生物反応を行い、次いで二次タンクで固液分離を行う方式である。一段消化では汚泥消化タンクで固液分離を行わないで生物反応のみを行うため、脱離液が発生しない。そのため、一段消化の場合は固液分離が脱水設備のみで行われ、二次タンクで固液分離を行った後脱水を行う二段消化に比べ、システム全体の固形物回収率が高くなり、その結果、水処理施設の負荷が軽減されるという特徴がある。また、汚泥消化タンクへの投入汚泥濃度が高いと投入汚泥量を少なくでき、タンクの容積が小さくなるとともに、加温に必要な熱量も少なくなる等の利点がある。二段消化は従来多く採用されてきたが、最近では汚泥性状の変化等により二次タンク内での濃縮性が期待できない場合に、二次タンクも一次タンクと同様の生物反応タンクとして使用し、一段消化として運転することも行われている。

　消化汚泥量は、投入汚泥の有機分、消化率及び汚泥の含水率によって定める。一般に消化温度30〜35℃程度、消化日数20日程度の中加温消化で、投入汚泥の有機物が70%以上であれば、消化率は50%程度が得られる。

　①〜③、⑤は適切である。

　④投入汚泥中の有機物は液化及びガス化により40〜60%減少することから不適切である。　　　　　　　　　　　　　　　　　　　　　　（解答④）

Ⅲ-34　CODに関する次の記述の、　　　　　　に入る語句の組合せとして、最も適切なものはどれか。

　CODは、水中の　ア　を一定の酸化条件で反応させ、それに要する酸化剤の量を　イ　に換算してmg/Lで表したものである。

　CODは、BODと同様に、水中に含まれる主として　ウ　を意味し、両者の間に一定の関係がある場合が多く、一般にBOD／COD比が　エ　のときは、活性汚泥による処理がしやすい。

	ア	イ	ウ	エ
①	有機性物質	酸素量	有機性汚濁物質量	同程度
②	有機性物質	酸素量	無機性汚濁物質量	2 程度
③	有機性物質	炭素量	無機性汚濁物質量	同程度
④	被酸化性物質	酸素量	有機性汚濁物質量	2 程度
⑤	被酸化性物質	炭素量	無機性汚濁物質量	同程度

【解説】

「COD」は、排水基準に用いられ、海域と湖沼の環境基準に用いられる。COD 値は、試料水中の被酸化性物質を一定の条件下で酸化剤により酸化し、その際使用した酸化剤の量から酸化に必要な酸素量を求めて換算したもので、単位は ppm または mg／L で表す。主な被酸化物は「有機物」である。類似した指標に「BOD」があるが、「COD」が有機物と無機物両方の要求酸素量であるのに対して、「BOD」は生物分解性有機物のみの酸素要求量である。したがって、下水処理の良否を判定する際、BOD／COD の値が高いときは、有機物量の割合が多いので処理が容易であり、逆の場合は無機物比が高いので生物処理が困難と判断できる。ただし、酸化剤の種類と濃度、酸化時の温度や時間、有機物の種類や濃度によっても測定値が異なることがあるので、処理の評価には注意する必要がある。

これらのことから④が適切である。　　　　　　　　　　　　　　（解答④）

Ⅲ－35　地震・津波対策に関する次の記述の、□□□□に入る語句の組合せとして、最も適切なものはどれか。

地震・津波対策は、地震時においても下水道が果たすべき機能を継続的に確保するために実施する　ア　　、被災時にも下水道が担うべき　イ　　の機能を確保するとともに速やかな復旧を可能とする　ウ　　、地震発生後の点検調査、応急復旧、本復旧等の事後対策を含む一体的な対策を段階的、かつ、計画的に実施する必要がある。また、地域防災計画に基づく下水道の防災計画や下水道施設等が被災した場合でも、施設が復旧するまでの間に、代替手段等により、速やかに下水道が担うべき

機能を再開するための　エ　を策定するとともに、　オ　により、段階的に防災の水準を向上させつつ、それを補う減災も適切なメニュー選択と合理的なバランスを確保しレベルアップする必要がある。

	ア	イ	ウ	エ	オ
①	防災対策	最低限	減災対策	BCP	BCM
②	防災対策	最低限	減災対策	BCM	BCP
③	防災対策	最大限	減災対策	BCP	BCM
④	減災対策	最低限	防災対策	BCP	BCM
⑤	減災対策	最大限	防災対策	BCM	BCP

【解説】

(1) 下水道地震・津波対策

　　下水道が果たすべき機能の必要性や緊急性に応じて段階的な目標を設定し、防災を基本としつつ、暫定的な対応やソフト対策も含めた減災を組み合わせた計画とする。

(2) BCP

　　地震や津波により下水道施設やリソース（ヒト、モノ（資機材、燃料等）、情報、ライフライン等の資源）等が被災し制約を受けることを前提に、潜在するリスクを評価して、課題を洗い出し、下水道に要求される機能を早期に回復するための計画として策定する。また、地震・津波対策の進捗、組織改正、教育訓練の状況等を反映し、業務継続管理：Business Continuity Management（略してBCM）により適切に見直す。

(3) 下水道施設の停電対策計画

　　災害や事故等による停電を想定して、非常用電源の確保、2回線受電によるリスクの削減対策等を講じるものとし、その対策内容を下水道地震・津波対策やBCPに位置付ける。

　下水道地震・津波対策は防災を基本とすることからアは「防災対策」、被災してもすべての機能を確保することは困難であることからイは「最低限」、速やかな復旧を行うためには被害を少なくすることからウは「減災対策」、機能を早期に回復させる計画であることからエは「BCP」、段階的に防災・減災の水準を向上させることからオは「BCM」の組合せとなる。　　　　　　（解答①）

◆◆◆◆◆◆◆◆◆◆◆◆◆◆◆◆◆◆◆◆◆◆◆◆◆◆◆◆ ◆ ◆ ◆ ◦ ◦

10.　令和3年度試験問題　解答解説

Ⅲ－1　令和元年10月1日に施行された水道法の一部を改正する法律における、関係者の責務に関する次の記述の、　　　　　に入る語句の組合せとして、最も適切なものはどれか。

　国は、水道の　ア　に関する基本的かつ総合的な施策を策定し、及びこれを推進するとともに、都道府県及び市町村並びに水道事業者及び水道用水供給事業者に対し、必要な技術的及び財政的な援助を行うよう努めなければならない。

　都道府県は、その区域の　イ　に応じて、その区域内における市町村の区域を超えた広域的な水道事業者等の間の　ウ　その他の水道の　ア　に関する施策を策定し、及びこれを実施するよう努めなければならない。

　市町村は、その区域の　イ　に応じて、その区域内における水道事業者等の間の　ウ　その他の水道の　ア　に関する施策を策定し、及びこれを実施するよう努めなければならない。

　水道事業者等は、その経営する事業を適正かつ能率的に運営するとともに、その事業の　ア　に努めなければならない。

	ア	イ	ウ
①	基盤の強化	財政的諸条件	連携等の推進
②	持続的な経営	財政的諸条件	予防保全型管理
③	基盤の強化	自然的社会的諸条件	予防保全型管理
④	持続的な経営	財政的諸条件	連携等の推進
⑤	基盤の強化	自然的社会的諸条件	連携等の推進

【解説】

改正された概要は次のとおり。

1. 関係者の責務の明確化

　1）国、都道府県及び市町村は水道の基盤の強化に関する施策を策定し、推進または実施するよう努めなければならないこととする。

　2）都道府県は水道事業者等（水道事業者又は水道用水供給事業者をいう。以下同じ。）の間の広域的な連携を推進するよう努めなければならないこととする。

　3）水道事業者等はその事業の基盤の強化に努めなければならないこととする。

2. 広域連携の推進

　1）国は広域連携の推進を含む水道の基盤を強化するための基本方針を定めることとする。

　2）都道府県は基本方針に基づき、関係市町村及び水道事業者等の同意を得て、水道基盤強化計画を定めることができることとする。

　3）都道府県は、広域連携を推進するため、関係市町村及び水道事業者等を構成員とする協議会を設けることができることとする。

3. 適切な資産管理の推進

　1）水道事業者等は、水道施設を良好な状態に保つように、維持及び修繕をしなければならないこととする。

　2）水道事業者等は、水道施設を適切に管理するための水道施設台帳を作成し、保管しなければならないこととする。

　3）水道事業者等は、長期的な観点から、水道施設の計画的な更新に努めなければならないこととする。

　4）水道事業者等は、水道施設の更新に関する費用を含むその事業に係る収支の見通しを作成し、公表するよう努めなければならないこととする。

4. 官民連携の推進地方公共団体が、水道事業者等としての位置付けを維持しつつ、厚生労働大臣の許可を受けて、水道施設に関する公共施設等運営権※を民間事業者に設定できる仕組みを導入する。※公共施設等運営権とは、PFIの一類型で、利用料金の徴収を行う公共施設について、施設の所

有権を地方公共団体が所有したまま、施設の運営権を民間事業者に設定する方式。

5. 指定給水装置工事事業者制度の改善資質の保持や実体との乖離の防止を図るため、指定給水装置工事事業者の指定に更新制（5年）を導入する。

概要よりア：基盤の強化、イ：自然的社会的諸条件、ウ：連携等の推進により⑤が適切である。　　　　　　　　　　　　　　　　　　　　　（解答⑤）

Ⅲ－2　上水道の基本計画に関する次の記述の、 [　　　] に入る語句の組合せとして、最も適切なものはどれか。

(1) 計画年次：基本計画において対象となる期間であり、計画策定時より [ア] 年程度を標準とする。

(2) 計画給水区域：計画年次までに [イ] を布設し、給水しようとする区域であり、広域的な配慮のもとに決定する。

(3) 計画給水人口：計画給水区域内人口に [ウ] を乗じて決定する。

(4) 計画給水量：原則として [エ] を基に決定する。

	ア	イ	ウ	エ
①	30〜50	給水管	計画有効率	用途別使用水量
②	10〜20	配水管	計画給水普及率	計画取水量
③	30〜50	配水管	計画有効率	用途別使用水量
④	10〜20	配水管	計画給水普及率	用途別使用水量
⑤	10〜20	給水管	計画有効率	計画取水量

【解説】

基本計画における基本事項は次のとおりである。

1. 計画年次

　　将来予測の確実性、施設整備の合理性、経営状況を踏まえたうえで、可能な限り長期間に設定するのが基本で、計画策定時より10〜20年間を標準とする。

2. 計画給水区域

計画年次まで配水管を布設し、給水しようとする区域であり、広域的な配慮のもとに決定する。

3. 計画給水人口

計画給水区域内人口に計画給水普及率を乗じて決定する。

4. 計画給水量

原則として用途別使用水量をもとに決定する。水道用水供給事業では受水側水道事業を一体とした推定によるか、または受水側水道事業の計画水量の総和による。後者の場合、過大となる場合があるため、前者によるチェックが必要である。

これらのことから、ア：10～20、イ：配水管、ウ：計画給水普及率、エ：用途別使用水量となり、④が適切である。 （解答④）

Ⅲ－3　水源水質に関する次の記述のうち、適切なものの数はどれか。

（ア）湖沼や貯水池で水温成層が形成されると、表層では障害となる藻類が発生しやすくなる一方、下層では無酸素化が生じ、鉄、マンガンなどの沈殿が起きる。

（イ）選択取水とは、取水口（放流口）を水深によって選択することにより、洪水後の濁水や藻類による異臭味水などの水質障害を避ける方法で、水温成層が形成されているときが効果的である。

（ウ）河床に付着藻類が繁殖した河川や停滞水域を持つ河川では、藻類の光合成によって水中の炭酸イオンが消費され、pH値が著しく低下することがある。

（エ）地下水は汚染の機会が少ないが、トリクロロエチレンやテトラクロロエチレン、酢酸セルロース、オイル、ワックス、1,4-ジオキサンなどによる地下水汚染が問題となっている。

①　0　　②　1　　③　2　　④　3　　⑤　4

【解説】

（ア）深い湖沼や貯水池では、季節的な温度成層現象が生じ、深度によって

水質が著しく変化することがある。また、循環期には、上下層が混合することによって、成層期に下部に集積していた栄養塩類等の溶解成分が上層に上がってきて、太陽光線の影響で急激に藻類が増殖し湖水を濁らせたり、臭味等を発生したりする。下層の無酸素化では鉄、マンガンなどは溶解する。

（イ）選択取水とは、長期間にわたる高濁水に対しては、地形、地質などの立地条件や貯水池の規模等の類似した他の貯留池の例などを参考として、選択取水設備の設置等の対策を検討しておく必要がある。

（ウ）富栄養化に伴い植物プランクトン類の増殖が活発化すると、日中と夜間の pH の差が著しくなり、浄水処理上支障をきたすことも考えられるので、pH の垂直分布状況の情報等から、最適な取水深度の決定を検討する。

（エ）地下水は、地質及び環境により主として溶解性の無機質と地下に生息する生物などを含有しており、その水質の把握する必要がある。また、地下水は、年間を通して水位変動を起こしており、地下水の水質は、水位の変化状況によって異なるため、水質を評価するに当たっては水位状況に応じた回数の検査を行うことが望ましい。

（ア）無酸素化では、沈殿が起こりにくいので不適切である。

（イ）適切である。

（ウ）pH が上昇するので不適切である。

（エ）適切である。

これらのことから③が適切である。　　　　　　　　　　　　　（解答③）

Ⅲ－4　地下水に関する次の記述のうち、最も不適切なものはどれか。

① 　上水道事業と水道用水供給事業の年間取水量のうち、地下水の割合は 1/4～1/5 程度である。

② 　不圧地下水は、帯水層が難透水性の地層に挟まれており、その取水施設を深井戸という。

③ 　海岸に近い地域の地下水の取水は、塩水化のおそれがあるため、揚

水水位を海水面付近まで下げないような十分な配慮が必要である。

④　地下水は、汚染された場合、人為的に回復することは難しい。

⑤　地質的な自然由来や汚水の地下浸透によって、地下水には硝酸態窒素及び亜硝酸態窒素が含まれる場合がある。

【解説】

①適切である。

②不適切である。内容は被圧地下水のことを記載している。

③適切である。塩水は淡水より比重が大きいため、淡水の下に塩水が潜り込んだ状態となっている。このため、揚水水位を海面付近まで下げると塩水と淡水が混じり合う可能性が高くなる。

④適切である。

⑤適切である。地下水中の有機系窒素は分解されて、アンモニア性窒素となり、さらに亜硝酸態窒素、硝酸態窒素へ酸化される。

(解答②)

Ⅲ－5　上水道の傾斜板（管）式沈殿池に関する次の記述のうち、最も不適切なものはどれか。

①　水平流式の傾斜板等の沈降装置を設置する場合の表面負荷率は、4〜9 mm/min を標準とする。

②　傾斜板等の沈降装置の傾斜角は、60°を標準とする。

③　上向流式の傾斜板等の沈降装置を設置する場合には、装置の段数は2段を標準とする。

④　水平流式の傾斜板等の沈降装置を設置する場合には、池内の平均流速は0.6 m/min 以下を標準とする。

⑤　水平流式の傾斜板等の沈降装置を設置する場合には、装置の下端と池底との間隔は、1.5 m以上を標準とし、装置の端と沈殿池の流入部壁及び流出部壁との間隔も、それぞれ1.5 m以上を標準とする。

【解説】

水平流式傾斜板等の沈降装置を設置する場合は以下を標準とする。

(1) 表面負荷率は、4〜9 mm/min とする。

(2) 装置の傾斜角は、60°とする。

(3) 池内の平均流速は、0.6 m/min 以下とする

(4) 装置の下端と池底との間隔は1.5 m以上とする。

(5) 装置の端と沈殿池の流入部壁及び流出部壁との間隔は、それぞれ1.5 m以上とする

上向流式傾斜板等の沈降装置を設置する場合は以下を標準とする。

(1) 表面負荷率は、7〜14 mm/min とする。

(2) 装置の段数は、1段とする。

(3) 装置の傾斜角は、60°とする。

(4) 池内の平均上昇流速は、80 mm/min 以下とする。

(5) 上向流水を可能な限り沈降装置内を通過させるため、次の各項目によるものとする。

　　1) 装置の設置面積は、沈殿池の上向流部分の90％以上とする。ただし、構造上の制約でやむを得ない場合は、80％以上とすることができる。この場合は、阻流壁を設けるなど、短絡流を生じないように注意する。

　　2) 装置と池側壁及び阻流壁との間隔は、100 mm 以下とする。

③で装置の段数の標準は2段となっているが、1段が正しいことから、不適切である。　　　　　　　　　　　　　　　　　　　　　　　（解答③）

Ⅲ−6　浄水処理の急速ろ過に関する次の記述のうち、最も不適切なものはどれか。

① 一般的に、濁質当たりの凝集剤量（ALT比）の高いフロックは強度が低い。

② 通常の単層ろ層を上向流でろ過する方法（上向流ろ過）には、ろ過速度を大きくするとろ層が膨張して濁質が漏洩する欠点がある。

③ 原水中の懸濁物質を薬品によって凝集させた後、粒状層に比較的速

い流速で水を通し濁質を除去する役割を果たす。

④　砂だけをろ材とする単層ろ過池では、ろ材の粒径分布幅を大きくすることにより、ろ層内部の抑留容量を十分に利用することができる。

⑤　粒径と空隙率を水流方向に向かって、徐々に小さくなるようなろ層構成とすることで、高度の除濁能力と大量の抑留機能を合わせ持つことができる。

【解説】

急速ろ過池は、原水中の懸濁物質を薬品によって凝集させた後、粒状層に比較的早い流速で水を通し、主としてろ材への付着と、ろ材でのふるい分けによって濁質を除去作用する。除去対象の懸濁物質は、あらかじめ凝集作用を受けて、付着やふるい分けされやすい状態のフロックになっていることが必要である。砂だけをろ材とする単層ろ過池では、ろ材の粒径分布幅を小さくし、かつ、粒度を大きくして、表層への抑留量の集中を和らげ、さらにろ材を厚くすることによって、漏洩を遅らす工夫がなされる。内部ろ過は比較的高速のろ過をすることになりフロックをろ層深部に侵入させ、ろ層全体を利用する。

①〜③、⑤は適切である。

④はろ材の粒径分布幅を大きくすることは不適切である。　　　（解答④）

Ⅲ－7　浄水処理における消毒に関する次の記述のうち、最も不適切なものはどれか。

①　塩素剤は、通常消毒の目的でろ過後に注入されるが、前塩素・中間塩素処理では、鉄、マンガン、アンモニア態窒素などの処理の目的でも行われる。

②　次亜塩素酸ナトリウムの有効塩素は、液化塩素と同等である。

③　次亜塩素酸ナトリウムの有効塩素濃度は貯蔵中に低下するが、液温が高い場合、より低下が進む。

④　給水栓水中で保持すべき残留塩素濃度は、遊離残留塩素で0.1 mg/L（結合残留塩素で0.4 mg/L）以上とされている。

⑤　次亜塩素酸と次亜塩素酸イオンの存在比は、pH値が低くなるほど
次亜塩素酸の占める割合が高くなるので、pH値が高いほど消毒効果
は大きい。

【解説】

①塩素剤は、凝集沈殿以前の処理過程の水に注入する（前塩素処理）と、
沈殿池とろ過池の間に注入する（中間塩素処理）がある。これらの処理は、
鉄、マンガンの処理やアンモニア態窒素、有機物などの処理、異臭味の処
理、細菌の処理に用いられる。

②次亜塩素酸ナトリウムと液化塩素を水中に注入した場合の消毒効果として、
次亜塩素酸（HClO）および次亜塩素酸イオン（ClO$^-$）とは同じ有効塩素
であるが殺菌力に差があり、次亜塩素酸のほうが殺菌作用は強い。次亜塩
素酸ナトリウムの場合はNaClO＋H_2O⇄HClO＋NaOH、HClO⇄ClO$^-$＋
H$^+$、液化塩素の場合はCl_2＋H_2O⇄HClO＋HClO、HClO⇄ClO$^-$＋H$^+$で
ある。

③消毒剤として、次亜塩素酸ナトリウムが主として用いられている。次亜塩
素酸ナトリウムは、時間とともに分解され、温度が高いほど分解が促進さ
れ有効塩素が減少する。そのため、貯蔵槽または容器は、直接日光に当て
ないよう、室内や夏期でも気温の低い地下室等に設置するのが望ましい。

④給水栓水で保持すべき残留塩素濃度は、遊離残留塩素で0.1 mg/L（結合
残留塩素では0.4 mg/L）以上とすることが、「水道法施行規則」などで定
められている。

⑤次亜塩素酸と次亜塩素酸イオンの存在比は、pHが低くなるほど次亜塩素
酸の占める割合が高くなるので、pH値が低いほど消毒効果は大きい。

①～④は適切である。

⑤はpH値が低いほど消毒効果は大きいため不適切である。　　　（解答⑤）

Ⅲ－8　活性炭に関する次の記述のうち、最も不適切なものはどれか。

①　活性炭の内部は、$10^{-5} \sim 10^{-7}$ m（10 μm～100 nm）程度の直径を持つマクロ孔が立体的に迷走しており、マクロ孔壁にはさらに10～0.1 nm程度のミクロ孔が配置している。

②　一般に、疎水性が強く、分子量が大きい物質ほど活性炭に吸着されやすい。また、水に溶けやすく、分子量が小さい物質は、活性炭に吸着されにくい傾向がある。

③　活性炭の吸着能力は、活性炭の種類や被吸着物質によって異なるのみならず、原水の水温、pH値あるいは共存物質によっても変わってくる。一般にpH値が酸性側にある方が、また温度が低い方が吸着量は増大する。

④　一定温度において活性炭と被吸着物質を含む水とを接触させ、平衡状態に達したときの液中の被吸着物質の濃度とその濃度に対する活性炭吸着量との関係を表したものを吸着等圧線という。

⑤　粒状活性炭処理において、固定層への通水量あるいは通水時間を横軸にとり、流出水中の被吸着物質濃度を縦軸にとった濃度変化図を破過曲線と呼ぶ。通常、流出濃度が処理目標値に達した点を破過点とする。

【解説】

①活性炭は、多孔質構造の発達した炭素素材で、その原料、炭化方式及び賦活方式により吸着特性が異なる。これらの細孔の内部表面積は、700～1,400 m^2／gと著しく大きく、このことが吸着性能の高い理由である。

②水に溶けにくい農薬は、活性炭に吸着されやすいが、フミン質のように分子量が大きくても水に溶けやすい性質を有していると、活性炭による吸着がされにくくなる。このように、有機物質の水への溶けやすさや、活性炭の細孔分布等が処理性に影響を与える。

③一般に単一成分の吸着能力は、吸着容量（平衡吸着量）と吸着速度で評価される。

④吸着等温線とは、一定温度において活性炭と被吸着物質を含む水を接触さ
せ、平衡状態に達したときの液温度とその濃度に対する活性炭吸着量の関
係を図に示したものをいう。設問の吸着等圧線が誤っている。

⑤破過曲線の形は、平衡関係、粒内拡散速度及び操作条件によって変化する。
フェノールのように吸着速度が速い成分の場合はS字形曲線となるが、天
然着色成分、界面活性剤のような分子量が大きく、吸着速度の遅い成分の
場合や流動層では、典型的なS字状に破過曲線を示さない。

①〜③、⑤は適切である。

④は吸着等温線の説明のため不適切である。　　　　　　　　（解答④）

Ⅲ－9　水道施設におけるオゾン処理に関する次の記述のうち、最も不適
切なものはどれか。

①　オゾン処理は、既に生成しているトリハロメタンの低減に効果があ
る。

②　オゾン処理では、難分解の有機物の生物分解性を増大させる。

③　オゾン処理設備の後段に、粒状活性炭処理設備を設置することとさ
れている。

④　原水中に臭化物イオンが存在する場合、オゾン処理により臭素酸が
生成される。

⑤　オゾンは、大気に放出されると非常に強い粘膜刺激作用を示し、濃
度によっては健康上の影響が生じるので、適切に排オゾン処理を行う
必要がある。

【解説】
　オゾン処理は、塩素より酸化力が強いオゾンを用いて、異臭味及び色度の
除去、消毒副生成物低減を目的として行われる。オゾン注入は、原水（前オゾ
ン）、沈殿水（中オゾン）、ろ過水（後オゾン）に行われる場合がある。高度浄
水処理（オゾン処理や生物活性炭処理など）によって、かび臭の除去やトリハ
ロメタンなどの低減化、クリプトスポリジウムなどの対策に大きな効果を発揮

する。オゾンはとても殺菌力の強い気体で、これを水の中に通すことによって臭いのもとになる物質やトリハロメタンのもとになる物質（トリハロメタン前駆物質）を分解する。沈殿水かろ過水のどちらにオゾンを注入するかについては、原水における処理対象物質、水温、pH、オゾン処理副生成物前駆物質、アンモニア態窒素、マンガン濃度、粒状活性炭処理も含めた浄水処理フローの処理特性、粒状活性炭処理から流出微生物対策及び維持管理技術を踏まえて実証実験により決定することが好ましい。

①はトリハロメタン前駆物質を分解するため不適切である。

②〜⑤適切である。　　　　　　　　　　　　　　　　　　（解答①）

Ⅲ−10　上水施設の管網計算に関する次の記述の、　　　　　に入る語句の組合せとして、最も適切なものはどれか。

　管網計算の計算手法には大別して流量法とエネルギー位法がある。流量法は管路の流量を未知数として、管網を閉管路の集合体とみなし、閉管路ごとの　ア　の総和が0になるよう流量を仮定しながら計算を繰り返し、所定精度の流量を求めるもので、　イ　法がこれに当たる。エネルギー位法は、節点のエネルギー位を未知数として、各節点の流量条件を満足させるエネルギー位を求める方法で、流量法に比べ汎用性が　ウ　。

	ア	イ	ウ
①	損失水頭	ハーディー・クロス	高い
②	圧力水頭	ダイクストラ	高い
③	位置水頭	ハーディー・クロス	低い
④	損失水頭	ダイクストラ	低い
⑤	位置水頭	ハーディー・クロス	高い

【解説】

　管網計算方法としては大別すると流量法とエネルギー位法に分けられる。流量法の代表的なものがハーディー・クロス法で、管網を構成する各管路の流量

および流向を仮定し、流量を配分することにより、接点での圧力の均衡（損失水頭の総和が0となる）を求める方法である。エネルギー位法は、接点の圧力を仮定して、管路の流量を求める方法である。

ハーディー・クロス法は管網配管のみが検討可能であるのに対して、エネルギー位法は管網および樹枝状配管が検討可能であることから、利用範囲が広く、汎用性が高い。

これらのことから、ア：損失水頭、イ：ハーディー・クロス法、ウ：高いとなり、①が適切である。　　　　　　　　　　　　　　　　　　　（解答①）

Ⅲ−11　給水管に関する次の記述のうち、最も不適切なものはどれか。
① 直管換算長とは、給水用具等による損失水頭に相当する摩擦損失水頭を生じさせる同口径の直管の長さをいう。
② 給水管の摩擦損失水頭の計算は、管径が50 mm以下の場合、ウエストン公式を使用する。
③ 給水管の管径は、配水管の計画最大動水圧時に計画使用水量を十分に供給できる大きさとする。
④ 給水管の損失水頭の主なものは、管の摩擦損失水頭、メーター、給水用具類及び管継手部によるものである。
⑤ 給水管は耐久性、強度に優れ、かつ水質に影響を及ぼさないものを使用する。特に給水管の接合部は、弱点となりやすいため、継手は簡単で確実な構造、機能とする。

【解説】
①直管換算長は、給水用具等の損失水頭に相当する直管の長さで、各種給水用具の標準使用水量に対する直管換算長を事前に計算しておき、管の摩擦損失水頭を求める式で計算を容易に行うためのものである。
②給水管径50 mm以下の摩擦損失水頭の計算にはウエストン公式を使用する。それより大きな管径にはヘーゼン・ウィリアムス公式を使用する。
③給水管の管径は、配水管の計画最小動水圧時に計画使用水量を十分供給で

きる大きさとしなければならない。

④給水管の主な損失水頭は、管の摩擦損失水頭、メーター、給水用具類及び
　管継手部であり、これら以外の分岐等は計算上省略しても影響は少ない。

⑤給水管管種としては、ダクタイル鋳鉄管、鋼管、ステンレス鋼管、硬質塩
　化ビニル管、ポリエチレン管等がある。管種により、耐久性・強度に相違
　があるため、管径や埋設条件等により最適な管種を選定する。いずれの管
　種も継手は簡単で確実な構造、機能となっている。

　計画最大動水圧となっているが、計画最小動水圧時に計画使用水量を供給で
きる管径としなければならないことから、③が不適切である。　　（解答③）

Ⅲ－12　上水道施設の計画・設計段階における、ポンプのキャビテーショ
　ン対策に関する次の記述のうち、最も不適切なものはどれか。
　①　両吸込形のポンプを採用する。
　②　吸込側のバルブを絞り、流量を制御する。
　③　ポンプの据付位置をできるだけ下げる。
　④　吸込管の口径はできるだけ大きくする。
　⑤　ポンプの回転速度を低くする。

【解説】

　ポンプのキャビテーション対策としては次のとおりである。

　1）ポンプの据付位置をできるだけ下げる。

　2）吸込管の損失をできるだけ小さくするために、吸込管の口径はできるだ
　　け大きくする。

　3）ポンプの回転速度は低くする

　4）吸込側のバルブを絞ることは避ける。

　5）キャビテーションが起こりにくい両吸込形または立軸のポンプを採用す
　　る。

　吸込側で、流量調節することは避けなければならないことから、流量調節を
行う②は不適切である。　　　　　　　　　　　　　　　　（解答②）

Ⅲ－13　浄水施設の維持管理に当たって、自然災害のリスクへの対応に関する次の記述のうち、最も不適切なものはどれか。

①　地震による一部の被害で生じた影響が浄水場全体の運転に波及しないよう、停電対策、重要施設の複数系統化等、場内の施設・設備全体を視野に入れた、きめ細かな地震リスク対策を確立しておくことが必要である。

②　瞬時の停電も許されない水の管理・運用のための情報処理装置などには、非常用発電設備を設置する。

③　火山灰が浄水施設に降灰する場合は、浄水処理の悪化が懸念されるため、沈殿池及びろ過池等を臨時に覆うシート等を準備する。

④　豪雨時において浄水場内の排水管に土砂、ごみ等が堆積していた場合、排水しきれず、浄水施設に浸水被害をもたらすおそれがあるため、雨水排水路等の清掃や排水ポンプの試運転を定期的に行う必要がある。

⑤　雪害には、交通障害による薬品類の搬入の遅れなどがあるので、薬品貯留槽の適切な容量の検討を行う。

【解説】

　水道施設の運用に際しては、平常時はもちろん停電時などの非常時においても、安定した制御と監視ができることが求められている。したがって、これらに必要な電源を供給する設備として無停電電源装置がある。無停電電源装置には、直流電源装置及び交流無停電電源装置がある。直流電源装置は整流装置及び蓄電池で構成されており、交流無停電電源装置は整流装置、蓄電池及びインバータ装置により構成されている。非常用発電設備は、始動性能として停電後の電圧確立まで時間がディーゼル発電設備では5〜40秒であり、ガスタービン発電設備では20〜40秒である。

　①、③〜⑤は適切である。

　②の非常用発電設備は不適切である。　　　　　　　　　　（解答②）

Ⅲ－14　図のような連結管の急拡による断面変化における一般的な損失水
頭に関する次の記述のうち、最も適切なものはどれか。ただし、水は図
の左から右に向けて流れており、また、

V_1、V_2：急拡前後の管内流速 [m/s]

A_1、A_2：急拡前後の管断面積 [m²]（$A_1 < A_2$）

D_1、D_2：急拡前後の管径 [m]（$D_1 < D_2$）

とする。

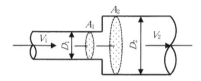

①　損失水頭は V_1 に比例する。

②　D_1 / D_2 が大きくなるほど損失水頭は大きくなる。

③　損失水頭は D_2 と D_1、又は A_2 と A_1 との比には関係なく決まる。

④　A_2 / A_1 が大きくなるほど損失水頭は小さくなる。

⑤　損失水頭 $V_1 - V_2$ の 2 乗に比例する。

【解説】

急拡による損失水頭 h_{se} は次式で求められる。

$$h_{se} = \frac{(V_1 - V_2)^2}{2g} = \left(1 - \frac{A_1}{A_2}\right)^2 \cdot \frac{V_1^2}{2g} = \left[1 - \left(\frac{D_1}{D_2}\right)^2\right]^2 \cdot \frac{V_1^2}{2g} = f_{se}\frac{V_1^2}{2g}$$

$$f_{se} = \left(1 - \frac{A_1}{A_2}\right)^2 = \left[1 - \left(\frac{D_1}{D_2}\right)^2\right]^2 ：急拡損失係数$$

この式から①は V_1 の 2 乗に比例することから不適切、②は D_1 / D_2 が大きく
なるほど損失水頭は小さくなることから不適切、③は損失水頭が管断面の比に
よって決まることから不適切、④は A_1 / A_2 が正しく、逆になっているため不
適切、⑤適切である。　　　　　　　　　　　　　　　　　　　　　（解答⑤）

Ⅲ－15　上水道における排水処理に関する次の記述のうち、最も不適切な
　　ものはどれか。

　①　加圧脱水の前処理として消石灰を注入した場合には、脱水効率はよ
　　　くなるが、発生ケーキ量が増加するほか、発生ケーキのpHが低くなり、
　　　管理型の最終処分場での廃棄が必要となる。

　②　排水処理施設のフローは、調整、濃縮、脱水、乾燥、処分のフロー
　　　の全部、又は一部をもって構成される。

　③　回分式濃縮槽は、スラッジが間欠的に排出される場合や処理すべき
　　　スラッジが少量の場合に用いる方式である。水位変動が大きいため、
　　　可動式の上澄水取り出し装置が必要だが、一般的に運転管理が容易で
　　　ある。

　④　焼成は、スラッジに高熱を加えて、スラッジ中の有害成分を無害化
　　　するために行う。生成物は、コンクリート人工骨材、埋戻し用砂、路
　　　盤材、緑農地資材等に有効活用可能である。

　⑤　セメント製造原料の1つである天然の粘土原料の代替としてケーキ
　　　を利用する場合には、原料粘土の化学成分に近いことが望ましいが、
　　　ある程度組成範囲をはずれても他原料と組み合わせて調合使用するこ
　　　とができる。

【解説】

　消石灰（水酸化カルシウム）の主成分は炭酸カルシウムで、アルカリ成分は
60%前後の強アルカリ性（12.4：25℃飽和水溶液）で、発生ケーキのpHは高
くなる。

　①は発生ケーキのpHが低くなることは不適切である。

　②～⑤は適切である。　　　　　　　　　　　　　　　　　　　（解答①）

10 令和 3 年度

Ⅲ－16　水道におけるクリプトスポリジウム等対策指針による、水道原水
　　がクリプトスポリジウム等により汚染のおそれがある場合の水質管理に
　　関する次の記述のうち、最も適切なものはどれか。

　①　クリプトスポリジウム等は結合塩素では容易に不活化できないため、
　　　遊離塩素による消毒を行うための適切な設備を整備する必要がある。

　②　クリプトスポリジウム等の除去又は不活化のために必要な施設が整
　　　備された後は、浄水中のクリプトスポリジウム等及び指標菌の検査の
　　　み実施する。

　③　ろ過池等の出口の濁度を0.1度以下に維持する場合、ろ過池等の出
　　　口の水の濁度はろ過池等ごとに測定することとするが、不可能な場合
　　　は、処理系統ごとに測定することとする。

　④　水道原水が地表水、地表水以外であるかに関係なく、ろ過池等の出
　　　口の濁度を0.1度に維持することが可能なろ過設備を必ず整備しなけ
　　　ればならない。

　⑤　原水が低濁度である場合は、急速砂ろ過池でろ過するのみでクリプ
　　　トスポリジウム等を含めコロイド・懸濁物質が十分に除去できるので、
　　　急速ろ過法においては凝集剤を加えなくてもよい。

【解説】

①不適切である。クリプトスポリジウムなどの一部の原虫は、オーシストと
　呼ばれる酸化に強い膜に覆われて水中を漂うため、残留塩素ではなく、浄
　水場でのろ過処理または紫外線処理設備による不活化する必要がある。

②不適切である。原水およびろ過地の出口の濁度の監視が必要で、クリプト
　スポリジウム等および指標菌以外も検査を実施する必要がある。

③適切である。

④不適切である。ろ過設備を必ず整備するのではなく、紫外線処理設備の設
　置も対策手法である。水道原水が、表流水、伏流水を水源としている場合、
　水源の近傍上流域または周辺にし尿や下水、家畜の糞尿等を処理する施設
　等の比較的大きな排出源がある場合には、水道原水の汚染の可能性が高ま

るので、留意する必要がある。

⑤不適切である。原水が低濁度であっても急速砂ろ過池でろ過するのみでは
クリプトスポリジウムを含めコロイド・懸濁物質の十分な除去は期待でき
ないので、必ず凝集剤を用いて処理を行わなければならない。（**解答③**）

Ⅲ－17　水道水質の農薬に関する次の記述のうち、最も不適切なものはど
れか。
①　対象農薬リストに掲載されている農薬類は、全種類を測定するのが
原則である。
②　農薬類は水質管理目標設定項目に位置づけられており、令和3年
4月1日適用で114種が対象農薬リストとして掲載されている。
③　有機リン系農薬であるダイアジノンは原体のみならず、そのオキソ
ン体の濃度も測定し、原体の濃度とオキソン体濃度を原体に換算した
濃度を合計して算出する。
④　農薬類は、検出値と目標値の比の和として、1を超えないこととす
る総農薬方式が適用されている。
⑤　農薬類のうち、水質基準への分類要件に適合する農薬については、
個別に水質基準を設定することになっている。

【解説】

①不適切である。対象農薬リストに掲載され、標準検査法による過年度にお
ける十分な数の測定が行われた結果、検出状況、出荷状況（登録の失効を
含む）等から、散布時期であっても目標値の1％を超えて浄水から検出さ
れるおそれがほとんどないと見込まれる農薬類は、対象農薬リストから除
外し、除外農薬類とする。厚生労働省「農薬の考え方について」では「測
定を行う農薬については、各水道事業者等がその地域の状況を勘案して適
切に選定するもの」とされているが、「検出状況や使用量などを勘案し、
浄水で検出される可能性の高い農薬」としてリストアップされた対象農薬
リストをそのままΣ値の対象としている水道事業者等が多い。

②適切である。イプフェンカルバゾンが追加され、115種類である（令和4年
 4月1日適用）。

③適切である。有機りんの系農薬のうち、EPN、イソキサチオン、イソフェ
 ンホス、フェニトロチオン、ブタミホス及びマラチオンも同様に算出する。
 また、オキソン体は、有機りん系農薬が塩素処理によって置き換わったも
 のである。

④適切である。与えられる検出指標値が1を超えないこととする総農薬方式
 により、水質管理目標設定項目に位置付けられている。DIは検出指標値、
 DV_iは農薬 i の検出値、GV_iは農薬 i の目標値である。

⑤適切である。平成15年4月28日厚生科学審議会答申より化学物質に係る
 水質基準にて、水質基準への分類要件に適合する農薬については、個別に
 水質基準を設定する。

（解答①）

Ⅲ−18 下水道計画の基本方針に関する次の記述のうち、最も不適切なも
 のはどれか。

① 水質環境基準が定められている水域に係る下水道計画は、水質環境
 基準の達成を目的として、下水道法に基づき国が定める流域別下水道
 整備総合計画に適合したものでなければならない。

② 下水道計画は、市街地、農山漁村など全域で計画的、かつ効率的な
 汚水処理施設の整備を推進するために、都道府県が市町村と連携して
 作成する都道府県構想と整合を図るものとする。

③ 汚泥の処理に関する計画は、汚泥の性状と地域の実情を考慮し、資
 源・エネルギーの積極的な利活用・再生を図ることとする。また、汚
 泥の安定化、減量化を図るとともに、費用対効果やリスク分散等にも
 配慮しつつ、集約化等による効率的な処理に努める。

④ 下水道の雨水排除計画は、対象地域の河川、農業用排水路、その他
 の排水路等を考慮するとともに、雨水流出抑制手法を取り入れる等、
 効率化に努めるものとする。

⑤ 下水道施設の改築は、持続可能な下水道事業の実現を目的に、下水道施設全体を対象にその状況を客観的に把握・評価し、長期的な施設の状態を予測しながら、点検・調査、修繕・改築を一体的に捉えて計画的かつ効率的に実施するストックマネジメントの一環として実施する。

【解説】

汚水処理計画を行うには、次に示すとおり、上位計画に適合させるとともに、関連計画等とも整合を図らなければならない。また、下水道事業の課題への対応、既存施設の評価に基づき抽出された課題に対応する施設の改善策を盛り込むものとする。

(1) 上位計画との整合

1) 流域別下水道整備総合計画の適合

水質環境基準が定められている水域に係る下水道計画は、水質環境基準の達成を目的として、下水道法に基づき都道府県が定める流域別下水道整備総合計画に適合したものでなければならない。

2) 都道府県構想

下水道計画は、市街地、農山漁村など全域で計画的、かつ効率的な汚水処理施設の整備を推進するために、都道府県が市町村と連携して作成する都道府県構想と整合を図るものとする。

(2) 関連計画との整合

都市計画等の関連計画と整合を図るものとする。

(3) 下水道事業・施設の課題への対応

下水道事業・施設の評価に基づき課題を抽出するとともに、経営制約や優先度等を勘案しつつ、改築等に合わせ、課題に対応するために機能向上策や改善を実施する計画とする。

1) 汚泥処・利活用計画

計画に当たっては、次に示すとおり、資源・エネルギーの利活用と汚泥処理の効率化に努めるものとする。

ア) 資源・エネルギーの利活用と汚泥処理の効率化

10 令和3年度

　　汚泥の処理に関する計画は、汚泥の性状と地域の実情を考慮し、資源・エネルギーの積極的な利活用・再生を図ることとする。また、汚泥の安定化、減量化を図るとともに、費用対効果やリスク分散等にも配慮しつつ、集約化等による効率的な処理に努める。

　イ）下水道事業・施設の課題への対応

　　下水道事業の評価や既存の汚泥処理施設の機能等の評価に基づき課題を抽出するとともに、経営制約や優先度等を勘案しつつ、改築等にあわせて、課題に対応するための機能向上策や改善策を実施する計画とする。

2）雨水管理計画

　計画にあたっては、次に示す項目に留意する。

　ア）段階的・重点的な整備目標の検討

　　地区の実情や特性にあわせて、段階的及び重点化を考慮して定めるように努めるものとする。

　イ）排除計画の検討

　　対象地域の河川、農業用水路、その他の排水路等を考慮するとともに、雨水流出抑制手法を取り入れる等、効率化に努めるものとする。

　ウ）浸水被害の最小化に向けた総合的対策の検討

　　浸水被害の状況等に応じて事業を重点化するとともに、ソフト対策、自助・共助を組み合わせることにより、効果的に浸水被害を最小化し、雨に強いまちづくりを実現する総合的な対策に努めることとする。

3）改築計画

　下水道施設の改築計画にあたっては、次に示すとおり、ストックマネジメントに基づいた計画とする。

　ア）ストックマネジメントに基づいた改築計画の策定

　　改築は、持続可能な下水道事業の実現を目的に、下水道施設全体を対象にその状況を客観的に把握・評価し、長期的な施設の状態を予測しながら、点検・調査、修繕・改築を一体的に計画的かつ効率的に実施するストックマネジメントの一環として実施する。

　イ）下水道事業・施設の課題への対応

　　　改築は、老朽化対策のみならず、下水道事業・施設の評価に基づく
　　諸課題の対応策である施設整備方針を踏まえて実施する。
　　流域別下水道整備総合計画は国が定めるとなっているが、都道府県が正しい
ことから、①が不適切である。　　　　　　　　　　　　　　　（解答①）

Ⅲ－19　下水道の計画汚水量に関する次の記述のうち、最も不適切なもの
　はどれか。
　①　合流式下水道における雨天時計画汚水量は、雨天時計画時間最大汚
　　水量に遮集雨水量を加えたものとする。
　②　分流式下水道における雨天時浸入水量は、計画区域の雨天時浸入水
　　の実績を調査して定める。
　③　観光汚水量は、日帰り客と宿泊客に分けて推定する。このとき、汚
　　水量の季節、週間、日間等の変動を十分に把握する。
　④　地下水量は、実績値の推移等をもとに求める。ただし、実績値等か
　　らの推定が困難な地域については、生活汚水量と営業汚水量の和に対
　　する日最大汚水量の10〜20％を見込むことができる。
　⑤　生活汚水量は、一般家庭から排水される汚水量であり、水道計画等
　　により定める1人1日給水量を基に1人1日生活汚水量を算定し、1人
　　1日生活汚水量に計画人口を乗じることにより求める。

【解説】

(1) 計画汚水量

　　計画汚水量については、計画区域内における将来の汚水量予測を地域特
　性に応じて多角的に検討し、適切に算定するものとする。

　　計画汚水量は、計画年次において年間発生汚水量を365日で除したもの
　で、使用料収入の予測等に用いる計画一日平均汚水量、計画年次において
　一日に発生する最大の汚水量であり、処理場等の施設設計に用いる計画一
　日最大汚水量、計画一日最大汚水量発生日において、ピーク時1時間汚水
　量の24時間換算値［m^3／日］であり、管きょ、ポンプ場、処理場内のポ

ンプ施設、導水きょ等の設計に用いる計画時間最大汚水量を、(2)で述べる生活汚水量、営業汚水量、工場排水量、観光排水量等の各汚水量の区分のうち、必要なものを積み上げて求める。

　下水道の普及が進んでいる地域では、供用開始以降の流入水量の推移や現状等を考慮するとともに、将来の変動等を的確に予測し計画汚水量を算定する。また、計画目標年次に対し施設計画のための中間年次を設定する場合においては、中間年次における計画汚水量の予測は水洗化率も考慮して検討してもよい。

(2) 汚水量の区分

　1) 生活汚水量

　　　一般家庭からの排水される汚水量で、水道計画等により定める1人1日給水量をもとに1人1日生活汚水量を算定し、これに計画人口を乗じて求める。なお、水道のない区域や井戸等の自家水源を併用する区域では、使用実態の調査あるいは近隣地域の例を参考として推定する。

　2) 営業汚水量

　　　過去の給水実績及び将来人口の水道計画を勘案した実績データをもとに、土地利用の実態及び将来の想定により推定する。

　3) 工場排水量

　　　排水量の実績値を把握することが望ましい。ただし、実績値を得ることが困難な場合には、業種別の出荷額当たり、または敷地面積当たりの排水量原単位により推定する。

　4) 観光排水量

　　　日帰り客と宿泊客に分けて推定する。この時、汚水量の季節、週間、日間等の変動を十分に把握する。

　5) その他の汚水量

　　　必要に応じて、温泉排水、畜産排水、汚泥処理系からの返送水、雨水滞水地に貯留した返送水等を考慮する。

　6) 地下水量

　　　老朽化や季節変化による地下水位の変動、地震や異常汚水の流入による施設の劣化等、さまざまな要因下が考えられることから、実績の推移

等をもとに求める。ただし、実績値等からの推定が困難な区域について
は、生活汚水量と営業汚水量の合計に対する日最大汚水量の10～20％
を見込むことができる。

(3) 雨天時計画汚水量

　合流式下水道における雨天時の計画汚水量は、晴天時計画時間最大汚水
量に遮集雨水量を加えたものとする。

(4) 雨天時侵入水量

　分流式下水道における雨天時侵入水量は、計画区域の雨天時侵入水の実
績を調査して定める。

雨天時計画時間最大汚水量となっているが、晴天時計画時間最大汚水量が正
しいことから、①が不適切である。　　　　　　　　　　　　　　　　（解答①）

Ⅲ－20　雨水管理計画における計画降雨に対応する施設計画に関する次の
　記述のうち、最も不適切なものはどれか。

① 新設する管きょでは、計画上やむを得ず圧力状態になる場合や段階
　的整備期間などの特別な場合を除き、基本的に計画降雨に対して自由
　水面を確保できる排水能力を確保する。

② 雨水貯留管では、管きょ内の空気溜まりの移動や、特殊マンホール
　部における急激な水位上昇により、強い圧力を持つ空気が噴出する場
　合があるため、排気計画を検討する必要がある。

③ 管きょは、雨水が適正な流速で支障なく流下するように、その断面
　積、断面形状、勾配等を定め、管きょ内に沈殿物が堆積しないように
　配慮する必要がある。特に、管きょを雨水貯留管として計画する場合
　には、沈殿物への対策を考慮する。

④ 自然排水、ポンプ排水等で雨水を排除する区域の決定は、計画外水
　位を用いて水位評価を行ったうえで定める。また、ポンプ排水区域と
　すべきであるが、ポンプ場用地の確保が困難で自然流下とせざるを得
　ない場合は、貯留管方式とすることが有効である。

⑤ 雨水貯留のうち、オンサイト貯留は、集水域がオフサイト貯留より

　も広くなるので、施設規模はオンサイト貯留施設の方が大きくなることが多い。

【解説】

①、②、③、④適切である。

⑤不適切である。記載内容はオフサイト貯留の内容である。　　（解答⑤）

Ⅲ－21　雨水排除のため下水道管きょの布設が計画されている排水区域において、管きょが受け持つ排水面積が2.4 ha、流出係数が0.6であるとき、合理式による最大計画雨水流出量 [m³/s] に最も近い値はどれか。ただし、流入時間は7 min、流下時間は3 minとし、また、降雨強度式は、式1で計画されているものとする。

　$I = 6,600/(t+50)$ …　式1

　I：流達時間（t）における降雨強度 [mm/h]、t：流達時間 [min]

①　0.11 [m³/s]　　②　0.22 [m³/s]　　③　0.33 [m³/s]

④　0.44 [m³/s]　　⑤　0.66 [m³/s]

【解説】

合理式は次式で表される。

　　$Q = 1/360 \cdot C \cdot I \cdot A$

　　　ここに、Q：最大計画雨水流出量 [m³/s]

　　　　　　　C：流出係数

　　　　　　　I：流達時間内の平均降雨強度 [mm/h]

　　　　　　　A：排水面積 [ha]

また、流達時間 T は流入時間＋流下時間

合理式により計算を行うと、

　　$I = 6600/(10+50) = 110$ [mm/h]

　　$Q = 1/360 \times 0.6 \times 110 \times 2.4 = 0.44$ [m³/s]

よって正解は④となる。　　　　　　　　　　　　　　（解答④）

Ⅲ－22　標準活性汚泥法における最初沈殿池と最終沈殿池を設計するに当たり、次の記述のうち、両方の池で同一でないものはどれか。

①　形状は、長方形、正方形又は円形とし、形状に応じて平行流又は放射流とする。

②　構造は、堅固で耐久力を有する水密な鉄筋コンクリート造り等とし、浮力に対して安全な構造とする。

③　汚泥ホッパの勾配は、60度以上とする。

④　水面積負荷は、計画 1 日最大汚水量に対して$20 \sim 30 \ \mathrm{m^3/(m^2 \cdot d)}$ を標準とする。

⑤　池には、スカム除去装置を設ける。

【解説】

①、②、③、⑤は同一である。

④は水面積負荷が最初沈殿池では分流式が$35 \sim 70 \ \mathrm{m^3/(m^2 \cdot d)}$、合流式が$25 \sim 50 \ \mathrm{m^3/(m^2 \cdot d)}$、最終沈殿池では$20 \sim 30 \ \mathrm{m^3/(m^2 \cdot d)}$ で同一ではない。

(解答④)

Ⅲ－23　嫌気無酸素好気法の特徴に関する次の記述のうち、最も不適切なものはどれか。

①　雨水の流入がりん除去性能に及ぼす影響は小さい。

②　水温がりん除去性能に及ぼす影響は小さい。

③　最終的なりん除去量は、余剰汚泥量と余剰汚泥のりん含有率により定まる。

④　生物学的りん除去プロセスと生物学的窒素除去プロセスを組合せた処理法である。

⑤　硝化細菌の系内保持のために、SRT（固形物滞留時間）又は ASRT（好気的固形物滞留時間）を長く保つ必要がある。

【解説】

　嫌気無酸素好気法は、反応タンクを嫌気タンク、無酸素（脱窒）タンク、好気（硝化）タンクの順に配置し、流入水と返送汚泥を嫌気タンクに流入させる一方、硝化液を循環ポンプによって好気タンクから無酸素タンクへ循環させるプロセスである。フローを次に示す。

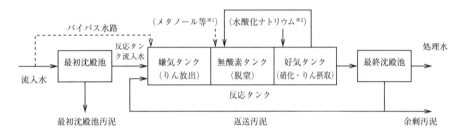

　※1　流入水中の水素供与体が不足する場合、必要に応じてメタノール等添加
　※2　硝化の促進等により反応タンク内の pH が低下した場合、必要に応じて水酸化ナトリウム等添加

出典：『下水道施設計画・設計指針と解説』（後編）、2019 年版。図 6.7.96

　本法は、生物学的りん除去プロセスと生物学的窒素除去プロセスを組み合わせた処理法で、活性汚泥微生物によるりんの過剰摂取現象及び硝化脱窒反応を利用するものである。

　好気タンクでは、流入するアンモニア性窒素が亜硝酸性窒素、もしくは硝酸性窒素に酸化され、無酸素タンクでは、脱窒細菌により硝酸性窒素や亜硝酸性窒素は窒素ガスに還元される。一般的に本法では硝化細菌の系内保持のために必要な SRT（固形物滞留時間）または ASRT（好気的固形物滞留時間）を長く保つ必要がある。水温がりん除去に及ぼす影響は少ないが、雨水が流入する場合はりん除去性能が低下することが多い。本法の最終的なりん除去量は、余剰汚泥量と余剰汚泥のりん含有率より定まる。

　これらのことから①が不適切である。　　　　　　　　　　　　（解答①）

　Ⅲ−24　標準活性汚泥法における下水処理において、反応タンク内の
　　　MLSS 濃度が 2,000 mg/L、汚泥返送比が 0.5 のとき、返送汚泥の SS 濃
　　　度に最も近い値はどれか。ただし、反応タンクに流入する SS 濃度は考慮

しなくてよい。

① 1,000 mg/L ② 2,500 mg/L ③ 4,000 mg/L
④ 6,000 mg/L ⑤ 7,500 mg/L

【解説】

標準活性汚泥法において、反応タンク内のMLSS濃度は、一般的に、1,500〜2,000 mg/Lの範囲で運転されている。MLSS濃度は、低すぎると処理が安定せず、高いと必要酸素量が増え、不経済となる。

ある返送汚泥のSS濃度に対して設定したMLSS濃度を維持するために必要な汚泥返送比は、次の式で求められる、

$$R_\gamma = \frac{X}{X_\gamma - X}$$

ここで、R_γ：汚泥返送比
X：MLSS濃度〔mg/L〕
X_γ：返送汚泥のSS濃度〔mg/L〕

この式に、与えられた数値を代入して、X_γを求める。

$$X_\gamma = \frac{2000}{0.5} + 2000 = 6,000 \text{ mg/L}$$

（解答④）

Ⅲ−25 標準活性汚泥法における反応タンクの設計に関する次の記述のうち、最も不適切なものはどれか。

① タンクの幅は、標準式の場合は水深の1〜2倍、深槽式の場合は水深と同程度とする。
② 短絡流の防止、バルキング対策としての反応タンク前段部の嫌気運転等を考慮し、タンクの流れ方向に対して平行に阻流壁を設ける。
③ 深槽式でエアレーション方式が旋回流式の場合は、タンクの流れ方向に対して平行に導流板を設ける。
④ タンクの有効水深は、標準式は4〜6 m、深槽式は10 m程度とする。

315

⑤　タンクの余裕高は、標準式は80 cm程度、深槽式は100 cm程度とする。スラブ（床）がある場合は、スラブ下からの水面までを余裕高とし、梁も考慮する。

【解説】

反応タンクの形状、構造及び数は次の各項を考慮して定める。

(1)　形状

長方形または正方形とし、タンクの幅は、標準式の場合は水深の1〜2倍、深槽式の場合は水深と同程度とする。

(2)　阻流壁の設置

短絡流の防止、バルキング対策として反応タンクの前段部の嫌気運転等を考慮し、タンクの流れ方向に対して直角に阻流壁を設ける。

(3)　構造

堅固で耐久力を有する水密なコンクリート造り等とし、浮力に対して安全な構造とする。また、周壁の天端は計画地盤から15 cm以上高くする。

(4)　歩廊及び手すりの設置

歩廊及び手すりを設ける。

(5)　池数

原則として2池以上を標準とし、非常時や改築時に施設の停止を考慮し、機能保全のための代替施設の設置を考慮する。

(6)　深槽式で旋回流の場合における導流板の設置

流れ方向に対して平行に導流板を設ける。

反応タンクの水深及び余裕高は次のとおりである

(1)　有効水深

標準式は4〜6 mとし、深槽式は10 m程度とする。

(2)　余裕高

標準式は80 cm程度とし、深槽式は100 cm程度とする。

流れの方向に平行に阻流壁を設けるとなっているが、直角に設けることが正しいことから、②が不適切である。　　　　　　　　　　　（解答②）

316

Ⅲ－26　下水道のマンホールに関する次の記述のうち、最も不適切なもの
はどれか。

① マンホールは、維持管理するうえで必要な箇所のほか、管きょの起
点及び方向又は勾配が変化する箇所、管きょ径等が変化する箇所、段
差が生じる箇所、管きょが会合する箇所に設ける。

② 足掛け金物は、鋼鉄製（樹脂被覆）、FRP製、ステンレス製等の腐
食に耐える材質のものを用いなければならない。また、マンホールが
深くなる場合には、維持管理上の安全面を考慮して、3～5mごとに
踊り場（中間スラブ）を設けることが望ましい。

③ 副管の損傷が道路陥没の原因となっている場合があることや、副管
内できょう（夾）雑物が詰まった際に清掃が困難なことから、耐震性、
施工性、止水性及び改築時の対応性等を考慮し、副管は原則としてマ
ンホールの外側に設置する。

④ マンホール底部には、下水の円滑な流下を図るため、管きょの接合
や会合の状況に応じたインバートを設ける。インバート高さは管径の
1/2を目安とするが、水位変化や利便性も考慮して設定する。

⑤ 同じ内径の管きょを接続するマンホールでは、曲がりの損失水頭や
施工誤差等を考慮し、流入管きょと流出管きょとの段差を設ける。
一般的に、開削工法では2cm程度の段差を設ける。

【解説】

1. マンホールの配置

マンホールの配置は次の各項を考慮して定める。改築に際しては、これ
らに加え、維持管理情報等を踏まえ、適切なマンホール配置を定めること
が望ましい。

（1）設置箇所

マンホールの配置は、維持管理するうえで必要な箇所のほか、管きょ
の起点及び方向や勾配が変化する箇所、段差が生じる箇所、管きょが会
合する箇所に設ける。

(2) 設置間隔

　管きょ直線部のマンホール最大間隔は管径600 mm以下75 m、管径1,000 mm以下100 m、管径1,500 mm以下150 m、管径1,500 mm超200 mが標準とされているが、シールド工法が用いられている管きょ等は、これを超えている場合が多くみられる。

2. マンホールの構造

(1) 足掛け金物

　鋼鉄製（樹脂被膜）、FRP製、ステンレス製等の腐食に耐える材質のものを用いなければならない。表面は滑りにくい加工が望ましい。また、設置位置は、流入管きょや流出管きょの位置を考慮する。

(2) 踊り場

　マンホールが深くなる場合には、維持管理上の安全面を考慮して、3〜5 mごとに踊り場（中間スラブ）を設けることが望ましい。中間スラブは、コンクリート製（踊り場直壁）やFRP製等を用いる。また、スラブ下及び最下段中間スラブ下からインバートまでの有効高さは、維持管理作業に支障のないように、2 m以上確保することが望ましい。中間スラブの配置や開口の大きさは、管きょの補修作業を含む維持管理性、空気連行等を考慮するほか、足掛け金物が一直線の配置とならないようにするなど、作業時の安全性も考慮する。

(3) スラブ及び中間スラブ

　スラブ及び中間スラブを設置するマンホールにおいては、施工性や維持管理性、改築時の対応性を考慮し、スラブ及び中間スラブと管きょは、30 cm程度の離隔を確保することが望ましい。

(4) 副管

　マンホール内での点検や清掃作業を容易にするとともに、流水によるマンホール底部、側壁等の摩耗を防ぐ役割がある。副管径は晴天時汚水量を流下させることができる大きさが望ましい。分流式下水道の雨水管きょマンホールには、副管を使用しないことが一般的であるが、維持管理情報から、必要に応じてマンホール底部の洗掘防止策として設置する場合がある。また、副管はマンホールの内側に設置する場合と外側に設

置する場合がある。外側の副管の場合、マンホール内のスペースが確保
できるという利点があるものの、副管の損傷が道路陥没の原因となって
いる場合があることや、副管内できょう雑物が詰まった際に清掃が困難
なことから、耐震性、施工性、止水性及び改築時の対応性等を考慮し、
原則として内側に設置する。なお、副管を内側に設置する場合は2号マ
ンホール以上の適用が望ましいが、省スペース型の内副管継手の採用等
で維持管理に支障がない場合はこの限りではない。

(5) インバート

　マンホール底部には、下水の円滑な流下を図るため、管きょの接合や
会合の状況に応じたインバートを設ける。インバートの高さは管径の
1/2を目安とするが、水位変化や利便性も考慮して設定する。なお、イ
ンバートの高さが大きくなり、容易にマンホール底まで降りられない場
合は、インバートに階段状の切り欠きを設ける等の工夫を施す必要があ
る。このほか、底部の洗掘を防ぐため、石張り等を施すこともある。
副管を設ける位置が外側となっているが、内側が正しく、③が不適切である。

(解答③)

Ⅲ-27　主に雨水排除に用いられる下水道の開きょの設計に関する次の記
述のうち、最も不適切なものはどれか。
① 開きょの断面形状は、台形又は長方形を標準とする。改築に際して
は、これらに加え、維持管理情報等を踏まえ、適切な断面形状を定め
ることが望ましい。
② 開きょには、一般に石積み、コンクリートブロック積み、鉄筋コン
クリート、鉄筋コンクリート組立土留め、プレキャストL形ブロック
等があり、周辺環境や施工条件等を踏まえ、適したものを選定する。
③ 石積み及びコンクリートブロック積み開きょについて、のり高は
5m程度を限度とし、のり勾配は1:0.3～1:1.0の範囲が一般的であ
る。
④ 開きょの場合の流下能力の計算は、河道の状況に応じて等流又は

319

> 不等流の計算を行うものとし、平均流速公式は、一般にManning式
> を用いる。
> ⑤　開きょの余裕高は、0.1 H（Hは開きょの深さ）以上とすることが
> 　　できる。ただし、0.1 H＞0.70 mの場合は0.70 mとする。

【解説】

①適切である。開きょの断面形状は、流量、流速、用地、護岸の種類等に
　よって定めるが、次の項目を考慮する。ただし、排除機能に加えて都市環
　境上の機能を付加する場合には、これに適用した断面に留意する必要があ
　る。

　　ア）水理学上有利であること

　　イ）土圧等に対して十分に耐えうる構造であること

　　ウ）土砂堆積等に伴う底部の変動が起こらないこと

　　エ）工事費が経済的であること

　　オ）維持管理が容易であること

　　カ）製造場所の環境に適応していること

　　キ）その他（現場条件、周辺道路の整備状況等）

②適切である。各種類の特徴次のとおり。

　　ア）石積み及びコンクリートブロック積みは、施工及び修繕が容易であ
　　　　るが、築石の採取及びコンクリートブロック製造の都合によっては割
　　　　高となることがある。また、良好な自然景観の創出、生態系保全を考
　　　　慮した多自然型水路として利用されている。

　　イ）鉄筋コンクリートは側壁及び底部を一体構造として、荷重に応じた
　　　　設計ができ、施工断面を小さくすることができる。構造的に安定度は
　　　　高いが、養生等に時間を要し、工期がかかることがある。

　　ウ）鉄筋コンクリート組立土留めは4種類（くい、板、はり及びかさ石）
　　　　の鉄筋コンクリート製品を組み立てる。取扱が容易であるため、工期
　　　　が短縮され、工事費が経済的となることが挙げられるが、構造が規格
　　　　化されているため、断面に制約を受けることがある。

　　エ）プレキャストL型ブロック

　　左右にL型の鉄筋コンクリート製品を組立て、底部の取り合いは現場打ちコンクリートで施工する。利点としては、計画断面に対して水路幅を自由に調整でき、施工が容易で、工期の短縮が図られることがある。

③適切である。

④適切である。

⑤不適切である。開きょの余裕高は$0.2\,H$（Hは開きょの深さ）以上とすることができる。ただし、$0.2\,H < 0.6\,\mathrm{m}$の場合は$0.6\,\mathrm{m}$とすることが正しい。

（解答⑤）

Ⅲ－28　下水道のポンプ場施設に関する次の記述のうち、最も不適切なものはどれか。

①　沈砂池の形状は、長方形を標準とし、池数は、汚水沈砂池、雨水沈砂池それぞれ2池以上を原則とする。池幅は$1 \sim 5\,\mathrm{m}$程度を標準とし、底部の勾配は$1/100 \sim 2/100$程度とする。

②　沈砂池の水面積負荷は、汚水沈砂池：$3{,}600\,\mathrm{m^3/m^2/d}$程度、雨水沈砂池：$1{,}800\,\mathrm{m^3/m^2/d}$程度をそれぞれ標準とする。改築に際しては、これらに加え、維持管理情報等を踏まえ、適切な水面積負荷を定めることが望ましい。

③　ポンプ井は、計画下水量に対して設けられるが、供用開始当初の流入下水量が少ない場合やポンプの段階的な設置や調査・改築時の施設停止等を考慮して、ポンプ井をあらかじめ仕切っておき、連絡ゲートを設けることが望ましい。

④　ポンプの口径は、計画吐出し量と計画全揚程によって、決定する。ポンプの吸込口の標準流速は、$1.5 \sim 3.0\,\mathrm{m/s}$とし、吸込実揚程又は吸込側の損失水頭が大きい場合は、吸込条件をよくするために流速を小さく設定する。

⑤　ポンプ場の計画吸込水位は、流入管きょの水位からポンプ井へ至るまでの損失水頭を差し引いて決定する。汚水ポンプの場合は流入管きょの日平均汚水量が流入する際の水位から求め、雨水ポンプの場合は流入管きょの計画下水量が流入する際の水位から求めることを原則

とする。

【解説】

1. 沈砂池の形状及び池数

   沈砂池の形状及び池数は、次の各項を考慮して定める。

   (1) 形状：長方形を標準とする。

   (2) 池数：汚水沈砂池、雨水沈砂池それぞれ2池以上を原則とする。

2. 沈砂池の構造

   (1) く体構造

   　　堅固で耐久力を有する水密な鉄筋コンクリート造り等とし、浮力に対して安全な構造とする。

   (2) 流入部及び整流部

   　　偏流を防ぐように考慮する。

   (3) 池幅及び勾配

   　　池幅は1～5m程度を標準とし、底部の勾配は1/100～2/100程度とする。

   (4) 覆蓋

   　　臭気対策のため、覆蓋を施すのが望ましい。覆蓋を行う場合は、沈砂池く体気相部に防食対策を考慮する。また、豪雨時等異常流入による覆蓋の飛散、落下のおそれがあるため、空気抜き対策等の検討を行う。

   (5) 水位上昇

   　　停電、異常流入、ポンプ故障等による沈砂池水位の上昇を考慮する。

   (6) 耐水化、防水化

   　　沈砂池は、浸水対策として揚水機能の重点化範囲（区画）と整合をとり、必要な箇所を耐水化、防水化構造とする。

3. 沈砂池の水面積負荷

   (1) 汚水沈砂池：1,800 $m^3 / m^2 / d$ 程度とする。

   (2) 雨水沈砂池：3,600 $m^3 / m^2 / d$ 程度とする。

4. ポンプ井

　　ポンプ井は、計画下水量に対して設けられるが、供用開始当初の流入下水量が少ない場合やポンプの段階的な設置や調査・改築時の施設停止を考慮して、ポンプ井をあらかじめ仕切っておき、連絡ゲートを設けることが望ましい。特に汚水ポンプについては、ポンプ井が共通していると、特定のポンプの補修・点検時及び改築時に、ほかのポンプまで停止しなければならない事態に陥ることがある。汚水ポンプは、連続運転する必要があるため、このような場合は、例え予備機があっても、汚水揚水能力が不足する。このような事態を避けるため、汚水ポンプ井は、分割しておくことが望ましい。

5．ポンプ口径

　　計画吐出し量と計画全揚程とによって、決定する。ポンプ吸込口の標準流速は、1.5 ～ 3.0 m/s とする。吸込実揚程または吸込側の損失水頭が大きい場合には、吸込条件をよくするために流速を小さく設定する。

6．計画吸込水位

　　流入管きょの水位からポンプ井へ至るまでの損失水頭を差し引いて決定する

　　(1) 汚水ポンプ

　　　　原則として流入管きょの日平均汚水量が流入する際の水位から求める。

　　(2) 雨水ポンプ

　　　　原則として流入管きょの計画下水量が流入する際の水位から求める。

　　(3) 損失水頭

　　　　流入きょからポンプ井までスクリーンや水路形状等に適した計算式により求める。

水面積負荷が逆となっていることから、②が不適切である。　　（解答②）

Ⅲ－29　下水汚泥焼却炉の中で、多く採用されている流動焼却炉の特徴に関する次の記述のうち、最も不適切なものはどれか。

①　炉内に機械的な可動部分がないため、維持管理が容易である。

② 流動媒体の蓄熱量が小さいため、炉を停止した場合に炉内温度の降下が速く、再立ち上げ時の昇温時間が他の炉に比べると長い。

③ 焼却効率が高く、未燃分が極めて少ない。

④ 少量の過剰空気（空気比 1.3 程度）での運転操作が可能である。

⑤ 炉の排ガス温度が臭気分解温度以上で制御される。

【解説】

　流動焼却炉は、一般的に立形中空円筒形で、炉の内部はウィンドボックス、流動層及びフリーボードからなり、炉本体は耐火れんが等を内張した鋼板製シェル構造によって構成されている。流動層の底部には空気分散板が配列され、流動用空気の均一分散及び炉の停止時における流動媒体のウィンドボックスへの落下防止を図っている。

　①、③〜⑤は適切である。

　②流動媒体の蓄熱量が大きいため、炉を停止した場合炉内温度の降下が遅く、再立ち上げ時の昇温時間が他の炉と比べると短いことから不適切である。

（解答②）

Ⅲ−30　下水汚泥のエネルギー利活用に関する次の記述のうち、最も不適切なものはどれか。

① 下水汚泥は、炭素、水素、硫黄等からなる有機分を有し、潜在的なエネルギー価値が高く、また、カーボンニュートラルであるためエネルギーの利活用に適している。

② 下水汚泥が有するエネルギー利活用形態としては、主に乾燥汚泥、炭化汚泥、消化ガス、焼却・溶融炉等の廃熱がある。

③ 下水汚泥の性状は季節により変動し、冬季は VS（強熱減量）が低く、熱収支が悪化するため、汚泥性状の変動を考慮した事業採算性の検討が必要である。

④ 下水汚泥の処理システム全体のエネルギー収支、コスト、エネルギーの利用効率、維持管理性等の費用対効果を考慮し、最適なシステ

ムを検討する。

⑤　最近では、下水汚泥燃料や消化ガスの利活用事業にPPP / PFI方式
及び包括的民間委託等の手法を採用する事例も増えている。

【解説】

　2015年の下水道法の改正において、汚泥を燃料・肥料として再生利用を図る
ことが努力義務として課された。また、導入の工事費用だけではなく動力費等
の維持管理費も含めライフサイクルコスト等を十分に考慮することとされてい
る。夏季は汚泥性状が悪化しやすく、汚泥施設への負荷が高まり目標の含水率
が達成できず、汚泥処分量の増加や焼却炉の補助燃料使用量が増加する。なお、
汚泥の腐敗の進行程度に応じてVSは小さく測定される。

　①～②、④～⑤は適切である。

　③は冬季が不適切である。 （解答③）

Ⅲ−31　下水汚泥の集約処理に関する次の記述のうち、最も不適切なもの
はどれか。

①　経済性、利活用における効率性、計画のダウンサイジング等に伴う
用地・施設の利活用等を考慮し、必要に応じて複数箇所からの下水汚
泥の集約処理について検討する。

②　スケールメリットにより、建設コスト及び維持管理コストが有利に
なることが多い。特に、維持管理に要する人件費が削減できる。

③　効率的な汚泥搬送方法、点検・改築時や故障等により受け入れが停
止した場合の代替方法の確保、長距離送泥に伴う汚泥の腐敗対策、増
加する返流水の処理等に留意する必要がある。

④　下水汚泥の集約のための輸送方法には、主に脱水汚泥の車両輸送、
液状汚泥の車両輸送及び管路輸送がある。

⑤　下水汚泥の集約処理の方法は、集中処理と共同処理に区分され、共
同処理とは同じ事業主体の2箇所以上の下水汚泥を対象にする場合で
ある。

【解説】

①～④は適切である。

⑤共同処理とは、異なる事業主体の2箇所以上の下水汚泥及び下水道事業以外の汚泥を共同で処理する場合で、「流域下水道汚泥処理事業」、「特定下水道施設共同整備事業（スクラム）」、「汚泥処理施設共同整備事業（MICS）」等がある。設問は集中処理の説明内容であることから不適切である。

（解答⑤）

Ⅲ－32　下水汚泥の濃縮に関する次の記述のうち、最も不適切なものはどれか。

①　濃縮の果たす役割は、汚水処理施設で発生した低濃度の汚泥を濃縮し、その後に続く汚泥消化や汚泥脱水を効果的に機能させることである。

②　濃縮後の汚泥濃度は、季節変動や長距離送泥等に起因する汚泥性状の変化によって低下する場合がある。

③　濃縮の方法によって、重力濃縮、機械濃縮の2種類に大別され、機械濃縮設備には遠心濃縮機、常圧浮上濃縮機、ベルト式ろ過濃縮機等がある。

④　濃縮後の汚泥濃度が2％未満となる場合には、濃縮効率を向上させるため、初沈汚泥と余剰汚泥を混合した重力濃縮を検討する必要がある。

⑤　濃縮設備の周辺は硫化水素等の腐食性ガスの漏洩のおそれがあり、機器、配管の材質選定には十分注意を払い検討する。

【解説】

重力濃縮は、重力を利用し汚泥を濃縮するものである。機械濃縮は、汚泥中の有機分の増加や汚泥の腐敗等により、重力濃縮では対応が難しい場合に導入されている。従来は、初沈汚泥を重力濃縮し、余剰汚泥を機械濃縮する分離濃縮が主流であったが、近年は初沈汚泥や混合汚泥を機械濃縮にする事例も報告

されている。

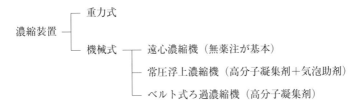

出典：『下水道施設計画・設計指針と解説』（後編）、2019年版。図7.5.1

汚泥濃縮の分類

①〜③、⑤は適切である。

④重力濃縮しにくい初沈汚泥（生汚泥）や混合汚泥を機械濃縮（遠心濃縮、浮上濃縮等）するケースが報告されていることから、不適切である

（解答④）

Ⅲ−33　下水道における活性汚泥法の浄化原理等に関する次の記述のうち、最も不適切なものはどれか。

①　活性汚泥とは、細菌類、原生動物、後生動物等の微生物のほかに非生物性の無機物や有機物から構成されているフロックのことである。

②　初期吸着とは、下水中の有機物が活性汚泥と接触後の短時間にその多くが除去される現象のことである。

③　内生呼吸とは、下水中の有機物が少なくなると、活性汚泥微生物が自己の体内に蓄積されている有機物や自己の細胞物質を還元して生命維持に必要なエネルギーを得ることである。

④　酸化とは、微生物が生体の維持、細胞合成等に必要なエネルギーを得るために、摂取した有機物を分解することである。

⑤　同化とは、酸化によって得たエネルギーを利用して、有機物を新しい細胞物質に合成すること（活性汚泥の増殖）である。

10
令和3年度

【解説】

　活性汚泥を酸素の存在下で下水と混合すると、下水中の有機物は活性汚泥に取り込まれて酸化及び同化され、無機化とともに一部が活性汚泥に転換されることになる。内生呼吸とは自己酸化状態といわれ、たとえでいうと家を暖かくするため家具を刻んで燃やすようなものである。最終的には細胞は死に裂けて内側に存在する分子を放出し、それが他のバクテリアの栄養源になっていくことである。活性汚泥による各増殖期での酸化と同化は、初期吸着、対数増殖期、体内呼吸期の順に処理が進む。(1) 対数増殖期は、有機栄養物と浄化微生物の比率が高いときに起こり、活性汚泥はエネルギーレベルが高いので、フロックを形成しないで分散する傾向にある。(2) 減衰増殖期は、有機栄養物が減少するに従い、微生物の増殖は制限され、この時期の終盤になると活性汚泥は次第にフロックを形成する傾向がでてくる。(3) 体内呼吸期（内生呼吸期）は、有機栄養物が少なくなると、微生物の体内呼吸が顕著になり細胞増殖が停止して、汚泥の蓄積はほとんどなくなり有機物を完全に酸化して、汚泥のフロック形成と有機物吸着能力が著しく高くなる。

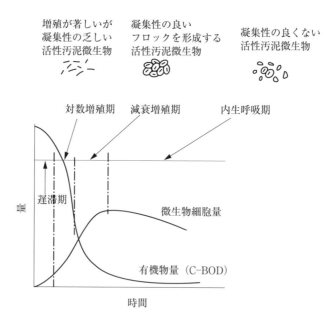

出典：『下水道施設計画・設計指針と解説』（後編）、2019 年版。図参 1. 4

①～②、④～⑤は適切である。

③は還元ではなく酸化であることから不適切である。　　　　　（解答③）

Ⅲ－34　事業所排水が下水道に与える影響に関する次の記述のうち、最も不適切なものはどれか。

①　シアン化合物は、その毒性のために、処理場の活性汚泥中の生物が死滅又は障害を受け、処理能力を低下させる。

②　ひ素は、生物体に強い毒性を有しているので、処理場の活性汚泥中の微生物にも大きな影響を及ぼす。また、汚泥に蓄積した場合には、汚泥の有効利用や処分に支障を来す。

③　セレンは、下水処理場の処理過程で活性汚泥中に移行されるため、下水排除基準以下の濃度にすることが容易である。

④　水銀化合物は、殺菌剤等に用いられる等毒性が強く、活性汚泥微生物への影響も大きい。また、下水汚泥を農業利用する際には、肥料取締法の規定により水銀含有量の基準値が定められているので注意を要する。

⑤　亜鉛は、活性汚泥の浄化機能に対して 5～10 mg/L で影響が現れる。10 mg/L 以下の場合、大部分が活性汚泥に吸着除去される。

【解説】

　水質環境基準については、「水質汚濁に係る環境基準について」（昭和46.12.28環告59）に記載がある。事業場排水は、生活排水とは異なり排水に含まれる成分も多岐にわたっている。これらの事業所に対しては「水質汚濁防止法」「水質汚濁防止法施行令」によって細かく規制されている。設問にあるような排水の性状とそれらが下水処理施設に与える影響の特徴は異なる。「シアン化合物」は、微生物（活性汚泥）の働きを阻害し、処理効率を低下させるため処理水質を悪化させる。活性汚泥がへい死し有機物除去機能は大きく低下する。下水道管内で有毒ガス（シアンガス、硫化水素ガス等）を発生する原因となり、下水道管内での作業に支障をきたす。「ひ素」は、毒性による生物処理機能の

低下、生物処理では処理が困難（処理水質の悪化）になる。「セレン」の除去
処理は重金属の中でも難しい重金属である。その理由はセレンが難溶性塩を生
成せず、共沈や吸着反応も起こりにくいためである。除去する処理方法として
は、中和凝集沈殿法、水酸化鉄沈殿法、フェライト沈殿法等の凝集沈殿法、イ
オン交換膜法、活性炭吸着法等がある。「水銀化合物」は、毒性による生物処
理機能の低下、生物処理では処理困難（処理水質の悪化）、発生した汚泥の処
理、処分を困難にする。「亜鉛」は、高濃度では生物処理機能の低下、生物処
理では処理困難（処理水質の悪化）、発生した汚泥の処理、処分を困難にする。

①～②、④～⑤は適切である。

③は共沈や吸着反応も起こりにくいために不適切である。　　　　（解答③）

Ⅲ－35　下水道施設の耐震対策に関する次の記述のうち、最も不適切なも
のはどれか。

①　耐震設計に用いる地震動のレベルは、施設の供用期間内に1～2度
発生する確率を有する地震動（レベル1地震動）と供用期間内に発生
する確率が低いが大きな強度を持つ地震動（レベル2地震動）の二段
階の地震動を考慮する。

②　処理場・ポンプ場施設は下水道の根幹的施設であることから、新設、
既存ともに全ての施設を重要な施設として耐震設計を行う。

③　既存の管路施設は、「重要な幹線等」と「その他の管路」に区分す
る。さらに、「重要な幹線等」は「特に重要な幹線等」と「その他の
重要な幹線等」に区分し、優先順位を定め段階的に耐震化を図る。

④　処理場・ポンプ場施設の土木構造物が保持すべき耐震性能は、レベ
ル1地震動に対して処理場・ポンプ場施設としての本来の機能を確保
する性能とする。

⑤　管路施設のうち「重要な幹線等」が保持すべき耐震性能は、レベル
1地震動に対して流下機能を確保する性能とする。

【解説】

1. 耐震設計に用いる地震動レベル

　施設の供用期間内に 1 ～ 2 度発生する確率を有する地震動（レベル 1 地震動）と供用期間内に発生する確率は低いが大きな強度を持つ（レベル 2 地震動）の二段階の地震動を考慮する。

2. 施設の重要度

　管路施設をその重要度に応じて、「重要な幹線」と「その他の管路」に区分するものとする。また、処理場、ポンプ場施設については全ての施設を重要な施設とする。

3. 保持すべき耐震性能

(1) 管路施設

　「重要な幹線」はレベル 1 地震動に対して設計流下能力を確保するとともに、レベル 2 地震動に対して流下機能を確保する。「その他の管路」は、レベル 1 地震動に対して設計流下能力を確保する。

(2) 処理場、ポンプ場施設

　処理場、ポンプ場施設の土木構造物においては、レベル 1 地震動に対しては本来の機能を確保する。レベル 2 地震動に対しては損傷を受けても速やかに機能回復を可能とする性能を確保する。

①、②、③、④は適切。

⑤は耐震性能がレベル 2 の内容であるのが、レベル 1 となっていることから不適切。　　　　　　　　　　　　　　　　　　　　　　　　　（解答⑤）

おわりに

　技術士第一次試験突破には、過去問題の徹底的洗い出しを行うとともに、関連技術の学習を行っておくことが必須になります。第4版では令和元年度（再試験）から令和3年度までに出題された問題について解説を加えました。

　我が国における技術者は200万人を超えるという統計があります。その頂点に立つことができるのが技術士です。この資格取得のためには、まず、第一次試験に合格しなければなりません。

　第一次試験は、基礎科目、適性科目、専門科目に分かれています。本書は、その専門科目に該当します。上水道及び下水道に関する基礎知識、専門知識が問われます。本書の解説を確実にお読みいただき、各処理技術の基本を身につけていけば、自信を持って本試験に臨むことができると思います。

　近年、大雨、台風などによる災害が甚大かつ広範囲に及んでいます。これらに十分対応できる施設の計画・設計から維持までを本書によって、幅広い技術を身につけて、任せられる技術士を目指していただきたい。

　皆さんが近い将来、技術士第二次試験を受験する際には、「上水道及び工業用水道科目」、「下水道科目」から1科目を選択することになります。すなわち皆さんが、現在従事している業務、あるいは将来就きたい業務に照合して最も経験、知識が豊富な分野を選択することになります。

　本書を手にした読者の多くが上下水道部門の第一次試験に合格されることを願っています。

　最後に、本書の出版に際し、多大なご尽力を賜った日刊工業新聞社の関係諸氏に感謝します。

〈追伸〉これまで、本書を執筆されておりました林知幸氏が、2023年3月に享年76歳で逝去されました。これまでのご尽力に感謝し、哀悼の意を捧げます。

　令和5年3月

著 者 一 同

編著者紹介――

松山　正弘

技術士（上下水道部門）

小川　博士

技術士（上下水道部門）

技術士第一次試験「上下水道部門」専門科目択一式問題
厳選 250 問〈解答と解説〉　第 4 版　　　　　　NDC 507.3

2015 年　4 月 15 日　　初版 1 刷発行	
2017 年　3 月 17 日　　第 2 版 1 刷発行	（定価は、カバーに
2018 年　7 月 31 日　　第 2 版 2 刷発行	表示してあります）
2020 年　4 月 15 日　　第 3 版 1 刷発行	
2022 年　9 月 27 日　　第 3 版 4 刷発行	
2023 年　4 月 20 日　　第 4 版 1 刷発行	

Ⓒ 編著者　　松　山　正　弘
　　　　　　小　川　博　士
　監修者　　林　　　知　幸
　発行者　　井　水　治　博
　発行所　　日 刊 工 業 新 聞 社
　　　　　東京都中央区日本橋小網町 14-1
　　　　　　（郵便番号 103-8548）
　　　電話　書 籍 編 集 部　03-5644-7490
　　　　　　販売・管理部　03-5644-7410
　　　　　　　FAX　03-5644-7400
　　　　　　振替口座　　00190-2-186076
　　　URL　https://pub.nikkan.co.jp/
　　　e-mail　info@media.nikkan.co.jp

　　　印刷・製本　新日本印刷株式会社
　　　組　　版　メディアクロス